LE

SPIRITISME

(FAKIRISME OCCIDENTAL)

ÉTUDE

HISTORIQUE, CRITIQUE ET EXPÉRIMENTALE

PAR

LE Dʳ Paul GIBIER

Ancien interne des Hôpitaux de Paris
Aide naturaliste au Muséum d'histoire naturelle

QUATRIÈME ÉDITION REVUE ET CORRIGÉE

Avec figures dans le texte

PARIS

OCTAVE DOIN, ÉDITEUR

8, PLACE DE L'ODÉON, 8

—

1896

Tous droits réservés

LE SPIRITISME

LE
SPIRITISME

(FAKIRISME OCCIDENTAL)

ÉTUDE
HISTORIQUE, CRITIQUE ET EXPÉRIMENTALE

PAR

LE Dr Paul GIBIER

Ancien interne des Hôpitaux de Paris
Aide-naturaliste au Muséum d'histoire naturelle

QUATRIÈME ÉDITION REVUE ET CORRIGÉE

Avec figures dans le texte

PARIS

OCTAVE DOIN, ÉDITEUR

8, PLACE DE L'ODÉON, 8

—

1896

Tous droits réservés

PRÉFACE

C'est une œuvre ingrate que celle de présenter à ses contemporains un ensemble de faits qu'ils ignorent ou dont ils n'ont entendu parler que de manière à être prévenus contre eux.

Telle est cependant la tâche que nous nous sommes imposée.

Nous devons prévenir ceux de nos lecteurs qui l'ignoreraient, que le sujet dont nous allons nous occuper, à peu près inconnu chez nous, est néanmoins à l'ordre du jour depuis longtemps chez nos voisins, et notamment en Angleterre, où il ne se passe pas de mois sans que les revues ou les journaux philosophiques les plus sérieux ne le traitent avec la même attention qu'ils accordent aux problèmes officiellement scientifiques.

En présence du silence généralement observé chez nous, nous avons pensé accomplir une œuvre utile en faisant connaître l'état actuel de ce qu'on appelle le SPIRITISME, *question que nous n'avons pas seulement étudiée dans les livres, mais que nous avons examinée encore dans des expériences et des observations multipliées.*

Nous prions donc le lecteur de vouloir bien prendre patience en lisant cet ouvrage, et d'attendre, pour porter un jugement définitif, jusqu'au moment où il en abordera la troisième partie, consacrée à nos expériences personnelles.

Ces expériences, que de rares savants ont consenti à entreprendre, nous autorisent à dire, avant de commencer, que le sujet mérite bien qu'on s'y arrête, aussi en avons nous parlé sérieusement.

Nous savons que c'est s'exposer que d'agir ainsi.

Il nous eût sans doute été possible d'appeler, sans nous découvrir, l'attention du public et des savants sur certains faits, — naturels selon nous, mais régis par des lois encore inconnues à la science moderne — en les décrivant sur le ton d'un persiflage aigre-doux; mais nous n'y avons pas songé un seul instant. Ce procédé est indigne d'un vrai philosophe; dans l'espèce, c'eût été une lâcheté.

Nous avons préféré aller droit au but.

Paris, octobre 1886.

INTRODUCTION

Le sujet traité dans cet ouvrage est un de ceux à l'égard desquels un homme ayant quelque souci de sa réputation scientifique ne saurait être trop circonspect. Nous ne connaissons, en effet, rien d'aussi compromettant, et l'exemple des outrages prodigués, dans ces derniers temps, aux savants les plus éminents de l'Angleterre et de l'Allemagne, qui ont osé examiner de près la question du *spiritisme* et dire ce qu'ils ont vu, est bien fait pour donner à réfléchir aux plus téméraires.

Avant de se mettre à l'étude expérimentale du somnambulisme provoqué, de l'hypnotisme, de la suggestion et de tous ces phénomènes encore mal définis que l'on classait autrefois dans la catégorie des faits du magnétisme animal, les savants, et les médecins en particulier, y ont regardé à deux fois. La raison de cet excès de prudence est facile à comprendre : la question *magnétisme* avait été fortement dépréciée par les magnétiseurs, les charlatans et les saltimbanques de toutes espèces.

Les phénomènes d'hypnotisme, de catalepsie provoquée, etc., à l'étude desquels on s'est mis vigoureusement depuis quelques années et notamment à l'école de la Salpêtrière, peuvent à la rigueur recevoir de l'école matérialiste allemande une explication mécaniciste, et encore ! mais où il nous paraît difficile de donner, actuellement du moins, une explication satisfaisante des phénomènes observés, c'est dans l'ordre des faits dont nous allons tenter l'exposé. Nous devons dire, tout d'abord, que les phénomènes de l'hypnotisme ou magnétisme animal, bien que prenant les éléments de leur déterminisme dans le domaine de la force nerveuse, ou de la matière nerveuse agissante si l'on préfère, nous paraissent différer complètement de ceux dont il va être question ici.

Cependant, il ne sera pas inutile, avant d'aborder l'étude du *spiritisme*, d'entrer dans quelques considérations sur les phénomènes si intéressants de l'hypnotisme, dont la science médicale a consenti enfin à s'occuper officiellement depuis quelques années, non sans l'avoir tenu longtemps à l'index.

Nous n'aurons pas besoin de nous étendre longuement sur ce sujet en fournissant des arguments de notre cru ; non, car nous n'avons qu'à prendre les faits qui nous tombent sous la main. Ces faits deviennent, de jour en jour, tellement nombreux qu'ils commencent à ne plus étonner personne : les voilà devenus classiques. Dans combien de temps pourra-t-on en dire autant de ceux auquel ce livre est spécialement consacré ? Nous ne saurions le dire au juste, mais nous ne pensons pas que cela tarde beaucoup.

NOUS SOMMES L'ENNEMI DU MERVEILLEUX ET DU MYSTICISME ET N'ADMETTONS PAS QU'IL PUISSE SE PRODUIRE RIEN EN DEHORS DES LOIS DE LA NATURE.

Nous estimons enfin que, si on nous démontre leur existence, les phénomènes dits spirites ne doivent pas être plus surnaturels que ceux de la suggestion et de l'hypnotisme, dont nous allons citer quelques exemples.

Aussi, avant d'aller plus loin, nous devons

nous expliquer une fois pour toutes sur le mot
« phénomène » qui forcément viendra souventes
fois au bout de notre plume dans le cours de
cette étude :

Par le mot phénomène, nous désignons tout
fait se présentant à l'observation, sans vouloir
attacher à ce fait aucun caractère, hormis le naturel. Nous conservons ainsi au mot un sens
conforme à son étymologie (Τὸ φαινόμενον : ce qui
est apparent).

L'étude du magnétisme ou hypnotisme est en
quelque sorte une entrée en matière préparatoire
à l'étude des faits dus à la *force psychique*, ainsi
qu'on a nommé l'agent particulier qui préside
aux « phénomènes dits spiritualistes », et ceux-
ci surprennent moins après l'observation des premiers.

N'est-on pas étonné, tout d'abord, en présence
des observations de suggestion qu'on ne peut pourtant pas révoquer en doute, et devant lesquels le
sceptique le plus endurci est bien obligé de battre
en retraite, sous peine de paraître aussi *siège-
fait* que le professeur Bouillaud s'obstinant à voir
dans le phonographe un artifice de ventriloquie?

On sait ce qu'est la suggestion : la plupart

des individus y sont sensibles. Le « sujet », mis dans un état particulier, peut être obligé d'accomplir tel acte aussi extravagant, aussi criminel qu'on pourra le supposer, si celui sous l'influence duquel il se trouve momentanément placé, lui en intime l'ordre, lui en *suggère* l'idée.

Certains de ces faits peuvent bien être expliqués par la suggestion simple, dont M. Bernheim, de Nancy, a démontré l'importance, mais nous allons voir que cette explication ne saurait être généralisée. Voici un exemple de suggestion pure, citée par M. Bernheim dans son récent ouvrage [1] :

A S..., je suggérai un jour qu'à son réveil il verrait derrière lui sur un meuble une cuiller en argent et qu'il la mettrait dans sa poche. Réveillé, il ne se retourna pas et ne vit pas la cuiller. Mais sur la table, devant lui, était une montre : je lui avais suggéré en outre l'hallucination négative qu'il ne verrait personne dans la salle et se trouverait tout seul, ce qui se réalisa. L'idée du vol suggéré pour la cuiller se présenta dans son cerveau pour la montre. Il la regarda, la toucha, puis dit : « Non, ce serait un vol » ; et la laissa. Si la suggestion du vol de la cuiller

---

[1] *De la Suggestion et de ses applications à la thérapeutique*, par le D*r* Bernheim, professeur à la Faculté de médecine de Nancy. — Octave Doin. Paris, 1886.

lui avait été répétée avec force et impérieusement commandée, je ne doute pas qu'il ne l'eût prise.

Depuis que ceci était écrit, j'ai eu occasion d'hypnotiser de nouveau S... Je lui ai fait la même suggestion plus impérieusement : « Vous mettrez la cuiller dans votre poche; vous ne pourrez pas faire autrement. » A son réveil, il vit la cuiller, hésita un instant, puis dit : « Ma foi, tant pis ! » et la mit dans sa poche ».

M. Victor Meunier, rédacteur scientifique du journal *le Rappel*, a eu autrefois le mérite et on peut dire le courage, — car il y en avait à cette époque — de parler un des premiers en France, dans le journal *la Presse*, du magnétisme animal. Dans le numéro du 23 juillet 1886 du *Rappel*, M. Victor Meunier, qui s'intéresse toujours à ce sujet, consacre sa *Causerie scientifique* à de nouvelles expériences dont lui fait part le Dr Liébeault de Nancy. Suivant une loi que nous nous sommes imposée pour le présent ouvrage, nous reproduisons textuellement l'article du savant chroniqueur. On verra par ce document que le magnétisme est aujourd'hui complètement à l'ordre du jour. Il s'agit, dans le cas particulier, de vésications produites ou empêchées sur la peau d'un sujet hypnotisé par simple suggestion. Dans d'autres cas, on peut, par le même procédé, produire l'ivresse, la gaieté, etc., changer la personnalité d'un individu, de telle façon qu'une jeune fille se croit général, tandis qu'un général donnera sa parole qu'il est bonne d'enfant ou nourrice, etc., etc. On voit des gens marcher à quatre pattes, aboyer comme des chiens ; d'autres miauler comme des chats, parce qu'on leur a suggéré l'idée qu'ils sont devenus chien ou chat, et cela avec un sérieux qui défie toute idée d'imitation et de supercherie.

Voici l'intéressant article de M. Victor Meunier :

M. le docteur Liébeault nous envoie le procès-verbal d'une très curieuse expérience de suggestion hypnotique faite, le 9 de ce mois, à Nancy.

Elle a pour auteur M. Focachon, pharmacien à Charmes (Meurthe-et-Moselle), déjà connu de nos lecteurs, et pour témoins, outre notre très savant et très honorable correspondant précité : MM. Liégeois, professeur à la Faculté de droit de Nancy, Fèvre, ancien notaire, et Dr Brulard, qui l'ont suivie du commencement à la fin et s'en portent garants.

On se rappellera qu'en vue de savoir si le prétendu miracle de la stigmatisation ne couvre pas quelque phénomène hypnotique, M. Focachon entreprit avec une demoiselle Elisa..., pour sujet des recherches qui l'amenèrent à produire des brûlures et de la vésication par simple suggestion ; ce qui fut constaté par MM. les professeurs Beaunis et Bernheim, de la faculté de médecine de Nancy, et Liégeois de la faculté de droit, MM. les Drs Brulard et Liébeault, et enfin MM. Laurent, architecte statuaire, et Simon. Le *Rappel* a rendu compte de tout cela l'année dernière.

Or, après avoir obtenu de la vésication sans substance vésicante, M. Focachon fut naturellement curieux de voir si l'effet inverse lui réussirait également, c'est-à dire, si, par suggestion toujours, il n'empêcherait pas une substance vésicante de produire de la vésication.

C'est de cette expérience qu'il s'agit maintenant. Ainsi qu'on va le voir, elle a été parfaitement menée.

D'un morceau de toile épispastique d'Albespeyres il fut fait trois parts. Deux seront respectivement appliquées aux bras de Mlle Elisa pour, l'une, y subir, le cas échéant, l'influence de la suggestion destinée à en faire une matière inerte; l'autre, qui ne fera l'objet d'aucune suggestion, pour produire ses effets ordinaires.

Le troisième fragment sera posé à un malade qui se trouvera en avoir besoin.

Par ces dispositions on voit que tous les termes de comparaison et moyens de contrôle, quant à la qualité de l'agent épispastique, à l'aptitude naturelle et actuelle du sujet à en ressentir l'effet, et quant au rôle enfin de la suggestion pour modifier et cette qualité et cette disposition, seront réunis.

Ainsi fut fait.

Mlle Elisa, étant endormie, un premier carré de toile vésicante de 5 centimètres de côté est placé sur la face palmaire de son avant-bras gauche, à la réunion du tiers supérieur au tiers moyen, et un second carré de 2 centimètres seulement de côté est mis à l'endroit correspondant de l'avant-bras droit. En même temps, à l'hospice civil, la dernière portion de toile était appliquée par M. le Dr Brulard sur la partie antérieure et supérieure de la poitrine d'un phtisique. Revenons à Mlle Elisa.

A peine les emplâtres lui sont-ils posés qu'avec énergie M. Focachon fait au sujet déjà en somnambulisme cette déclaration : que le vésicatoire appliqué sur son avant-bras gauche (vésicatoire de 5 centimètres de côté) n'y produira aucun effet.

Du commencement de l'expérience — dix heures vingt-cinq minutes du matin — jusqu'à huit heures du soir, Mlle Elisa ne resta pas seule un instant.

A huit heures du soir, revenus et réunis auprès d'elle, les témoins ci-dessus, après s'être assurés, par l'état du pansement qu'il n'avait pas été dérangé, l'enlevèrent et constatèrent alors ceci :

Avant-bras gauche (c'est celui où a été placé le plus grand vésicatoire, dont la suggestion devait annuler l'effet) :

La peau est intacte. Le révulsif a complètement échoué. La suggestion a pleinement réussi.

« Seulement — lisons-nous dans le procès-verbal — il y avait de la rougeur autour d'une piqûre d'épingle inaperçue au moment du pansement et siégeant près d'un point de la peau qui était occupé par le bord externe du vésicatoire ».

Avant-bras droit (c'est celui où avait été placé le plus petit vésicatoire, lequel n'avait été l'objet d'aucune suggestion) :

Le révulsif avait déterminé un piqueté bien marqué de l'épiderme, et la patiente accusait une sensation douloureuse. Si imminente paraissait la vésication que les témoins résolurent de prolonger l'expérience et prièrent M. Focachon de remettre les deux vésicatoires en place. Quarante-cinq minutes après : il y avait à droite deux phlyctènes (ampoules) bien marquées, et dont l'une ayant été percée laissa écouler de la sérosité. (Le lendemain matin, M. Liébeault recevait de M. Focachon, retourné à Charmes avec son sujet, une carte postale lui donnant avis que le petit vésicatoire produisait un écoulement abondant, accompagné d'une forte inflammation.)

Quant au vésicatoire posé par M. le Dr Brulard au malade de l'hôpital civil, il produisit en huit heures une ampoule magnifique.

Par conséquent lorsque les signataires du procès-verbal concluent ainsi :

« De ce qui précède il résulte pour nous que par suggestion dans l'état somnambulique, on peut neutraliser les effets d'un vésicatoire cantharidien », leur conclusion est absolument inattaquable, car elle n'est que la formule du fait qu'il leur a été donné d'observer.

INTRODUCTION

Qu'on nous permette encore de citer l'observation suivante que nous empruntons également au livre de M. Bernheim (p. 181). On verra par cet exemple si la société ne serait pas en droit de réglementer les pratiques du magnétisme :

Mon collègue, M. Liégeois, professeur à la Faculté de droit de Nancy, a particulièrement étudié, dans un mémoire qui a eu un grand retentissement, les rapports de la suggestion avec le droit civil et criminel.

Il a fait un grand nombre d'expériences propres à établir la possibilité de suggérer des crimes que les sujets accomplissent sans savoir le mobile qui a guidé leurs mains.

Voici comme exemple une de ses observations :

« Je dois m'accuser, dit M. Liégeois, d'avoir essayé de faire tuer mon ami M. F... ancien magistrat, et cela, chose grave, en présence de M. le commissaire central de Nancy.

« Je m'étais muni d'un revolver et de quelques cartouches. Pour ôter l'idée d'un jeu pur et simple, au sujet mis en expérience, et que je pris au hasard parmi les cinq ou six somnambules qui se trouvaient ce jour-là chez M. Liébault, je chargeai un des coups du pistolet et je le tirai dans le jardin ; je rentrai ensuite, montrant aux assistants un carton que la balle venait de perforer.

« En moins d'un quart de minute, je suggère à

Mme G... l'idée de tuer M. P..., d'un coup de pistolet. Avec une inconscience absolue et une parfaite docilité Mme G..., s'avance sur M. P..., et tire un coup de revolver.

« Interrogée immédiatement, par M. le commissaire central, elle avoue son crime avec une entière indifférence. Elle a tué M. P..., parce qu'il ne lui plaisait pas. On peut l'arrêter; elle sait bien ce qui l'attend; si on lui ôte la vie, elle ira dans l'autre monde, comme sa victime, qu'elle voit étendue à terre baignant dans son sang. On lui demande si ce n'est pas moi qui lui aurait suggéré l'idée du meurtre qu'elle vient d'accomplir. Elle affirme que non; elle y a été portée spontanément, elle seule est coupable. »

Il faut qu'on le sache bien, les observations rapportées par les expérimentateurs que nous venons de citer présentent les plus sérieuses garanties d'authenticité : elles sont, pour la plupart, recueillies dans un service d'hôpital, devant les élèves du service du Maître, lequel expérimente en leur présence, et par cette publicité, ces documents s'imposent autant que par l'honorabilité scientifique de ceux qui les font connaître.

Jusqu'ici la suggestion par la parole intervient seule manifestement; mais il est des cas où la même influence paraît suivre une tout autre voie.

Ainsi, dans la séance du 31 mai 1886 de la *Société médico-psychologique*, M. le Dr Paul Garnier a lu un travail de M. le Dr Dufour, médecin en chef de l'Asile de Saint-Robert (Isère), où l'on voit une observation de faits de suggestion tout à fait différents. La voici [1] :

L'observation la plus intéressante est celle du nommé T..., atteint d'hystéro-chorée, considéré comme très dangereux et qui, néanmoins, est placé en liberté dans le quartier de sûreté, le Dr Dufour ayant horreur des moyens de contrainte.

L'application de la main dans le dos entraîne presque immédiatement T... en arrière. Il devient rapidement accessible à la suggestion qui successivement a eu raison chez lui, de crises de grande hystérie, de tendances au suicide, d'hallucinations pénibles de l'ouïe [2], etc... T..., qui s'est évadé trois fois d'un asile, se promène en liberté dans l'établissement. Etant en état de somnambulisme, il lui a été suggéré de ne pas s'évader.

D'autre part, T..., est sensible à distance à l'action des médicaments : les faits que rapporte le Dr Dufour sont véritablement surprenants.

[1] Journal l'*Hypnotisme*, 1886, n° 1.

[2] Ainsi qu'on le voit, la suggestion, si elle peut malheureusement être utilisée pour des œuvres criminelles, peut aussi servir dans un but thérapeutique. Le Dr Voisin a obtenu, par son intermédiaire, des modifications très heureuses du caractère. (Note de l'A.)

Un gramme d'ipéca placé dans un papier plié, mis sur la tête de T..., recouvert avec un chapeau à haute forme, a déterminé des nausées, des régurgitations qui cessent une fois le médicament enlevé.

L'atropine dilate légèrement les pupilles, sèche la gorge, amène un relâchement musculaire général.

Un paquet de racines de valériane, placé sur la tête, sous un fort bonnet de laine a produit des faits inconcevables! T..., suit une mouche des yeux, il quitte sa chaise pour courir après, il se met à marcher à quatre pattes, joue comme un jeune chat avec un bouchon, fait le gros dos si on aboie, il lèche sa main, la passe sur ses oreilles.

Avec l'enlèvement de la valériane, tout disparaît, et T... se trouve, à quatre pattes, étonné d'être dans cette position. Il n'a aucun souvenir de ce qui vient de se passer.

Le laurier-cerise, en application sur la tête, a provoqué une explosion de sentiments religieux chez T..., qui est anarchiste et athée. Il montre un mur nu où il faudrait mettre un Christ, il s'agenouille devant le mur, élève ses mains vers le ciel, puis il se découvre. A ce moment avec les feuilles qui tombent disparaît sa dévotion. Nul souvenir de ce qui s'est passé.

Toute idée de supercherie de la part du patient, toute pensée de suggestion possible doit être éloignée étant donnée l'ignorance de T... sur ce point et les précautions prises pour ne rien faire ni dire qui puisse produire la suggestion.

L'effet ainsi produit par des médicaments placés sur la tête d'un « sujet » mais non absorbés, peut s'expliquer de quatre manières différentes :

1° Le sujet, par une sorte de double vue, lit dans la pensée de l'opérateur et il s'auto-suggestionne ; par exemple : sa pupille se dilate parce qu'il lit dans la pensée de l'opérateur, que tel est l'effet cherché avec l'atropine ;

2° Il devine par le même mécanisme la nature du remède avec lequel il est en rapport. Là il y aurait encore auto-suggestion ;

3° Les médicaments seraient doués d'un « fluide » spécial produisant, à distance dans des conditions données, leurs effets physiologiques ordinaires ;

4° Enfin, la suggestion pourrait s'opérer, à distance, par l'opérateur, au moyen de sa pensée et à son insu.

Dans tous les cas, sauf dans le troisième, il y aurait *extériorisation* du *sensorium* de l'un ou de l'autre des deux individus en présence : de l'opérateur ou du sujet.

Bien entendu, nous ne donnons ces explications qu'à titre hypothétique. Notre règle est de nous en tenir aux faits.

Tous ces faits, aujourd'hui surabondamment démontrés, ont été accueillis pendant plus d'un siècle dans les différentes Sociétés scientifiques par la négation absolue. Comment s'étonner, après cela, que les faits bien plus intéressants mais aussi plus invraisemblables qui vont être étudiés ici soient encore aujourd'hui mis au ban de la science officielle ?

Ainsi, lorsque dans une réunion de savants, la question du spiritisme est mise sur le tapis, à Paris, par exemple, en l'an de grâce 1886, neuf fois sur dix vous entendez dire : « Tout cela est de la plaisanterie ! Il y a longtemps que le spiritisme est enterré ; et, depuis la grande épidémie de spiritomanie qui a régné sur le monde il y a une trentaine d'années, c'est à peine s'il reste, çà et là, quelques toqués se livrant encore aux pratiques des tables tournantes. Tout cela est le produit de la *supercherie* ou d'une *hallucination collective* ».

Mais si, voulant aller au fond des choses, vous questionnez ceux qui résolvent par les grands mots le problème des tables tournantes (qui, si elles ont tourné, ont également fait tourner pas mal de têtes), vous vous convaincrez facilement d'une chose : c'est que l'opinion aussi affirmativement émise n'est appuyée sur *aucune expérience personnelle.*

« Avez-vous fait des expériences sur ce sujet ? » Avons-nous cent fois demandé. — « Je m'en serais bien gardé ! » nous a-t-on répondu presque toujours. — Eh bien alors ! pourquoi vous prononcer ainsi ? Permettez-nous de vous faire observer que cela est peu scientifique... pour un savant. » On nous a objecté que *cela* était impossible et que par conséquent *cela* ne méritait pas l'examen. Littré n'a-t-il pas défini le spiritisme : « Superstition des spirites[1] ». Cependant, il nous est arrivé, en nous adressant à des hommes dont l'autorité scientifique universellement reconnue fait loi notamment en matière de physiologie ou de pathologie nerveuse, il nous est arrivé, de recueillir un renseignement discret dans le genre de celui-ci : « C'est à voir ; il y a peut-être quelque chose ! »

Nous avons voulu en avoir le cœur net, comme on dit, et mû par une curiosité bien naturelle, nous avons cherché à nous rendre compte par nous-mêmes de ce qui est ou n'est pas. Nous le

[1] Littré et Beaujean. — *Dictionnaire de la langue française.*

déclarons hautement, en commençant ces recherches, nous avions l'intime conviction que nous nous trouvions en face d'une colossale mystification, qu'il fallait dévoiler, et nous avons mis du temps à nous défaire de cette idée.

Nous avons essayé, d'abord, quelques expériences en famille ou dans un petit cercle d'amis aussi peu croyants que nous ; mais ces essais, bien qu'ayant produit certains résultats positifs, ne nous ont nullement satisfait.

Nous avons fait des recherches dans la littérature spéciale ; mais à part quelques rares ouvrages écrits dans un esprit véritablement scientifique, nous n'avons rien trouvé qui entraînât la conviction, du moins celle d'un homme habitué aux observations rigoureusement exactes. Nous dirons plus : la lecture de ces histoires de revenants accompagnées de commentaires religiosâtres et superstitieux, était plutôt faite pour nous détourner de ces matières, et nous inspirer la crainte d'un fourvoiement compromettant. Mais de vrais savants n'ont pas dédaigné de s'occuper de ces choses, pourquoi n'aurions-nous pas fait de même? Le sujet en est-il indigne? Nous ne le pensons pas, et de plus, comme l'a dit l'un des hommes auxquels nous venons de

faire allusion : « Il est du devoir des hommes de
« science qui ont appris à travailler d'une manière
« exacte, d'examiner les phénomènes qui attirent
« l'attention du public, afin d'en confirmer la
« réalité ou d'expliquer, si c'est possible, les
« illusions des honnêtes gens et de dévoiler les
« fraudes des trompeurs [1] ».

Poussé de plus en plus par le désir de voir
par nos yeux, nous avons assisté à plusieurs réunions « spirites » annoncées par les journaux ;
nous avons entendu des conférences fort bien
faites, dans la forme sinon dans le fonds, par
des hommes paraissant jouir de toutes leurs
facultés intellectuelles, et nous nous sommes
mêlé à une société au sein de laquelle on
trouve côte à côte des gens très sensés, du
moins en apparence, et des exaltés, des fanatiques qui croient tout sur parole. Nous nous
sommes même laissé tenter jusqu'à nous placer
en face d'un monsieur ou d'une dame se disant
« médium »; les mains sur une table représentant provisoirement un « esprit », et nous pouvons avouer que nous nous sommes trouvé l'air
parfaitement ridicule dans cette position-là.

[1] *Quaterly journal of science.* Juillet, 1870.

Néanmoins, nous sommes obligé de constater que dès ce début nous nous sommes heurté à des choses surprenantes et inexplicables, suivant nous, en l'état actuel de nos connaissances. Exemple : on nous invite à songer à une personne de notre famille morte depuis un certain temps ; nous pensons à l'un de nos amis décédé depuis deux ans, et au bout de quelques secondes, au moyen de coups correspondant aux lettres de l'alphabet, la table nous indique exactement le nom de notre ami, son âge que nous ne savions pas au juste à ce moment — et que nous avons vérifié depuis — la maladie qui l'a emporté, et le village où il est mort. Qu'est-ce que cela veut dire ? Est-ce une nouvelle manifestation du magnétisme ? Y a-t-il eu transmission de notre pensée ? Le « medium » l'a-t-il lue dans nos yeux ? N'importe, le fait est très curieux et mérite bien d'être étudié. « Vous en verrez bien d'autres, dit-on autour de nous, si vous consentez à observer ces *phénomènes* ».

Si le lecteur veut bien consentir à perdre quelques heures de son temps pour nous suivre, il en verra également bien « d'autres ».

Avant d'aller plus loin, nous pouvons affirmer, d'ores et déjà, que les savants éminents à qui nous avons fait allusion en commençant, avaient raison quand ils nous disaient : « C'est à voir, il y a peut-être quelque chose... » A notre tour nous dirons : il y a quelque chose de réel dans ces phénomènes insuffisamment étudiés par les « hommes de science qui ont appris à travailler d'une manière exacte ». Nous pensons que la raison qui a fait reculer ces hommes-là devant l'étude de ce que nous oserons nommer une nouvelle branche de la science, est la même qui les a contraints jadis à remettre à plus tard l'étude du magnétisme animal, déguisé pour plus de sécurité sous le nom d'hypnotisme.

Peut-être pensera-t-on que nous avons pu facilement nous laisser induire en erreur. Ceux qui nous connaissent savent que nous ne péchons pas par excès de crédulité; nous appartenons à cette école qui s'entête à ne croire que ce qu'elle voit, et à n'admettre que ce qui est démontré. Or, à l'heure qu'il est, il nous est démontré que certains individus possèdent à un haut degré une faculté spéciale se trouvant plus ou moins développée chez chacun de nous, et que, au moyen de cette faculté par les uns nommée « force psychique » (Cox, W. Crookes, etc.) et par les autres ecténique ou odique, il est possible d'obtenir certains phénomènes inexplicables dans l'état actuel de la science. Nous constatons le fait; quant aux différentes hypothèses émises pour donner la clef des phénomènes provoqués par cette force, jusqu'à présent, rien selon nous, ne démontrant qu'elles soient autre chose que des hypothèses, nous attendrons les résultats de l'expérimentation pour nous faire une opinion et l'exprimer.

Ce qui suit n'est donc pas écrit pour faire partager au lecteur une croyance que l'auteur n'a pas, mais bien à l'effet de planter un jalon de plus dans la nouvelle route à frayer pour aller à la vérité. Nous savons qu'il y a témérité à tenter une aventure aussi hasardeuse; mais, par Dieu ! tant pis pour ceux qui nous en voudraient de chercher à démêler le vrai du faux ! Honni soit qui mal y pense !

Nous mettions la dernière main à ce livre, quand nous reçûmes, un matin, la visite de l'un de nos bons amis, le Dr X..., un de nos anciens collègues de l'Internat des hôpitaux. Après les compliments d'usage, notre ami X..., qui paraissait nous examiner avec une certaine attention inquiète — ce qui, entre parenthèse, ne laissait pas que de nous embarrasser un peu, — nous dit, *ab abrupto :* « Ne vous occupez-vous pas de spiritisme ? — Nous allons en causer tout à l'heure, répondîmes-nous, mais pourquoi cette question ? »

Le petit dialogue suivant s'engagea, alors, entre nous :

Lui. — Parce que j'en ai entendu parler, et, après vous avoir écouté, je serais étonné que cela fût, car il me semble qu'un homme de bon sens...

Nous. — Il y a plutôt lieu de s'étonner de vos propres paroles, cher ami, car, enfin, savez-vous ce que c'est que le spiritisme ?

Lui. — Comment donc ! mais c'est...

Ici, notre ami, le Dr X..., un savant que la faculté de médecine s'honorera de compter un jour, parmi ses plus brillants professeurs, nous fit, dans une courte harangue, la preuve qu'il ne connaissait pas le premier mot de la question. Il avait, bien entendu, l'intention de nous démontrer autre chose. Aussi fut-il bien surpris, quand nous lui répondîmes : « Mais, à vous entendre, il n'y aurait eu, jusqu'ici, que des ignorants, des hommes étrangers à toute science, parmi les personnes qui se sont occupées de spiritisme ! Apprenez donc que des savants, illustres parmi les plus illustres, se sont prononcés d'une manière complètement affirmative en ce qui concerne la réalité des « phénomènes spirites. » Nous lui mîmes les preuves sous les yeux, et comme X... n'est pas de ceux qui disent : On me le prouverait, que je ne le croirais pas, il fut littéralement stupéfait.

« C'est égal ! nous dit-il, à votre place, je laisserais un autre se compromettre à son aise, et je ne m'occuperais pas de ces choses-là. Vous vous contentez de faire l'histoire du spiritisme; vous bornez votre travail à prouver des faits que vous constatez; vous déclarez que vous n'êtes pas spirite, soit; mais on ne dira pas tout cela... Les bons petits amis feront négligemment, quand on parlera de vous : « Ah, oui ! Chose, qui s'occupe de spiritisme », et on vous fera passer pour un visionnaire, un halluciné, que sais-je...? »

Nous. — Eh bien ! il est possible qu'en agissant comme je le fais je me fasse le plus grand tort au point de vue de ma profession ; il se peut encore que je me barre le chemin de toutes les académies, petites et grandes; mais, du moment que je constate un fait, rien ne m'empêchera de le proclamer, car, dans l'espèce, cela me paraît de la plus haute importance : *E pur si muove!*

« Je préfère le bonheur de chercher la vérité à l'honneur de faire partie d'une société qui fermerait les yeux pour ne pas la voir. Est-ce que Galvani s'est laissé arrêter par les railleries des finauds de son époque ? Point. « Je suis « attaqué, écrivait-il, par deux sortes de per- « sonnes bien différentes : les savants et les « ignorants. — Les uns et les autres me tour- « nent en ridicule, et m'appellent le maître de « danse des grenouilles. Eh bien ! soit ; cepen- « dant, je pense avoir découvert une des plus « grandes forces de la nature. » Aurait-il eu l'intuition de la transmission de la force à distance par l'électricité, de la lumière électrique, et d'autres choses plus colossales, peut-être, que nous ne connaissons pas encore ?

« Mes prétentions sont moins élevées : je n'ai rien découvert, je ne fais que constater ce que cent mille autres ont constaté avant moi ; ce que j'ai vu, nombre de savants distingués, en France, l'ont également vu, mais aucun d'eux n'a eu le courage de le dire tout haut. Il faut bien que l'un de nous se risque, les autres suivront... tôt ou tard, surtout si, selon le mot de William Crookes, on peut dire des phénomènes en question « non pas que cela est possible, mais que « cela est ».

— « Adieu ! nous dit X..., en nous quittant, vous avez beaucoup de courage. »

Suivant le mot de notre ami X..., y a-t-il tant de courage à s'occuper d'une branche inexplorée des connaissances naturelles ? Ne serait-ce pas plutôt une défection à la science que de s'opiniâtrer à refuser l'examen de faits qui sont affirmés par des milliers de personnes, appartenant souvent aux classes les plus éclairées — et sur tous les points du globe ? Tout en faisant la part des fraudes possibles, est-il permis aux savants de se désintéresser d'un sujet sur lequel un homme comme le professeur Challis, de Cambridge, a écrit que « les témoignages relatant les phénomènes spirites ont été si nombreux et si concordants, qu'on doit admettre ou que les faits sont tels qu'on les rapporte ou bien qu'il n'y a plus possibilité de croire quoi que ce soit sur le témoignage des hommes » ?

Nous pouvons tenir pour superstitieuses les doctrines du spiritisme ; mais que penser de l'origine de cette superstition ? Dans notre siècle positif, nous devons pouvoir l'expliquer. Elle a une cause, et cette cause réside dans des faits sans doute mal interprétés. Écoutons plutôt le professeur de Morgan [1] : « J'ai bien vu et bien entendu, dans des conditions qui rendent l'incrédulité impossible, des phénomènes appelés spiritualistes et dont un être raisonnable ne peut admettre l'explication par l'imposture, le hasard ou l'erreur.

« Jusque-là, je sens le terrain ferme sous mes pas ; mais, quand il faut en venir à la cause de ces phénomènes, je ne puis adopter les explications qui ont été, jusqu'ici, mises en avant. On a trouvé facilement des explications naturelles, mais elles sont insuffisantes ; d'un autre côté, l'hypothèse spiritualiste (lisez : spiritiste), qui est plus satisfaisante, demeure bien difficile à admettre. »

L'opinion d'un savant positiviste aussi considérable que le professeur de Morgan ne doit-elle être traitée qu'avec dédain ? Qui donc alors pourra réclamer l'attention et le respect pour sa propre parole ?

---

[1] Cité par W. Crookes. — *The modern spiritualism.* Traduct. de J. Alidel. Paris, 1885.

Nous ne connaissons pas toutes les lois de la nature, de nouvelles forces s'offrent à notre attention avec une persistance inéluctable; nous n'avons pas le droit d'en différer plus longtemps l'examen, car, suivant le mot de l'illustre William Thomson [1], « la science est tenue, par l'éternelle loi de l'honneur, à regarder en face et sans crainte tout problème qui peut franchement se présenter à elle ».

[1] Sir William Thomson. — *Associat. britann. pour l'avancement des sc.* Discours d'ouverture. Édimbourg, 1871.

PREMIÈRE PARTIE

CHAPITRE PREMIER

SIMPLE COUP D'OEIL SUR LA PHYSIOLOGIE DU SPIRITISME

Dans les premiers temps de nos études médicales, nous nous rappelons avoir vu, un jour, entrer dans la boutique d'un petit libraire de la rive gauche, où nous nous trouvions par hasard, un homme à l'air inspiré, au visage pâle et maigre, animé par deux prunelles fiévreuses.

L'homme portait un manuscrit qu'il venait offrir à l'éditeur en lui disant d'un ton mystérieux : « Il y a là-dedans des choses de la plus haute importance, mais je dois dire que je n'en suis pas l'auteur véritable, car cela m'a été dicté pas les *esprits* ».

Naturellement, notre auteur fut « reconduit »

avec tous les honneurs dus à son rang de collaborateur des « esprits ». L'expression de cette physionomie étrange ne s'est pas encore effacée de notre mémoire et, dans ces derniers temps, où nous avons été amené par nos études à poursuivre certaines observations jusqu'au milieu des sociétés spirites, nous avons retrouvé la même expression chez un certain nombre d'adeptes fanatiques. Parmi les premiers chrétiens, ils devaient avoir cet aspect ceux qui allaient d'eux-mêmes s'offrir en pâture aux bêtes des cirques romains. Nous ne doutons pas, du reste, que s'il le fallait pour confesser leur foi, nombre de spirites ne reculeraient pas davantage devant la persécution — ce qui d'ailleurs ne prouverait rien.

Cependant, si un certain nombre d'esprits — terrestres s'entend — se laissent enthousiasmer par les pratiques spiritualistes au point de permettre à leur raison de perdre pied, il est juste de dire que c'est le petit nombre — à Paris tout au moins. Nous connaissons, pour notre part, beaucoup d'hommes sincères et éclairés qui étudient froidement la question dans l'espoir d'y surprendre la raison, le pourquoi de la vie.

Une chose que l'on ignore généralement dans le monde scientifique et dans le public ordinaire, c'est que les adeptes du spiritisme sont répandus, en grand nombre sur tous les points de globe et dans toutes les classes des sociétés. Ils ont leurs associations d'études, de secours mutuels, et, sans aller jusqu'à prétendre qu'ils constituent une conjuration secrète dont les vastes ramifications minent le monde — comme les taupes fouillent la terre, suivant l'expression d'un journal clérical, — il faut néanmoins reconnaître que le spiritisme prend de jour en jour une importance telle par le nombre croissant de ses néophytes qu'avant peu on sera bien obligé de s'occuper de lui dans les sphères officielles tant scientifiques que politiques. Le spiritisme est devenu une croyance, une véritable religion.

En France le nombre des spirites est moins grand qu'en Angleterre ou en Amérique, mais nous ne croyons pas exagérer en disant qu'à Paris ils sont près de cent mille.

Des journaux spirites, des revues et autres feuilles périodiques s'impriment dans tous les pays de la terre. On se fera une idée plus précise de l'importance acquise par la nouvelle doctrine d'après la quantité des principales publications qui en sont l'organe et dont le nombre augmente chaque jour.

Treize revues ou journaux spirites sont publiés en français (la *Revue spirite*, la *Pensée libre*, le *Spiritisme*, la *Lumière* à Paris, la *Religion laïque* à Nantes, etc.), 27 en anglais, 36 en espagnol, 5 en allemand, 3 en portugais, 1 en russe, 2 en italien. Un journal spirite franco-espagnol paraît à Buenos-Ayres et un autre franco-flamand à Ostende.

Au nombre de ces publications, deux sont rédigées par des hommes revêtus d'un caractère scientifique, tels sont les *Proceedings* de la *Société de recherches psychiques*[1], de Londres, parmi les membres de laquelle nous relevons les noms de MM. Gladstone, ex-premier ministre, W. Crookes, Alf. Russel Wallace. Ces deux derniers sont, en même temps, membres de la *Société Royale* de Londres, société savante qui correspond à notre *Institut de France*. Le président, professeur Balfour-Stewart, est également membre de la Société Royale. Actuellement la Société de recherches psychiques compte 254 membres effectifs, 21 membres honoraires et 255 membres

---

[1] Extrait des règlements et statuts de la *Société de recherches psychologiques* de Londres :
(Art. 1.) *Titre*. — Le nom de la Société est : la *Société pour les recherches psychiques*.
(Art. 2.) *But de la Société*. — Cette Société est établie dans le but : (a) d'unir en corps organisé les savants et les chercheurs afin d'encourager l'étude de certains phénomènes obscurs comprenant ceux que l'on connaît communément sous le titre de psychiques, mesmériques, spiritualistes et de donner publicité aux résultats de ces recherches ; (b) d'imprimer, de vendre ou de distribuer les publications relatives aux sujets psychiques ou analogues ; de fournir aux chercheurs par correspondance

associés. Plusieurs savants français font partie de la *Société de recherches psychiques,* à titre de membres correspondants. Citons les docteurs Bernheim et Liébault de Nancy, Charles Richet,

ou toute autre manière des informations sur ces sujets; de rassembler et de coordonner les faits les concernant; d'ouvrir des salons de lecture, librairies ou autres locaux analogues et de faire en général tout ce qui peut contribuer à l'acquisition des objets ci-dessus.

Les membres payent 1 guinée par année (25 fr.) ou 10 guinées, une fois données. — Les membres fondateurs payent 20 guinées.

NOTA. — Pour prévenir toute erreur, il est expressément établi que faire partie de la Société n'implique pas l'acceptation d'explications particulières sur les phénomènes examinés, comme la croyance de l'opération dans le monde physique de forces non reconnues par la science.

Membres et associés honoraires. — Le conseil peut nommer membre honoraire de la Société toute personne distinguée par son savoir ou par son expérience dans les recherches psychiques; et associé honoraire, toute personne ayant rendu quelques services à la Société. Les membres ainsi élus peuvent être rééligibles annuellement. Membres et associés honoraires jouissent des privilèges sans avoir aucune des obligations attachées à ces titres.

Membres correspondants. — Le conseil aura le droit d'élire comme membres correspondants jouissant des mêmes prérogatives que les membres honoraires toutes les personnes capables et désireuses d'aider aux projets de la Société. Ils seront éligibles dans les réélections annuelles.

Le secrétaire enverra à chaque membre une notice de toutes les questions qui doivent être traitées en réunion générale. La réunion spéciale des membres de la Société pourra être convoquée par le conseil ou par le président ou par le secrétaire, sur la demande de dix membres. Dix jours avant ces réunions, on donnera avis de toutes professeur agrégé à la Faculté de médecine de Paris et directeur de la *Revue scientifique.*

Un journal spirite allemand, le *Sphynx,* est rédigé également par des savants.

les questions devant être traitées et nulle autre affaire ne pourra être étudiée. Tous les membres recevront une circulaire pour la réunion générale.

Un livre de présence sera gardé et signé par chaque membre à son entrée dans la salle des réunions. Dans toutes les réunions du conseil, 4 membres formeront comité et toutes les questions seront décidées au vote et une décision prise par la majorité sera, sauf certains cas prévus, la décision du conseil.

Des comités composés de membres de la Société seront formés pour l'étude de projets spéciaux. Chaque comité désigné rendra compte de ses procès-verbaux au conseil, par la voix de son président, et aucun rapport ne sera publié sans la sanction du conseil. Le conseil aura le droit, avec une majorité des trois quarts des membres présents, de suspendre ou de corriger quelques-unes des règles ou lois de la Société après en avoir donné notice à tous les membres sept jours avant la réunion. Ces changements seront en vigueur jusqu'à la prochaine réunion générale, à moins qu'ils ne soient confirmés par le vote de la majorité des membres présents.

Le conseil aura le pouvoir d'employer les fonds de la Société composés de legs et donations, de la manière qu'il le jugera convenable, les vendant ou les transformant. Le conseil pourra établir des succursales dans la Grande-Bretagne ou autre lieu et aura la possibilité de coopérer avec les Sociétés ayant en vue les mêmes idées.

Auditeurs. — Il y aura deux auditeurs : l'un choisi par les membres de la Société, l'autre par les membres du conseil. Ces auditeurs rendront compte au conseil des rapports de la Société, ils seront autorisés à examiner dans tous ses détails la question des dépenses afin de constater l'emploi des fonds suivant les constitutions.

Propriétés et fonds. — Chaque livre accepté par la Société

Un des ardents propagateurs du spiritisme, à Saint-Pétersbourg, est M. Alexandre Aksakoff, conseiller secret du czar Alexandre III.

pour lectures ou publications deviendra sa propriété absolue, à moins que les droits d'auteur n'aient été spécialement réservés. Les biens de la Société seront confiés par le conseil à un comité formé de membres et autres officiers de la Société.
Notices.— L'enregistrement d'une notice à l'adresse d'un membre ou associé sera fait comme celui des membres et associés demeurant à l'étranger pourvu que ces derniers indiquent un lieu d'adresse à United-Kingdom. Une notice envoyée par le secrétaire d'une succursale ou Société alliée sera considérée comme avis des membres de la Société à laquelle appartient le secrétaire.

CHAPITRE II

LA DOCTRINE SPIRITE — LES MÉDIUMS

Le fondement de la doctrine professée par les spirites réside dans un axiome qui est la base de de leur foi et sur lequel tous sont d'accord : *Nous pouvons*, suivant les spirites, *communiquer avec les esprits, c'est-à-dire avec les âmes des hommes qui sont morts.* Nous verrons plus tard que les avis sont partagés sur une foule d'autres points, et que le spiritisme, bien qu'il se défende d'être une religion, n'a pas moins subi le sort de toutes les religions : ses croyants se sont divisés en sectes.

Mais comment les spirites admettent-ils la possibilité des rapports entre les morts et les vivants? Selon eux, ces rapports ou communications ont lieu par l'intermédiaire d'individus doués d'un pouvoir spécial non encore défini, au moyen duquel les *esprits* peuvent acquérir la force nécessaire pour agir sur la matière qui tombe sous nos sens matériels. Les individus possédant cette qualité particulière servant de lien, de moyen de communication, d'intermédiaire entre les deux mondes, sont nommés *médiums*.

Nous sommes tous — nous parlons d'après la théorie spirite — plus ou moins *médiums*, mais un très petit nombre d'individus possèdent le pouvoir *médiumnitique* (encore un néologisme) ou *médianimique* à un degré suffisant pour donner lieu à des phénomènes évidents.

Sans vouloir donner un vocabulaire complet du langage spirite, nous sommes bien obligé, pour être compris de ceux qui ignorent totalement cette chose nouvelle, de donner quelques explications sur des termes que nous serons forcé d'employer. Du reste, la plupart de ces expressions se comprennent d'elles-mêmes et nous devons dire tout de suite qu'en général si elles sont justes en soi, quelques-unes ne sont pas très heureuses. Elles sont souvent funèbres et le cachet sépulcral d'un certain nombre d'entre elles n'a pas peu contribué à entourer d'un certain voile de vague tristesse les mystères de la doctrine spirite : certains profanes seraient plutôt tentés de la considérer comme une sorte de vampirisme. Ainsi, dans les écrits spéciaux, il est souvent question de la vie d'*outre-tombe,* de communication d'outre-tombe; nous sommes des esprits *incarnés*. Un homme quitte-t-il la vie : il s'est *désincarné;* etc. Si nous étions spirite, nous nous attacherions à faire disparaître ce qui pourrait assombrir une doctrine dont l'une des principales prétentions est de consoler les vivants de la perte de ceux qui ne sont plus, et de leur faire envisager, de même que la religion de nos pères les Gaulois, la mort comme un réveil plein de charmes, et la vie future comme un but désirable.

Nous parlerons plus loin de différentes sortes de médiums.

CHAPITRE III

ORIGINES DU SPIRITISME

Comme nous le démontrerons bientôt, si le mot spiritisme est de date récente, la doctrine à laquelle il s'applique, qu'il veut définir en un mot, est aussi ancienne que le monde. Toutefois, dans notre moderne civilisation Européo-Américaine, l'apparition des phénomènes spirites et leur classement, leur détermination méthodique datent pour ainsi dire d'hier. L'histoire de ces manifestations racontée tout au long par les croyants de la première heure, a un tel parfum *sui generis*, que nous croyons devoir la raconter brièvement.

C'est en décembre 1847, d'après un auteur américain[1], qu'une famille d'origine allemande, la famille Fox — dont le nom primitif (Voss)

---

[1] Emma Hardinge. — *History of modern american spiritualism.*

avait été américanisé — vint s'établir dans un village du nom de Hydesville. Ce village est situé dans le comté de Wayne, circonscription d'Arcadia dans le Nord-Amérique [1].

La famille Fox se composait du père et de la mère, John Fox et mistress Fox et de trois filles. Si le spiritisme devient (comme c'est sa prétention) la religion de l'avenir, le nom des deux plus jeunes demoiselles Fox sera célèbre dans l'histoire. L'une, Margaret, était âgée de quinze ans ; l'autre, Kate, n'en avait que douze.

Les personnes composant la famille Fox appartenaient à l'Église épiscopale méthodiste dont elles étaient, dit Mme Hardinge, « membres exemplaires et incapables d'être atteintes par aucun soupçon de fraude ou de duplicité ».

Quelques jours après leur installation dans leur nouvelle demeure d'Hydesville, des faits étranges, et dont l'intensité alla croissant, se produisirent dans la maison.

Nous ferons remarquer encore une fois que nous ne sommes qu'un simple narrateur.

On entendit, raconte Mme Emma Hardinge, des coups frappés dans les murs, le plancher et les pièces voisines, etc. Parfois, lorsque la famille était réunie pour le repas du soir, il se faisait

---

[1] État de New-York.

un grand bruit dans la chambre à coucher des enfants ; chacun accourait pour saisir la cause du tapage ; bien que portes et fenêtres fussent hermétiquement closes, on ne trouvait personne, mais les meubles gisaient, renversés sans dessus dessous ou entassés pêle-mêle ! Ces meubles, même en présence de la famille, étaient agités d'un mouvement d'oscillation, comme s'ils avaient été balancés sur les flots. Ce fait se produisait surtout pour le lit des enfants. Les Fox voyaient leur mobilier remuer comme s'il était animé d'une vie spéciale ; on entendait marcher sur le parquet. Les jeunes filles sentaient des mains invisibles se promener sur elles ; ces mains étaient le plus souvent froides. Il arrivait encore que les enfants éprouvaient la sensation d'un gros chien se frottant contre leur lit.

Souvent, dans la nuit, Mr John Fox se levait accompagné de Mrs Fox et, suivi des petites missess Fox, faisait le tour de son *cottage*, pour tâcher de surprendre les facétieux voisins qui, suivant sa croyance, étaient les auteurs des perturbations apportées dans ses nuits par ces branle-bas insolites autant que désagréables.

Comme on l'a déjà deviné, aucune trace ne pouvait se relever indiquant le passage d'un être humain.

Enfin, en février 1848, la vie était devenue insupportable dans la maison habitée par la famille Fox, les nuits se passaient sans sommeil, et les jours eux-mêmes n'étaient pas exempts de trouble. Pendant tout le mois de mars les mêmes bruits s'entendirent avec des variations d'intensité, mais le 31 mars 1848, ils furent encore plus forts que de coutume. Pour la centième fois, M. John Fox et Mme Fox font jouer les portes et les fenêtres pour rechercher la provenance de ces bruits ; mais voilà qu'un fait nouveau et tout à fait inattendu se révèle : on entend des sons imitant manifestement et comme par moquerie ceux produits par les portes et les fenêtres qu'on ouvre et qu'on ferme ! Pour le coup, il y avait de quoi perdre la tête.

La plus jeune des enfants, la petite Kate Fox, voyant que ces bruits ne lui causaient aucun mal, avait fini par se familiariser avec eux, et comme, tout naturellement, on les attribuait au diable, la petite Fox, se sentant sans doute la conscience pure, en était arrivée à plaisanter leur auteur, qu'elle appelait M. *Pied-Fourchu*. Un soir, faisant claquer ses doigts un certain nombre de fois, elle dit à l'invisible tapageur : « Faites comme moi, M. Pied-Fourchu ». Et instantanément le même bruit fut répété semblable et autant de fois. L'enfant fit encore quelques mouvements avec son doigt et son pouce, mais doucement et, à sa grande surprise, il fut frappé un nombre de coups égal au nombre des mouvements qu'elle avait accomplis silencieusement. « Mère! s'écria-t-elle, attention! il voit de même qu'il entend! »

Mme Fox, aussi émerveillée que son enfant, dit au mystérieux compagnon : « Compte jusqu'à dix », et dix coups furent frappés. Plusieurs questions furent posées auxquelles on répondit fort juste. A la question : « Êtes-vous un homme ? » il ne fut rien répondu, mais plusieurs coups nets et rapides furent entendus quand on demanda : « Êtes-vous un esprit? »

Sur le consentement de l'invisible visiteur les voisins furent appelés et une grande partie de la nuit se passa à faire les mêmes expériences, avec les mêmes résultats.

Telle est l'origine, le point de départ du *modern spiritualism* « la première communication,
« — dit M. Eugène Nus, dans un ouvrage dont
« nous aurons l'occasion de parler plus d'une
« fois, — établie par une enfant de douze ans
« avec ce phénomène qui devait bientôt en-
« vahir l'Amérique et l'Europe, nié par la
« science, exploité par les charlatans, ridiculisé
« par les journaux, anathématisé par les reli-
« gions, condamné par la justice, ayant contre
« lui tout le monde officiel, mais pour lui cette

« force plus puissante que tout : l'attrait du mer-
« veilleux [1]. »

Ainsi on venait de constater que ces bruits étaient produits par un agent invisible, et que cet agent invisible se donnait pour un *esprit*. Restait à trouver le moyen de communiquer avec cet esprit : cela ne fut pas long, et comme si les fondements du spiritisme avaient dû s'établir du même coup, en quelques jours on découvrit la médiumnité et le moyen de communication entre ce monde matériel et le monde spirituel à l'aide du *spiritual télégraph*, c'est-à-dire par des *rappings* ou coups frappés indiquant les lettres de l'alphabet.

La découverte de la *médiumnité* résulta de ce qu'on remarqua que les exercices des esprits s'exécutaient le plus souvent en présence des demoiselles Fox et surtout *au moyen* de la plus jeune : miss Kate Fox.

Les *modern spiritualists* trouveront sans doute que nous racontons avec un accent moins respectueux qu'ils ne le désireraient cette courte histoire des débuts de leur foi, mais qu'ils n'oublient point que nous ne partageons pas encore les croyances qui leur sont chères. Nous racontons

---

[1] Eugène Nus. — *Choses de l'autre monde*, 3ᵉ éd. Paris, Dentu.

impartialement les faits que nous trouvons consignés, sans commentaire, de même que nous exposerons sans discussion ceux que nous avons observés, en ayant bien soin toutefois d'indiquer minutieusement les précautions, également peu respectueuses, dont nous avons entouré chacune de nos expériences, comme d'ailleurs c'était notre devoir.

Revenons à l'histoire de la famille Fox. D'après Mme Hardinge, il fut constaté que, grâce à certaines forces magnétiques, certains individus possédaient le pouvoir de médiums qui était refusé aux commun des mortels et que ce pouvoir, ou mieux cette force spéciale, différait extrêmement suivant les individus qui la possédaient, et qu'elle était très sensible aux diverses émotions morales qui la font varier d'intensité chez le même individu. Il résulterait aussi des observations faites dès les premiers moments, au moyen des « communications » ou « messages », que ce mouvement spirite, c'est-à-dire l'inauguration de ces communications entre les habitants des deux mondes, a été préparé par des « esprits » scientifiques et philosophiques qui, pendant leur existence sur la terre, s'étaient occupés spécialement de recherches sur l'électricité et sur divers autres fluides impondérables. En tête de ces esprits se trouvait Benjamin Franklin, qui souvent, dit-on, donna des instructions pour expliquer le phénomène, et indiqua la manière de perfectionner, de développer les voies de communication entre les vivants et les morts. Nombre d'esprits, autant pour donner une nouvelle démonstration du phénomène qu'attirés par des affections de famille, seraient venus apporter des preuves irréfutables de leur identité, annoncer qu'ils vivaient toujours, mais sous une autre forme, qu'ils aimaient toujours et que, de la sphère plus heureuse où ils étaient placés, ils veillaient sur ceux qui pleuraient leur mort, remplissant en quelque sorte, auprès d'eux, le rôle d'anges gardiens.

Les cercles, les harmonieux *meetings*, recommandés par les esprits, se constituèrent vite, et de nombreux médiums se révélèrent. Les pratiques spirites se répandirent comme une traînée de poudre ; mais cela n'alla pas sans quelques désagréments, et tout ne fut pas heur dans les familles des médiums. Souvent les *spiritual circles* étaient envahis par des fanatiques de différentes sectes, et des scènes sauvages accompagnèrent ces irruptions, où l'on eut à déplorer des violences, des grossièretés et des absurdités de tout genre.

Ce fut une confusion indescriptible ; les uns annonçaient que ce mouvement indiquait le retour prochain du Messie, que le *millenium* était arrivé, et que la fin de ce monde « pervers » était proche, etc.

Naturellement, les différents clergés des mille sectes et plus s'occupèrent de la question; les prêtres catholiques, se jugeant les plus forts, vinrent avec confiance et grand renfort de goupillon, pour exorciser les esprits et les tables capricantes. Mais les guéridons possédés faisaient chorus et répondaient *amen* aux oraisons des exorcistes. L'effet était nul : l'eau bénite du moyen âge s'était éventée!

La famille Fox, qui ne voulut pas se soumettre et qui se considérait comme chargée de la mission de répandre la connaissance de ces phénomènes, fut chassée de l'Église épiscopale méthodiste. Elle se réfugia à Rochester[1] à la suite des persécutions de l'esprit frappeur, qui continuait, avec moins de sans gêne encore, à perturber son intérieur. Mais à Rochester, dont la population, bigote comme dans toutes les villes d'Amérique, se répartit en une foule de sectes, ce furent des persécutions d'un autre genre et, cette fois, dues à la méchanceté des vivants. La foule s'ameuta contre eux; ils offrirent de donner une preuve publique des phénomènes devant la

[1] État de New-York, sur le canal Érié.

population de Rochester réunie dans la plus grande salle de la ville à *Corynthian hall.* La première conférence spirite fut accueillie par des huées et des sifflets ; néanmoins, après un de ces beaux vacarmes dont les réunions publiques anarchistes sembleraient avoir l'apanage, on nomma une commission. Après l'examen le plus minutieux, contre l'attente générale, contre sa propre attente, la commission conclut à la réalité des phénomènes annoncés. Peu satisfaits, les citoyens de Rochester élurent une deuxième commission qui fut (qu'on nous pardonne l'expression) encore plus raide que la précédente. Les médiums, c'est-à-dire les demoiselles Fox, furent fouillées et même déshabillées par des commissaires féminins : deuxième rapport encore plus favorable que le précédent. L'indignation des habitants de Rochester était à son comble et, sans désemparer, une troisième commission fut nommée, dont on choisit les membres parmi les plus incrédules et les plus railleurs. Les investigations furent encore plus outrageantes pour les pauvres jeunes *missess ;* mais, l'oreille basse, la commission fut obligée de proclamer que Rochester était dans son tort. L'exaspération de la foule était indescriptible, on parlait de *lyncher* médiums et commissaires et, lorsque la lecture du rapport de la commission fut faite sur l'estrade de Corynthian hall, la famille Fox, leurs amis et les commissaires ne durent leur salut, si l'on en croit Mme Hardinge, qu'à l'intervention d'un quaker, nommé George Willets, qui, en raison du caractère pacifique de la religion qu'il professait, avait dans ces circonstances dramatiques une autorité toute particulière. Le quaker George Willets se campa fièrement sur le haut de l'estrade, au devant de la foule qui allait l'envahir et « déclara que la troupe de ruffians qui voulait lyncher les jeunes filles ne le ferait qu'en passant sur son corps ! »

Peu s'en fallut que le spiritisme à ses débuts ne comptât pour martyrs ses premiers apôtres.

Quelle que soit l'opinion que l'on professe en cette matière, le spectacle de ces jeunes filles prêtes à subir le martyre, celui de cette foule exaspérée par quelques coups et certains mouvements inexplicables d'une table, ne laissent pas que d'être très émouvants. Outre l'intérêt présenté par le fait, au point de vue de l'histoire du spiritisme, il nous a semblé qu'il y avait là un document humain, comme on dit aujourd'hui, méritant les honneurs d'une mention spéciale.

Comme bien on le pense, la curiosité, l'attrait du merveilleux aidant, chacun voulut voir; tout le monde, en Amérique, s'intéressa à la doctrine nouvelle, les uns pour la combattre, les autres pour la soutenir. Tant que les hommes sérieux et en particulier les savants de tous ordres, ne se prononcèrent pas, beaucoup de personnes qui ne sauraient se faire une opinion par elles-mêmes se tinrent sur la réserve. Mais du jour où la discussion atteignit les hauteurs d'un débat scientifique, ce fut une autre affaire et on peut dire qu'en rien de temps le Nord-Amérique se trouva littéralement submergé par les flots du spiritisme.

D'abord, le juge Edmonds publia un ouvrage [1] sur des recherches qu'il avait entreprises avec l'idée de démontrer la fausseté des phénomènes spirites. Le résultat final fut diamétralement opposé à celui que s'était primitivement proposé l'auteur.

Puis le savant Mapes, professeur de chimie à l'Université, après « avoir repoussé dédaigneusement ces choses », fut obligé de convenir « qu'elles n'ont rien de commun avec le hasard, la supercherie ou l'illusion ».

Ce fut encore le Dr Hare (Robert), professeur à l'université de Pensylvanie, qui publia un ouvrage dont le retentissement fut considérable [2].

[1] Edmonds. — *The Amer. spiritualism.* — *Der Americanische spiritualismus.* Trad. allem. Leipzig, 1873.

[2] Robert Hare. — *Experimental investigation of the spirit manifestations.* Philadelphie, 1856.

M. Robert Hare institua une série d'expériences très ingénieuses, démontrant qu'en l'absence de toute pression effective, par la seule apposition des doigts d'un médium, l'instrument avec lequel il expérimentait accusait une augmentation de poids de plusieurs livres. Ainsi que nous le verrons plus loin, le professeur Crookes, de Londres, a répété ces expériences et en a reconnu la rigoureuse exactitude!

Un savant et original écrivain qui porte un nom bien connu de tous ceux qui s'occupent de la question sociale, M. Robert Dale Owen, fils du fameux Robert Owen d'Angleterre, a publié un livre sur le même sujet où l'on trouve une grande quantité de faits vraiment bien curieux pour ne pas employer l'expression d'extraordinaires[1]. Mais cet ouvrage est de date presque récente et il a été écrit dans un moment où un calme relatif s'était fait dans les esprits. Il faut donc remonter un peu plus haut pour avoir un aperçu des proportions prises par l'agitation que provoqua au début la question du *modern spiritualism* dans la libre Amérique.

De 1850 à 1860, on ne parlait que de cela, et partout; les sociétés savantes examinaient, les

---

[1] *Footfalls on the boundary of another World* (faux-pas sur la limite d'un autre monde). Philadelphie, 1877.

clergymen discutaient, les hommes de lettres, les avocats, tout le monde en un mot disputait, s'agitait et... s'injuriait. C'est au point que le conseil législatif de l'Alabama, pour jeter un peu d'eau froide sur l'effervescence épidémique qui s'était emparée des cerveaux américains, rendit un bill décrétant que toute personne convaincue de se livrer aux manifestations spiritualistes serait condamnée à payer une amende de 500 dollars. Cela ne rappelle-t-il pas le fameux

> De par le Roy défense à Dieu
> De faire miracle en ce lieu!

des convulsionnaires de Saint-Médard?

Il est fâcheux que le gouverneur ait refusé de sanctionner le bill adopté par la législature alabamienne; ce jalon nous manque pour signaler le bel affolement des esprits qui marqua l'histoire du *modern spiritualism* vers 1860. Enfin, il est déjà joli qu'une assemblée élue, composée d'hommes graves, ait édicté une mesure empreinte d'un draconisme aussi comique.

Si nous voulions suivre le spiritisme de 1860, jusqu'à l'heure actuelle, nous aborderions de suite l'exposé des recherches qui ont été faites sur cette matière par différents savants, mais nous avons promis de démontrer que le spiritisme est vieux comme le monde; nous devons donc, par un retour en arrière, faire notre démonstration; cela nous entraînera peut-être à prouver en passant que le monde est beaucoup plus ancien qu'on ne le pense d'habitude.

CHAPITRE IV

LE SPIRITISME CHEZ LES INDIENS DE L'AMÉRIQUE DU NORD. — LA KABALE HÉBRAIQUE

§ I

La plupart des auteurs qui ont écrit sur le spiritisme pour le défendre, se sont attachés à rapporter d'anciennes légendes de maisons hantées, d'apparitions, de visions, etc., afin de montrer que les manifestations de ce qu'ils nomment les *esprits* ont eu lieu chez tous les peuples et dans tous les temps. Cela prouverait, selon ces écrivains, que les rapports entre les vivants et les morts sont bien authentiques, puisqu'ils ont été constatés et notés à des époques où l'on ignorait jusqu'au nom même du spiritisme.

Nous ne savons pas si cette argumentation possède une valeur quelconque aux yeux de certaines personnes ; quant à nous, nous ne saurions accepter ces récits que comme des documents d'attente et nous ne croyons pas qu'on puisse jamais invoquer le plus grand nombre d'entre eux à titre de preuves irrésistibles de l'existence de l'âme humaine.

Quoi qu'il en soit, pour enlever à cet ouvrage ce qu'il pourrait présenter de trop aride s'il se contentait d'exposer des faits purement expérimentaux, nous pensons que le lecteur ne nous saura pas mauvais gré de rapporter quelques-uns de ces récits que nous donnons simplement à titre de curiosité.

Puisque nous avons déjà assisté à la naissance du spiritisme dans l'Amérique du Nord, nous ne quitterons pas ce pays sans avoir fait une courte excursion chez les autochtones du nouveau monde. On verra que les médiums sont remarquablement doués chez les Peaux-Rouges qui représentent peut-être, d'après des données toutes récentes sur l'histoire de la planète TERRE, les débris d'une très ancienne race autrefois prépondérante sur notre globe.

Est-ce le voisinage des Peaux-Rouges qui détermina l'apparition des phénomènes que nous avons relatés plus haut ? C'est une cause qu'il nous paraît oiseux de rechercher.

Nous empruntons au très intéressant ouvrage de M. Eugène Nus les extraits qui vont suivre[1].

Voici d'abord l'histoire écrite par un nommé Alexandre Henri, fait prisonnier par les Indiens dans les guerres de 1759. Sir Williams Johnson adressait un message aux Peaux-Rouges pour inviter leurs chefs, installés au Saut-Sainte-Marie, à venir conclure la paix au fort du Niagara.

C'était une chose de trop grande importance pour être abandonnée à la décision de la simple sagesse humaine. On fit donc les préparatifs nécessaires pour évoquer solennellement et consulter la *Grande-Tortue*. On commença par construire une grande maison, ou wigwam, dans l'intérieur de laquelle fut placée une espèce de tente, pour l'usage du prêtre et la réception de l'esprit. Cette tente, d'environ quatre pieds de diamètre, était faite avec des peaux d'élan recouvrant une charpente construite avec des pieux enfoncés de deux pieds en terre, hauts de dix pieds, épais de huit pouces et fortement reliés

---

[1] Nous ne saurions trop recommander la lecture des *Choses de l'autre monde* à ceux qui s'intéressent aux études psychologiques. Bien que l'auteur déclare ne pas accepter toutes les théories des spirites, il est cependant partisan convaincu de l'existence de l'esprit et pour le prouver il en a mis plein son livre. Tout au plus pourrait-on lui reprocher d'avoir confondu tous les savants dans la même réprobation et de les tancer trop vertement; mais il le fait avec tant d'humour qu'il est impossible, même au savant le plus « palmé », de lui en garder longtemps rancune.

par des traverses. Les peaux étaient solidement attachées autour de cette charpente par des lanières de cuir, sauf d'un côté où on laissa une petite ouverture par laquelle le prêtre devait entrer.

Bientôt arriva le prêtre dans un état de complète nudité.

Il approcha de la tente, dans laquelle il s'introduisit en rampant sur ses mains et sur ses genoux. Sa tête avait à peine pénétré dans l'ouverture, que la charpente massive et solide comme je l'ai décrite, commença à être secouée ; et la peau qui pendait devant l'entrée n'était pas retombée, que des bruits et des voix nombreuses furent entendues dans la tente, les unes poussant des cris sauvages, d'autres aboyant comme des chiens, d'autres hurlant comme des loups.

A cet horrible concert étaient mêlés des plaintes, des sanglots comme de désespoir, d'angoisse et de douleur aiguë. Des paroles étaient aussi articulées comme sortant de bouches humaines, mais dans une langue inconnue de tout l'auditoire.

Au bout de quelque temps un silence mortel succéda à ce tumulte confus et horrible. Puis, une voix, qu'on n'avait pas encore entendue, indiqua l'arrivée d'un nouveau phénomène dans la tente. C'était une voix faible et basse, ressemblant au cri d'un jeune petit chien. Cette voix ne fut pas plutôt entendue, que tous les Indiens firent claquer leurs mains de joie, s'écriant que c'était le chef des esprits, la Tortue, l'esprit qui ne mentait jamais. — Ils avaient sifflé auparavant les autres voix qu'on distinguait de temps en temps, les reconnaissant pour appartenir aux esprits mauvais et menteurs qui trompent les hommes. De nouveaux sons arrivèrent de la tente. Durant l'espace d'une heure et demie, une succession de bruits furent entendus, au milieu desquels des voix diverses frappaient l'oreille.

Depuis que le prêtre était entré sous la tente, jusqu'à ce que tous ces bruits eussent pris fin, on n'avait pas entendu sa voix. Mais alors il s'adressa à la foule, annonçant la présence de la Grande-Tortue et le consentement de l'esprit de répondre à toutes les questions qu'on lui adresserait. Les questions furent adressées par le chef du village, qui glissa préalablement, par l'ouverture de la tente, une grande quantité de tabac. C'était un sacrifice offert à l'esprit, car les Indiens s'imaginent que les esprits aiment le tabac autant qu'eux-mêmes. Le tabac accepté, il pria le prêtre de demander si les Anglais se préparaient ou non à faire la guerre aux Indiens et s'il y avait au fort du Niagara une grande quantité d'habits rouges.

A peine ces questions étaient-elles posées par le prêtre que la tente fut aussitôt secouée, et, quelques minutes après, elle continua de s'agiter si violemment que je m'attendais à la voir s'écrouler.

Je supposais que c'était le prélude de la réponse; mais un cri terrible annonça assez clairement que la Grande-Tortue venait de partir. Un quart d'heure s'écoula en silence, et j'étais impatient de voir quel serait le nouvel incident de cette scène. Il consista dans le retour de l'esprit, dont la voix se fit de nouveau entendre, et qui alors fit un long discours. Le langage de la Tortue, pareil à celui que nous avions déjà entendu, était inintelligible pour toutes les oreilles, excepté pour le prêtre. Ce ne fut donc que quand l'esprit eut fini de parler et que le prêtre nous eut traduit son récit, que nous trouvâmes le sens de cette extraordinaire communication. L'esprit, comme nous en informa le prêtre, avait, pendant son absence, franchi le lac Huron, était allé au fort du Niagara, et de là à Montréal. Au fort du Niagara il n'avait pas vu beaucoup de soldats ; mais, en descendant le Saint-Laurent jusqu'à Montréal, il avait vu la rivière garnie de bateaux pleins de soldats aussi nombreux que les feuilles des arbres. Il les avait rencontré faisant route sur la rivière pour venir combattre les Indiens. Le chef demanda alors si, dans le cas où les Indiens iraient visiter sir Williams Johnson, celui-ci les recevrait comme des amis. L'esprit répondit, toujours d'après l'interprétation du prêtre, que sir Williams Johnson remplirait leurs canots de présents : couvertures, chaudrons, fusils, poudre, balles et larges tonneaux de rhum, autant que les canots pourraient en contenir, et que chacun s'en reviendrait en sûreté au village.

Alors le transport fut universel, et au milieu des battements de mains, chacun s'écria : « J'irai, j'irai aussi ! »

Je fus soigneusement sur mes gardes, durant toute la scène que j'ai décrite, pour remarquer les connivences qui auraient pu avoir lieu, mais il me fut impossible d'en découvrir aucune.

Le résultat de l'expédition racontée dans l'histoire de Drake, confirme entièrement les promesses faites par l'esprit *qui n'avait jamais menti.*

Dans l'histoire de la Nouvelle-France, de Charlevoix, on trouve écrite par M. de Champlin la description d'une pareille scène se passant chez les Algonquins et les Hurons.

Voici encore un autre récit plus moderne que nous prenons dans le même ouvrage ; il est tiré d'une lettre écrite par M. Larrabée, chief-justice du Wisconsin, au gouverneur Tallmage.

J'ai conversé la semaine dernière avec L. John du Bay, que je connais un peu. Il a passé toute sa vie au milieu des Indiens, et fut, pendant plusieurs années, agent de la Cie américaine des fourrures. Il m'a raconté plusieurs faits qui prouvent que les communications avec les habitants de l'autre monde sont très communes chez les Indiens. Il m'a dit que, dans différentes occasions, il a vu un médecin indien construire trois huttes dont il enfonçait les pieux dans la terre, et qu'il recouvrait de peaux de daims formant de petites tentes qui ne pouvaient contenir qu'une personne assise. Ces tentes étaient placées à environ deux pieds de distance l'une de l'autre. Dans l'une, le médecin plaçait ses mocassins, dans l'autre, ses guêtres, et il se postait lui-même dans celle du milieu. Alors tout Indien qui voulait *converser avec un brave défunt* posait ses questions. Aussitôt les tentes commençaient à se pencher d'un côté et d'autre, comme si elles eussent été secouées par quelqu'un placé dans l'intérieur, et l'on entendait des voix sortant de l'une et de l'autre et quelquefois de toutes trois en même temps.

Ces sons n'étaient intelligibles que pour le médecin qui se chargeait de les traduire. Du Bay dit qu'il a saisi ces tentes bien souvent et qu'il a employé toutes ses forces pour arrêter leur mouvement, mais en vain, qu'il a alors soulevé les peaux, et qu'il s'est assuré qu'il n'y avait personne à l'intérieur pour causer les mouvements.

Du Bay m'a raconté aussi quelques exemples du *clairvoyant* pouvoir de ces médecins. Il y a quelques années, il arriva à un poste de commerce sur les chutes de Wisconsin. Il attendait là un autre commerçant, qui devait venir d'un poste plus au nord, sur le lac Supérieur. Il attendait en vain depuis quelques jours, lorsque le médecin lui proposa de lui annoncer l'instant où son ami arriverait. La proposition fut acceptée, avec un certain doute. Le médecie s'assit sur le gazon et se couvrit la tête avec ses couvertures. Au bout de quelques minutes, il se leva et dit : — Demain les nuages couvriront le ciel; mais, quand le soleil sera sur le point de se coucher, vous verrez un espace clair, et, dans cet espace, le soleil. Alors, si vous regardez là-bas, la pointe de terre sur le côté opposé des lacs, vous verrez venir votre ami.

Le jour suivant, comme il l'avait prédit, le ciel fut nuageux jusqu'au coucher du soleil; puis les nuages se dissipèrent et le soleil apparut. Du Bay regarda le point indiqué, mais ne vit point son marchand arriver. Il retourna vers le médecin rouge et commença à le plaisanter. Celui-ci répondit seulement : — Je vais voir. — Alors, s'asseyant comme la veille, un instant et se relevant, il dit : — « Dans cinq minutes, vous le verrez » — Au bout de ce temps, dit du Bay, mon homme paraissait et bientôt atteignait le poste....

Suivant le docteur Fizgibbon, dernier gouverneur de Bay-Island, un grand nombre de Peaux-Rouges sont naturellement médiums et, à ce titre, obtiennent des résultats plus puissants et plus étranges qu'aucun médium blanc. Les esprits qui se manifestent par leur intermédiaire se désignent, les uns sous le nom d'*Espagnols-Américains;* d'autres prétendent appartenir à des races plus anciennes qui construisirent les villes dont on trouve les débris merveilleux sous le sol des forêts prétendues vierges de l'Amérique. D'autres esprits, d'après les médiums rouges, qui traduisent leur langage inconnu, se disent plus antiques encore et se donnent comme d'anciens Phéniciens, Japonais, Tartares et Arabes venus à différentes reprises, par tribus, dans un temps où le détroit de Béring n'existant pas, l'Amérique et l'Asie ne formaient qu'un seul continent.

Pourquoi, nous dira-t-on, introduisez-vous dans un ouvrage sérieux et qui a la prétention d'être de qualité scientifique, des contes bleus comme ceux-là ? Nous avons déjà répondu en partie à cette objection : nous ne citons ces récits qu'à titre de curiosité — ce qui ne signifie pas que nous doutions en aucune façon de la bonne foi de ceux qui les ont écrits — ou à titre de documents d'attente.

Mais laissons là l'Amérique, et voguons vers d'autres rives

§ II

Nous avons aujourd'hui la preuve que, chez les anciens Hébreux, le texte vulgaire des livres de la loi, dont Moïse recommande la lecture à tous, la Genèse pas plus que les autres parties du Pentateuque n'étaient considérées par les initiés du Temple et des synagogues comme la manifestation complète de la vérité. Un petit nombre d'hommes, faisant partie de ce qu'on appelait la Kabale, avaient leur genèse à eux, ainsi que leur théologie et leur philosophie, que le vulgaire devait ignorer. Si les documents que nous possédons sur la Kabale sont très incomplets, cela tient au mode d'initiation qui se faisait à l'ombre des tabernacles et consistait presque uniquement en un enseignement oral. Il est probable qu'il en fut de même de la plupart des initiations : chaque religion avait son exotérisme symbolique plus ou moins grossier destiné à la vile multitude, et son exotérisme, auquel les prêtres étaient seuls initiés sous la foi du serment le plus redoutable. « Souviens-toi, mon fils, disaient les brahmes hindous au néophyte, qu'il n'y a qu'un seul Dieu, maître souverain et principe de toutes choses, et que tout brahme doit l'adorer en secret. Mais sache aussi que c'est un mystère qui ne doit jamais être révélé au stupide vulgaire. Si tu le faisais, il t'arriverait de grands malheurs[1]. »

La quintessence de la doctrine, ou hermétisme, était réservée pour un nombre restreint d'initiés.

---

[1] *La Bible dans l'Inde.* L. Jacolliot, d'après Vrihaspati. Paris, Librairie internationale.

§ III

Ceux qui considèrent la Bible comme la parole de Dieu ne doivent faire aucune difficulté pour admettre les apparitions des morts : le récit de l'évocation de l'ombre de Samuel devant Saül par la pythonisse d'Endor les y oblige même. Quant à nous, qui n'avons pour objectif que les faits, nous constatons que la prétendue communication des vivants avec les morts et les pratiques pour la provoquer étaient de connaissance vulgaire chez les Hébreux, qui les tenaient certainement des Égyptiens.

Mais le fait curieux, c'est que cette espèce de nécromancie était, en quelque sorte, une des bases de la doctrine kabalistique, comme le prouvent les quelques rares écrits qui nous soient parvenus sur cette théo-cosmogonie secrète. Voici un extrait des légendes kabalistiques, où la pratique des évocations se trouve démontrée :

« Un jour, notre maître Jochanan ben Zachaï se mit en voyage, monté sur un âne et suivi de rabi Éléazar ben Aroch. Alors, celui-ci le pria de lui enseigner un chapitre de la Mercaba [1]. Ne

---

[1] Ou « Histoire du Char », traité de théologie cabalistique. Voir les travaux de M. Franck, de l'Institut.

vous ai-je pas dit, répondit notre maître, qu'il est défendu d'expliquer la Mercaba à une seule personne, à moins que sa sagesse et sa propre intelligence ne puisse y suffire. — Que, du moins, répliqua Éléazar, il me soit permis de répéter devant toi ce que tu m'as appris de cette science. — Eh bien ! parle, répondit encore notre maître. En disant cela, il descendit à terre, *se voila la tête* et s'assit sur une pierre, à l'ombre d'un olivier... A peine Éléazar, fils d'Aroch, eut-il commencé à parler de la Mercaba, qu'un feu descendit du ciel, enveloppant tous les arbres de la campagne, qui semblaient chanter des hymnes, et du milieu du feu, on entendait un *esprit* exprimer sa joie en écoutant ces mystères... »

... Le ciel se couvrit tout à coup d'épais nuages, un météore assez semblable à l'arc-en-ciel brilla à l'horizon, et l'on vit les *esprits* accourir pour les entendre (ceux qui récitaient un chapitre de la Mercaba), comme des curieux qui se pressent sur le passage d'une noce[1].

« Les *esprits*, les âmes des justes, dit le *Zohar*, ouvrage kabalistique, peuplent les espaces infinis. »

Les découvertes modernes nous ont donné des

[1] *Thal. Bab. Traii*, Chaginga, fol. 14, et Jacolliot, *op. cit.*

connaissances très précieuses sur l'ancienne civilisation égyptienne et sur la doctrine ésotérique des prêtres d'Isis. Mais, comme ces derniers procèdent évidemment de l'Inde, nous pouvons affirmer, sans craindre de commettre une erreur grave, que les mystères d'Isis devaient être, à peu de différence près, ceux des temples où Brahma était adoré, plusieurs milliers d'années avant que les vallées du Nil et les plaines de Memphis n'aient été soumises aux premières dynasties des Pharaons.

Nous nous appliquerons donc, surtout, à rechercher dans l'Inde l'origine des pratiques spiritualistes. Cette étude fera l'objet du chapitre qui va suivre; mais, avant de terminer celui-ci nous rappellerons incidemment que l'usage de faire tourner divers objets : les tables, les vases, et principalement les *cribles,* était connu des Grecs. Certains écrivains satiriques, comme Théocrite, Lucien, etc., se sont moqués de ces pratiques superstitieuses.

CHAPITRE V

UN MOT SUR L'INDE

« Les temps sont proches. »

§ 1

Nous n'hésitons pas à l'affirmer bien haut : nous ne partageons pas les idées de l'école spirite, et nous repoussons comme prématurée et insuffisamment démontrée, la théorie de l'intervention de l'*âme des ancêtres* dans les phénomènes déterminés au moyen de certains individus que nous appellerons *médiums* pour nous conformer à l'habitude et en attendant mieux. Mais nous affirmons une fois de plus et nous prouverons qu'il existe toute une catégorie de phénomènes contraire en apparence aux lois *connues* de la nature, et inexplicables quant à présent : ce qui ne veut pas dire qu'on doive renoncer à en rechercher l'explication. Faisons remarquer encore que la famille Fox, « de l'Église épiscopale méthodiste », n'avait probablement jamais entendu parler de la religion de Brahma — si ce n'est de son symbolisme trivial, — et que néanmoins la doctrine spirite moderne, qui a changé peu de choses à ses croyances de la première heure, se trouve presque complètement d'accord avec la religion ésotérique actuelle des brahmes. Or, celle-ci s'enseignait aux initiés des degrés inférieurs dans les temples de l'Himalaya, il y a peut-être plus de *Cent mille ans!* Le rapprochement est au moins curieux, et l'on peut dire sans tomber dans le paradoxe, que le spiritisme n'est que le brahmanisme ésotérique à l'air libre. Mais il ne s'ensuit pas que de cette comparaison on doive tirer un argument pour ou contre les doctrines du spiritualisme moderne. Sans fournir cet argument le fait n'en est pas moins intéressant.

L'Inde nous donnera sans doute la clef des mystères qui nous accablent d'inquiétude ; elle nous dira un jour quels sont les fruits de cet arbre dont un rejeton inattendu vient de surgir sur le sol américain pour lancer ses germes à tous les vents des terres civilisées, comme un défi à la science dont les hommes modernes sont si fiers. Cet arbre est-il celui de la science du bien ou du mal? de la vie ou de la mort?

Qui sait? d'ici à peu de temps, l'élite de tout ce qui s'occupe de science cherchera peut-être dans les expériences psychiques les derniers mystères de la physiologie transcendante. Naturellement, ce ne seront pas ceux qui sont déjà arrivés qui serviront d'instruments à ce mouvement, mais bien les jeunes de demain, ceux de l'avenir, ceux dont les artérioles cérébrales ne seront pas encore incrustées par l'athérome des connaissances acquises et des théories philosophiques toutes faites. Nous sommes sans doute trop vieux, nous les jeunes d'aujourd'hui. Et nous ne faisons par exception pour ceux de l'école positiviste dont le chef n'était rien moins que positiviste quand il traitait d'absurdes et repoussait comme impossibles des faits qu'il n'avait pas examinés. Nous sommes sans doute trop vieux, redisons-le encore, car nous avons reçu une déplorable éducation. Nous sommes pétris de moyen âge; nous avons été bourrés d'une histoire basée sur l'exotérisme biblique, et qui n'a d'histoire que le nom. Mais patience! avant peu, nous en saurons assez de la vérité pour reconnaître l'erreur, et quand l'évidence nous aveuglera de l'intensité de ses lumières, nous serons bien obligés de nous rendre à discrétion. C'est alors que nous ferons table rase des vieilleries, des doctrines surannées pour boire à longs traits à la source du vrai !

Heureuse jeunesse ! heureuse enfance ! plus heureux encore ceux qui vont venir : ils sauront ! Leurs intelligences ne seront pas obscurcies par les erreurs qui se sont infiltrées dans nos veines, en même temps que les sucs du lait maternel. Nous pouvons donc le dire en toute assurance, car nous savons que les faits ne nous démentiront pas : Les temps sont proches.

Avant peu la lumière éclatera comme un globe en fusion projetant partout ses rayons éblouissants en gerbes incandescentes. Et ce n'est pas du Nord qu'elle nous viendra, mais bien de l'Orient, berceau du genre humain et gardien naturel de ses connaissances. C'est là que les différentes races, qui tour à tour ont prédominé sur la sphère terrienne, ont retrouvé, après plusieurs mille ans de recommencement et de barbarie, l'histoire de l'humanité et le fil cent fois interrompu de la science immortelle.

Savants que nous sommes ! Sommes nous assez fiers de nos découvertes des siècles derniers. Et de fait, nous n'avons pas tort d'être fiers, mais nous n'avons fait dans beaucoup de cas que découvrir une deuxième fois : soyons plus modestes et rendons justice à nos ancêtres.

Dans vos futurs livres, messieurs les auteurs classiques, qui traitez de l'histoire du Monde, de grâce ne la faites plus commencer il y a six mille ans. Vos jeunes lecteurs souriraient de pitié à la lecture de vos œuvres ! Car nous leur crierons bien fort ce que l'étude de l'Inde nous apprend chaque jour; à savoir que nous ne connaîtrons sans doute jamais l'époque à laquelle l'homme a commencé à vivre en sociétés sur la terre, tellement loin cette époque se perd dans la nuit des temps.

Du reste, ne savons-nous pas déjà que les traces de l'homme et de son industrie se trouvent dans ce qu'on nomme provisoirement les couches géologiques de la période ou plutôt des périodes glaciaires ? Tout récemment même, ne les a-t-on pas trouvées, ces traces, jusque dans les dépôts d'une des couches de la période tertiaire ! Et cela ne nous indique-t-il pas que ceux dont nous trouvons ainsi les vestiges ont vécu dans des temps tellement reculés que l'imagination a peine à se le figurer et en demeure presque effrayée ?

Mais pourquoi fouiller aussi profondément dans les flancs de notre mère commune ? Pour arracher leurs secrets à ceux de ses enfants qu'elle y tient endormis depuis plusieurs milliers de siècles en berçant d'un balancement immense leur sommeil éternel dans l'espace infini ! Ce balancement gigantesque [1] qui emploie vingt-cinq mille ans à se compléter, n'est-il pour rien dans les cataclysmes périodiques dont nous parlent les livres hindous ? Est-il vrai que, pendant ces vingt-cinq mille ans, le soleil éclaire alternativement les continents et l'océan sur les mêmes points du même hémisphère ? Est-il vrai que dans quelques siècles les eaux, charriant des glaçons énormes venus des mers australes, balaieront toutes nos œuvres péniblement hissées et nous couvriront pendant plusieurs centaines de siècles ? Que penseront de nos crânes fossiles les géologues et les anthropologistes savants des académies du trois cent vingtième siècle de notre ère, s'ils fouillent la tourbière sous laquelle sera enseveli ce qui aura été l'Europe actuelle, quand les eaux auront quitté de nouveau notre hémisphère boréal ?... Oh ! questions affolantes !

Revenons donc à l'Inde, car c'est par elle seule qu'il nous sera donné de voir clair sur la route où peine notre race. Nous sommes loin de tout savoir encore ; les prêtres de Brahma gardent trop bien leurs trésors scientifiques. Leurs

---

[1] Mouvement de la précession des équinoxes qui s'opère en 25,900 ans environ, à raison de 50 secondes de degré et un dixième par an.

temples recèlent des richesses inestimables, mais incomparables, paraît-il, à celles qu'on tient soigneusement cachées dans certains sanctuaires souterrains de l'Asie, situés hors de l'atteinte périodique des fléaux diluviens, dans les rares altitudes où ne se trouvent plus les coquillages calcifiés, indices d'une submersion antérieure.

De toutes parts, on traduit, on étudie les livres sanscrits que le hasard ou les recherches patientes mettent à notre disposition ; nos voisins d'outre-Manche ont institué, dans ce but, des écoles spéciales. Une Société qui s'est donné la tâche de répandre dans le monde entier les doctrines hautement altruistes de Bouddha et les littératures de l'Inde, s'est formée il y a peu d'années et déjà ses branches et ses publications se comptent par centaines. Cette Société qui a pris le titre de « Société Théosophique » possède un grand nombre d'adhérents divisés en loges, réparties inégalement dans l'Inde, l'Europe, l'Amérique et l'Australie. Il existe une loge à Paris. Le siège principal de la Société Théosophique est dans l'Inde, à Adyar, où elle possède un établissement important contenant une bibliothèque fort riche, des salles de réunion, etc. Les Théosophistes, ainsi que s'intitulent les membres de cette Société, disent recevoir leurs instructions d'une confrérie ou « fraternité » d'hommes extraordinaires, sortes de thaumaturges vivant dans les solitudes du Thibet. Contrairement aux propagateurs de religion, ils ne s'adressent pas à la foule, mais aux hommes les plus distingués des nations. Du reste, ils se défendent d'avoir aucun dogme ; ils recherchent, disent-ils, et enseignent la vérité qui, suivant leur devise « est au-dessus de toutes les religions. »

Nous ne voulons rien avancer que nous ne puissions prouver ; nous avons parlé de l'ancienneté de l'Inde, il nous reste à fournir les preuves qui l'établissent. Pour donner une idée de l'antiquité de la science indienne, rappelons d'abord l'opinion d'un auteur clérical qui ne brille cependant pas par son amour pour le peuple hindou. Cet auteur ne s'est pas fait faute d'adapter les calculs astronomiques aux exigences de la Genèse biblique suivant la méthode chère à son émule Loriquet :

« Les Indiens, dit l'abbé Guérin[1], appliquaient
« l'algèbre à la géométrie ; disputaient dans leurs
« écoles sur la question du mouvement de la
« terre provenant de la rotation diurne sur son
» axe au milieu de l'espace ; s'entretenaient de la
« cause de la chute des graves et comparaient la

---

[1] *Astronomie indienne*, d'après la doctrine et les livres anciens et des brahmes, par M. l'abbé Guérin. Paris. M DVIII XLVII.

« terre à un aimant; calculaient des sinus et des
« cosinus et en dressaient des tables; faisaient,
« comme chose ordinaire et toute simple, la somme
« du carré de chacun des côtés d'un angle droit
« dans un triangle égal au carré de l'hypoténuse! »

Diodore de Sicile, l'historien grec du siècle d'Auguste, cité par Ammien Marcellin [1], ne nous affirme-t-il pas que les Chaldéens apprirent l'astronomie des sages de l'Inde? Et suivant Eusèbe [2], les Ethiopiens, de qui les Egyptiens apprirent ce qu'ils savaient, n'étaient-ils pas une colonie d'Hindous? Mais sur ce point encore, il est possible que la science moderne, éclairée par l'Inde, vienne modifier les écrits des historiens grecs

On trouvera à ce sujet tous les développements désirables dans l'excellent petit livre de l'ingénieur Tremeschini [3] auquel nous empruntons une partie de ce qui, dans cet ouvrage, a trait à l'astronomie hindoue.

Un des plus anciens livres de la littérature hindoue contient des preuves indéniables des antiques connaissances de l'Inde sur l'astronomie; témoin les passages suivants des écrits fameux

---

[1] L. XXIII.

[2] Chron. n. CCCCII.

[3] Tremeschini. — *La Cosmographie vulgarisée*, par la méthode plastique de l'ingénieur Tremeschini, chez Picard, Bernheim et Cie. Paris.

du législateur Monu, Monou ou Manou : « Les Pitris (dieux, mânes, ancêtres du genre humain) demeurent dans la Lune. Comme la Lune ne fait qu'un tour sur elle-même (relativement au soleil) en un mois, les Pitris, placés à son équateur, n'ont qu'un jour et qu'une nuit, pendant que nous comptons à l'équateur trente jours et trente nuits à cause des trente révolutions de la terre devant le soleil qui fait le jour et la nuit pour les hommes et les Pitris (Manou, ch. I, vers 65, 66).

« Mais les Debtas, qui sont assis au pôle Nord de la terre, comptent encore bien moins de jours et de nuits que nous et les Pitris, dans le même temps, car ils n'ont qu'un jour et qu'une nuit pendant les douze jours et douze nuits des Pitris de l'équateur de la Lune et les trois cent soixante jours et trois cent soixante nuits des habitants de Lanka (Ceylan) sous l'équateur terrestre (Manou, ch. I, vers 67)[1]. »

Nous donnons ci-dessous un tableau indiquant la différence qui existe entre la position occupée par quelques étoiles prises au hasard dans le catalogue de Souryo-Shiddhanto et la position que ces mêmes étoiles occupent aujourd'hui.

---

[1] Note communiquée à l'auteur par M. Tremeschini.

TABLEAU

INDIQUANT LA DIFFÉRENCE QUI EXISTE ENTRE LA POSITION OCCUPÉE PAR HUIT ÉTOILES FIXES PRISES AU HASARD DANS LE CATALOGUE DE *Souryo-Shiddhanto* ET LA POSITION ACTUELLE DE CES MÊMES ÉTOILES.

NOM DE L'ÉTOILE EN SANSCRIT	NOM DE L'ÉTOILE EN FRANÇAIS	DIFFÉRENCE DE POSITION EN ASCENSION DROITE	DIFFÉRENCE DE POSITION EN DÉCLINAISON
Oshlesha	Alpha du Cancer	— 23 $\frac{3}{4}$	— 2 $\frac{1}{4}$ S.
Poushya	Delta do	— 23	+ $\frac{2}{3}$ N.
Mogâ	Alpha du Lion	— 22 $\frac{4}{5}$	+ 1 N.
Outorofolgouni	Beta do	— 20 $\frac{1}{3}$	+ $\frac{1}{4}$ N.
Potrbofolgouni	Delta do	— 22 $\frac{1}{3}$	+ $\frac{3}{4}$ N.
Tchittra	Alpha de la Vierge	— 19 $\frac{1}{4}$	+ 1 $\frac{1}{3}$ S.
Hoshta	Psi[1] do	— 21 $\frac{1}{2}$	— 1 S.
Shâti	Arcturus	— 13 $\frac{1}{4}$	— 4 $\frac{2}{3}$ N.

NOTA. — En tenant compte de ces différences, de ces écarts considérables dans tous les sens, le calcul impartial démontre que les observations de *Souryo-Shiddhanto* remontent à 58,900 ans!

[1] Aujourd'hui, cette étoile n'est plus visible à l'œil nu.

Le catalogue de Souryo-Shiddhanto est un recueil analogue à l'annuaire de la connaissance des temps de nos observatoires modernes, dans lequel l'astronome hindou enregistrait ses observations célestes et notait la position des étoiles fixes.

Nous ne saurions trop instamment appeler l'attention du lecteur sur ce document vraiment magnifique de l'histoire de l'humanité. On verra qu'en dehors des différences dues à la précession, ce tableau accuse des écarts considérables *dans tous les sens,* entre la position des étoiles notées par l'astronome hindou et celle qu'elles occupent aujourd'hui. Ces écarts sont dus nécessairement au mouvement propre de ces étoiles.

Le calcul *impartial,* fait d'après les documents hindous et basé sur ces différences de position des étoiles fixes, prouve que les observations de Souryo-Shiddhanto remontent à *cinquante-huit mille ans!*

Et, dans ses écrits, Souryo-Shiddhanto parle des livres sacrés (Védas) comme d'ouvrages fort vénérables par leur antiquité !

Il est intéressant de noter encore, d'après les livres de Souryo-Shiddhanto, que cet astronome se servait, pour ses observations, d'un équatorial parfaitement installé, dont le tube pourvu de pinnules était mu par un clepsydre où l'eau était remplacée par du mercure[1].

Jusqu'à présent, si on a admis la grande antiquité de la civilisation hindoue, on considérait, à juste titre, comme fabuleuse la division attribuée par les Hindous à la durée du monde.

Rappelons à ce propos quelle est cette division d'après les traducteurs qui prennent les documents hindous à la lettre.

Les Hindous partagent la durée du monde en quatre périodes, âges, yougos ou yougas :

1° Le *Krita-Youga*, qui a duré 1,728,000 ans. Pendant cet âge, l'homme vivait 100,000 ans et sa stature était de 21 coudées.

2° Le *Tréta-Youga*, dont la durée a été de 1,296,000 ans. Durant cet âge, les hommes vivaient 10,000 ans.

3° Le *Dwâpara-Youga*, sa durée a été de 864,000 ans. La vie humaine n'y dépassa pas 1,000 ans.

4° Le *Kali-Youga*, est l'âge actuel, il ne doit pas subsister plus de 432.000 ans, et la vie humaine y est réduite à 100 ans. D'après les documents astronomiques, cet âge aurait commencé

---

[1] Ce document ainsi que le tableau nous a été communiqué par M. Tremeschini. — Aucun document n'indique que ces tubes fussent munis de verres grossissants.

un vendredi, le 28 février, 3,101 ans (Prinsep) avant notre ère.

Mais depuis les travaux de William Jones, qui fit surtout connaître les Védas, de Wilkins, Forster, Wilson, Prinsep et autres savants anglais qui nous ont initiés aux études sanscrites, d'Hippolyte Fauche qui traduisit le Râmâyana, les études de la littérature sanscrite ont fait du chemin et nous saurons, sans doute bientôt, la réalité qui se cache derrière cet amas fabuleux de siècles dont une clef spéciale peut seule faire connaître les proportions véritables.

Il est temps que des données plus précises nous fixent au juste sur les écrits brahmaniques dont le sens exact a jusqu'à présent échappé aux *mlecchas* (païens, infidèles, étrangers impurs), ainsi qu'on peut s'en rendre compte en lisant l'ouvrage du général Biornstierna[1], dont l'extrait suivant résume à peu près le sentiment général des auteurs qui ont traité de l'Inde ancienne :

« Dans la chronologie hindoue, il y a quatre
« périodes de développement du monde ; entre
« chacune des ces quatre périodes, il y a eu un
« déluge universel qui a contribué à donner la
« forme ultérieure du monde. Cette assertion ne

---

[1] *Tableau politique et statistique de l'Empire britannique dans l'Inde,* par le général Biornsterna.

« semble-t-elle pas entièrement confirmée par les
« découvertes récentes des géologues ? Et d'où
« peut provenir cette étrange connaissance ?
« L'attribuer à une révélation chez un peuple ido-
« lâtre serait contraire à nos idées religieuses [1] ;
« les imputer à une tradition populaire est bien
« moins possible encore, puisque l'origine de
« l'espèce humaine, du moins selon les principes
« de la géologie, n'appartient pas aux premières
« périodes d'existence de la terre, mais seulement
« à la dernière. Quel autre parti à prendre, si ce
« n'est d'admettre que les Hindous, dans ces
« temps reculés, s'ils ne possédaient pas déjà la
« science des Cuvier, des Werner, des Buckland,
« des Berzelius, en avaient déjà le pressentiment
« philosophique, pressentiment dont les éton-
« nantes découvertes des grands naturalistes
« modernes ont prouvé la sagesse ? »

Eh pardieu ! il est très commode d'attribuer un
pressentiment, une intuition des choses aux gens
à qui on veut refuser, quand même, d'avoir eu,
à un moment donné, la connaissance de ces choses. Mais nous serons moins étonnés que le brave
général Biorsterna, et lui-même ne songera sans
doute plus à vanter si fort les qualités intuitives

---

[1] O néfaste influence de l'exotérisme biblique ! N'est-ce pas le cas de dire avec l'apôtre : « La lettre tue » ?

des peuples « idolâtres » qui n'ont pas eu comme nous la révélation des choses étonnantes que l'on sait, quand la Société atmique aura publié les commentaires du Sômodœvo de Gôtomo dont elle a déjà fait connaître la préface[1].

Le Sômodœvo écrit par Gôtomo, il y a environ 30,000 ans, renferme des renseignements précis, irréfutables, nous assure-t-on, sur la périodicité des cataclysmes diluviens auxquels se trouve assujétie la terre depuis un temps immémorial. De ce document, il résulte que ces déluges ne correspondent nullement aux périodes signalées plus haut (yougas) et auxquelles le général Biornstierna fait allusion, mais à d'autres phases chronologiques coïncidant avec des phénomènes bien caractérisés, tous d'ordre physique, astronomique et météorologique, sur lesquels Gôtomo donne les explications les plus exactes.

Nous souhaitons ardemment que la Société atmique nous fasse promptement connaître cet important ouvrage écrit, ainsi qu'il a été dit plus haut, il y a 300 siècles environ.

---

[1] *Préface des commentaires sur le Sômodœvo*, de Gôtomo, imprimerie Champon. — Paris, 1885.
Il est malheureusement à craindre que la publication de la préface ne soit pas suivie de celle de l'ouvrage : depuis plusieurs années on attend en vain le travail annoncé.

§ II

Nous voudrions arrêter ici cette digression historique ; mais en cherchant à démontrer l'ancienneté du spiritisme sur la terre, nous ne pouvons le faire qu'en démontrant parallèlement l'ancienneté des sociétés humaines et celle de leurs religions. Nous demandons pour quelques instants encore l'attention du lecteur au sujet de l'antiquité de la civilisation hindoue. Les documents astronomiques sont pour nous des preuves littéralement mathématiques, mais un supplément de preuve ne nuit en rien. Les études philologiques nous démontrent que la civilisation indienne est bien antérieure à celle des Grecs et qu'elle a laissé des traces chez tous les peuples de l'antiquité. Certains noms de la mythologie grecque sont du sanscrit presque pur ; les exemples suivants, empruntés à un auteur bien connu qui est resté plus de vingt ans aux Indes, en disent plus long que les meilleurs discours :

HERCULE. — En sanscrit : *Hara-kala*, héros des combats. Épithète communément donnée à Siva, dieu des combats dans la poésie hindoue.

THÉSÉE. — En sanscrit : *Tha-saha*, l'associé compagnon de Siva chez les Hindous.

Éaque. — Juge des enfers dans la mythologie grecque. En sanscrit : *Aha-ka*, juge sévère, adjectif qualificatif accompagnant ordinairement le nom de *Yama*, juge des enfers chez les Hindous[1].

Ariane. — La malheureuse princesse abandonnée par Thésée et qui avait eu le tort de céder à un ennemi de sa famille. En sanscrit : *Ari-ana*, séduite par un ennemi.

Rhadamante. — Autre juge des enfers dans la mythologie. En sanscrit : *Rhada-manta*, qui châtie le crime.

Andromède. — Sacrifiée à Neptune et secourue par Persée. En sanscrit : *Andha-ra-medha*, sacrifice à la passion du dieu des eaux.

Persée. — En sanscrit : *Para-saha*, secours venu à propos.

Oreste. — Célèbre par ses fureurs. En sanscrit : *O-rahsata*, voué au malheur.

Pylade. — L'ami d'Oreste. En sanscrit : *Pula-da*, qui console par son amitié.

Iphigénie. — La vierge sacrifiée. — En sanscrit : *Apha-gana*, qui finit sans postérité.

Centaure. — Ce personnage de la fable, moitié homme, moitié cheval. En sanscrit : *Ken-tura*, homme cheval.

Les divinités de l'Olympe ont la même origine.

Jupiter. — En sanscrit : *Zu-pitri*, père du ciel, ou

---

[1] L. Jacolliot. — *Loc. cit.*

Zeus-pitri, dont les Grecs ont formé le mot *Zeus* et les Hébreux *Icovah* [1].

Pallas. — La sage déesse. En sanscrit : *Pala-sa*, sagesse qui protège.

Athenaïa. — Déesse de la chasteté chez les Grecs. En sanscrit : *A-tanaïa*, sans enfants.

Minerva. — Qui est la même déesse chez les Romains mais revêtant en outre les attributs du courage. En sanscrit : *Ma-nara-va*, qui soutient les forts.

Bellone. — Déesse de la guerre. En sanscrit : *Bala-na*, force guerrière.

Neptune. — En sanscrit : *Na-pata-na*, qui maîtrise la fureur des flots.

Poseidon. — Autre nom grec de Neptune. En sanscrit : *Pasa-uda*, qui calme les eaux.

Mars. — Dieu de la guerre. En sanscrit : *Mri*, qui donne la mort.

Pluton. — Dieu des enfers. En sanscrit : *Plushta*, qui frappe par le feu.

Quelques exemples, maintenant, pris parmi les peuples ; on ne saurait mieux prouver les émigrations que par l'étymologie des noms.

Les Pégalasses. — En sanscrit : *Palaça-ga*, qui combat sans pitié.

---

[1] La consonne *z* n'existe pas en sanscrit ; elle est remplacée par *ç* ou *s*. *Su* signifie : maître, procréateur.
(Note de l'auteur.)

Les Léleges. — En sanscrit : *Lala-ga*, qui marche répandant la crainte.

Comme la signification de ces mots répond bien au goût des peuples jeunes et guerriers qui aiment à se donner des noms en rapport avec leurs habitudes !

Les Hellènes. — En sanscrit : *Hela-na*, guerriers adorateurs d'Héla ou la Lune. La Grèce ne s'appelle-t-elle pas aussi l'Hellade.

Les Spartiates. — En sanscrit : *Spardha-ta*, les rivaux.

Et ces mots sanscrits qui sont devenus en passant en Grèce les noms d'hommes célèbres.

Pythagore. — En sanscrit : *Pitha-guru*, le maître d'école.

Anaxagone. — En sanscrit : *Ananga-guru*, le maître de l'esprit.

Protagoras. — En sanscrit : *Prata-guru*, le maître distingué en toutes sciences.

Si de la Grèce nous passons en Italie, en Gaule, en Germanie et en Scandinavie, nous trouvons les mêmes rapprochements, les mêmes origines sanscrites.

Les Italiens. — Nom qui vient d'Italus, fils du héros troyen. En sanscrit : *Itala*, hommes de basses castes.

Les Bretii. — En sanscrit : *Bharata*, peuple de la caste des artisans.

Les Thyrrhéniens. — En sanscrit : *Tyra-na*, guerriers rapides.

Les Sabins. — En sanscrit : *Sabha-na*, caste des guerriers.

Les Samnites. — En sanscrit : *Samna-ta*, les bannis.

Les Celtes. — En sanscrit : *Kalla-ta*, les chefs envahissants.

Les Gaulois. — En sanscrit : *Ga-lata*, peuple qui marche en conquérant.

Les Belges. — En sanscrit : *Bala-ja*, enfants des forts.

Les Séquanes. — En sanscrit: *Saka-na*, les guerriers par excellence.

Les Sicambres. — En sanscrit : *Su-kam-bri*, les bons chefs de la terre.

Les Scandinaves. — En sanscrit : *Skanda-nava*, adorateurs de Skanda, dieu des combats.

Odin. — Le chef des tribus émigrantes par les plateaux du Nord. En sanscrit : *Yodin*, le chef des guerriers.

Les Suédois. — En sanscrit : *Su-yodha*, les bons combattants.

La Norwège. — En sanscrit : *Nara-vaja*, pays des hommes de la mer.

La Baltique. — En sanscrit : *Bala-ta-ka*, l'eau des puissants conquérants.

Les Alamanni (Allemands). — En sanscrit : *Ala-manu*, les hommes libres.

Les Valaques. — En sanscrit : *Va-la-ka*, de la classe des serviteurs.

Les Moldaves. — En sanscrit : *Mal-dha-va*, hommes de la dernière caste.

L'Irlande, que les poètes appellent la verte Erin. En sanscrit : *Erin*, rochers entourés d'eau salée.

Le Thane. — Nom des anciens chefs de clan écossais. En sanscrit : *Tha-na*, chef des guerriers.

En Asie, toute la dynastie des Xerxès et des Artaxerxès est d'origine hindoue. Tous les noms de places fortes, de villes, de contrées, sont du sanscrit presque pur. En voici quelques exemples :

Ma. — Divinité lunaire des tribus d'Asie et de tout l'Extrême-Orient. En sanscrit : *Ma*, la lune.

Artaxerxès. — En sanscrit : *Artha-Xatrias*, le grand roi. N'est-ce pas ainsi que l'appelaient les Grecs ?

La Mésopotamie. — Contrée fertile en fleuves et en cours d'eau. En sanscrit : *Madya-potama*, terre au milieu des fleuves.

Castabala. — Place forte. En sanscrit : *Kastha-bala*, la force impénétrable.

Et Zoroastre. — Qui apporta en Asie le culte du soleil. En sanscrit : *Surya-stara*, qui répand le culte du soleil, etc., etc...

§ III

Ajoutons encore que d'anciens poèmes sanscrits paraissent avoir inspiré le « divin Homère » ; on y trouve, en effet, une trame qui ressemble en plus d'un point à celle de l'Illiade. Il peut se faire qu'il n'y ait là qu'une simple coïncidence, mais dans tous les cas nous croyons bien que nous sommes à la veille de voir tomber encore une de nos illusions, car un savant conférencier français s'est mis en tête de prouver que le siège de Troie s'est passé en Angleterre, et qu'Ulysse, roi d'Ithaque « en Andalousie », est allé à la Havane, pendant que Ménélas, ce type du mari infortuné, se rendait à Paris (île de Pharos) pour y consulter, au sujet de ses malheurs, l'oracle de l'endroit qui n'en pouvait mais. Et de fait! nous devons avouer que les arguments donnés par M. Théophile Cailleux à l'appui de sa thèse nous font réfléchir ; nous ne saurions toutefois admettre avec lui que les druides soient les pères des brahmes [1].

§ IV

Encore une courte digression :

Puisque nous parlons d'illusions à perdre et d'histoire à changer, jetons à propos de spiritisme un coup d'œil sur le transformisme. Au

---

[1] *Théorie nouvelle sur les origines humaines,* par Théophile Cailleux. — Chez Ghio, édit. Paris.

moment où se discute la valeur de la théorie de Lamarck reprise par Darwin et Russel Wallace, en ce qui concerne l'homme, voilà que se présente un argument inattendu, argument vivant, dans la personne d'une race entière d'hommes-singes qu'on vient de découvrir dans les forêts marécageuses du Laos. Ces hommes, ichtyophages et végétariens, sont entièrement couverts de poils, ont un rudiment de queue, manquent de cartilage nasal, de muscles opposants du pouce ou du moins n'en ont pas plus que les singes, et paraissent avoir des poches buccales où ils emmagasinent des aliments. Leur intelligence est fort peu développée, ils peuvent compter jusqu'à dix mais ne peuvent dire combien deux et deux font au total, etc. Enfin, ils nichent dans les arbres et les vrais hommes de la contrée les appellent des hommes-singes. Un sujet appartenant à cette race (race de Krao) a été exhibé dans ces derniers temps à Londres et à Paris. Le Laos n'est pas très éloigné de l'Inde; les Kraos seraient-ils le vestige d'une grande race qui aurait habité l'Asie avant l'homme proprement dit? Sont-ils un reste de ces peuples sujets des « deux rois des *Singes* » que Rama[1] appela à son secours pour combattre Ravanas, chef des Géants?

[1] Hippolyte Fauche. — *Le Râmâyana*, t. I, p. 16-17.

Quoi qu'il en soit, ils paraissent représenter un anneau de la chaîne qui relie l'homme à l'animalité, et l'existence de toute une race, constituant un petit peuple tenant de l'homme et du singe (mais encore plus de l'homme que du singe, il est vrai), apporte un appoint considérable à la théorie évolutionniste des transformistes, que ceux-ci, du reste, appartiennent à l'école monogéniste de Lamarck ou qu'ils se soient rangés à la théorie polygéniste de Darwin.

§ V

Mais retournons à l'Inde et voyons, aussi rapidement que possible, quels étaient les premiers fondements de l'antique religion de nos pères, les Aryas.

La doctrine fondamentale des brahmes ou brahmanes, c'est-à-dire des hommes éclairés, instruits de l'Inde, reposait tout entière dans les deux articles de foi suivants :

1° Existence d'un Dieu unique ;
2° Existence de l'âme.

Ces deux rois des singes s'appelaient Hanuman et Sugriva. Rama était une incarnation de la deuxième personne de la Trinité hindoue, de Vischnou, fils de Brahma.

Comme le fait remarquer M. Louis Leblois, dans son ouvrage sur les Bibles [1], la religion des brahmes est la « seule de toutes les religions existantes qui ne porte ni le nom ni l'empreinte du caractère ou des pensées d'un personnage illustre, son fondateur ou son réformateur ». Les brahmanes invoquent cette circonstance comme une preuve de la supériorité de leur religion sur toutes les autres [2].

Le *bouddhisme* fut une réforme du *brahmanisme* dont il supprima l'organisation sociale en castes; il rendit la qualité de brahme, qui était héréditaire dans le brahmanisme, accessible à tout homme vertueux.

Le fragment de dialogue suivant entre un bouddhiste et un brahme contient en germe la matière de plusieurs révolutions; le langage du bouddhiste ne diffère pas de celui que tiendra le Christ, six cents ans plus tard environ [3]. « Les différences de races, dit-il, sont marquées, dans les êtres, par une différence d'organisation. Ainsi, le pied du

---

[1] *Les Bibles et les initiateurs religieux de l'humanité.* Librairie Fischbacher, rue de Seine, Paris. Ouvrage très précieux par la somme de travail et de documents intéressants qu'il renferme; nous en reparlerons.

[2] Max Muller. — *Einleitung in die vergleichende Religionswissenschaft.* Strasbourg, 1876. (Introduction à l'étude comparée des religions.)

[3] F. Laurent. — *L'Orient*, p. 182-183.

cheval ne ressemble pas à celui de l'éléphant. Mais je ne sache pas que le pied d'un *kchattrya*[1] diffère de celui d'un *brahmane* (prêtre) ou de celui d'un *çoudra* (esclave). Tous les hommes naissant de la femme de la même manière, tous étant sujets aux mêmes nécessités physiques, tous ayant les mêmes organes, les mêmes sens, tous sont égaux. Il n'y a d'autre différence entre eux que celle des vertus qu'ils possèdent. Le çoudra qui emploie sa vie entière dans de bonnes actions, est un brahme. Le brahme dont la conduite est mauvaise, est un çoudra, et pis qu'un çoudra ». Le bouddhisme a relevé la femme décrétée d'impureté par le brahmanisme ; il a nivelé la société et le Bouddha Çakyamouni[2] a été le grand réformateur de l'Inde. (On a dit le Luther de l'Inde ; il serait plus juste de dire que Luther a été un petit Bouddha[3].) Le nombre de ses croyants est plus grand que celui d'aucune autre religion de la terre. Le bouddhisme est répandu dans une partie de l'Inde (Nord et île de Ceylan), dans le Thibet, la Birmanie, la Chine, le Japon, etc., etc. Il régnerait dans tout l'Orient aujourd'hui et aurait, dans l'Inde, supplanté complètement le brah-

---

[1] *Kchattrya*, homme de la caste des guerriers.

[2] Surnom de Bouddha, qui veut dire : solitaire de la famille royale des Çakya.

[3] Avec la tolérance en moins.

manisme, dont il a la prétention d'être la doctrine primitive, altérée depuis au profit de l'ambition des brahmes ou brahmanes, mais une réaction sanglante, provoquée par ces derniers vers le sixième siècle de notre ère, le rejeta du centre de la péninsule gangélique.

Dans les deux religions, si la partie sociale diffère, le fond doctrinal est à peu près le même. Chez toutes deux on trouve un seul Dieu en trois personnes et l'immortalité de l'âme ainsi qu'une organisation qui rappelle celle du catholicisme, à tel point que les premiers missionnaires chrétiens qui virent le bouddhisme pratiqué dans le Thibet, crurent que c'était une contrefaçon du catholicisme inventée par le diable! Les mahométans avaient également remarqué cette analogie. Et de fait, on trouve dans les deux religions de l'Inde comme dans le catholicisme : une hiérarchie sacerdotale; les jeûnes, les processions, les pèlerinages, le baptême, la pratique de la confession, du chapelet, et plus particulièrement dans le bouddhisme les pratiques précédentes plus les reliques, l'eau bénite, les exorcismes, les couvents d'hommes et de femmes, le célibat ecclésiastique, les conciles codifiant la doctrine, des *grands-lamas*, sortes d'évêques portant un costume *violet* semblable à une *chappe*, et, de plus, la *mitre* et la *crosse*. A la tête de la hiérarchie sacerdotale bouddhiste se trouve un *pape infaillible* et immortel. Enfin, le fondateur de la religion est vénéré comme un être divin [1].

Le bouddhisme n'a pu copier le catholicisme puisqu'il lui est antérieur ; mais le catholicisme a-t-il fait des emprunts au bouddhisme ? La question a été posée et certains auteurs ont prétendu [2] que les apôtres et Jésus lui-même avaient au moins pris connaissance des livres de l'Inde, s'ils n'avaient visité ce pays. On a pensé aussi que Jésus avait pu être initié en Egypte où les doctrines de l'Inde étaient en honneur au moins dans les temples [3].

Une des analogies des plus frappantes du catholicisme, non pas avec le bouddhisme mais avec le brahmanisme, se trouve dans l'une des incarnations de Vischnou (fils de Dieu) sous la forme de Krichna.

Krichna, que certains auteurs orthographient Christna ou Kristna, fut conçu « sans péché » ; sa

---

[1] Voir l'ouvrage du missionnaire Huc. — *Souvenirs d'un voyage dans la Tartarie et le Thibet,* 3ᵉ édit. Paris, 1857.

[2] L. Jacolliot. — *Loc. cit.*

[3] Il est préférable d'admettre, avec M. Renan, que la doctrine du christianisme fut fabriquée par des juifs hellénisants d'Alexandrie, avec les livres bouddhistes qui se trouvaient dans la fameuse bibliothèque de cette ville, et que le feu fit disparaitre à point nommé, pour cacher ces emprunts.

naissance fut annoncée par des prophéties nombreuses et fort anciennes. Sa mère, Devânaguy, le conçut par l'opération de l'*Esprit*, qui lui apparut sous les traits de Vischnou, deuxième personne de la Trinité hindoue. D'après la tradition hindoue et la *Bhagaveda-Gîta*, une prophétie ayant annoncé qu'il détrônerait son oncle, le tyran de Madura, ce dernier fit enfermer sa nièce Devânaguy laquelle fut délivrée par Vischnou ; alors le tyran donna l'ordre de *massacrer dans tous ses Etats les enfants du sexe masculin nés pendant la nuit où Krichna était venu au monde*. Mais l'enfant fut sauvé par miracle et 3500 ans environ avant notre ère, il prêcha sa doctrine. Après avoir converti les hommes, il mourut de mort violente sur les bords du Gange, suivant les ordres de Brahma (Dieu, le Père), pour accomplir la *rédemption* des hommes comme cela leur avait été promis.

Les auteurs qui, comme Fauste, ont nié l'existence de Jésus-Christ connaissaient-ils les passages des livres de l'Inde où la vie de Krichna se trouve racontée ? Nous l'ignorons, mais comme toutes ces coïncidences sont étranges [1] !

Il nous semble difficile d'admettre que les

---

[1] Voir Dupuis, *Origine de tous les cultes, ou Religion universelle*. Paris, 1835.

pères et docteurs de l'Eglise catholique aient été bien au courant de la science des brahmes et qu'ils leur aient emprunté leurs sacrements, à moins, toutefois, que la partie vraiment scientifique ait été complètement délaissée par des hommes qui tenaient surtout à fonder une religion, destinée, dans leur esprit, à n'être que la continuation de la religion hébraïque.

Quoi qu'il en soit, les pères de l'Eglise ignoraient totalement la cosmographie si savante des brahmes hindous ; pour s'en convaincre, on n'a qu'à se rappeler les persécutions dont furent victimes Copernic, Galilée, Cecco d'Ascoli brûlé vif, etc., et qui n'auraient certainement pas eu lieu si l'Eglise eût été mieux renseignée.

Un moine irlandais, qui enseignait en Bavière, fut excommunié par le pape Zacharie pour avoir soutenu qu'il y a des antipodes. C'est à lui que Pascal[1] fait allusion dans ses *Lettres provinciales :* « Ne vous imaginez pas, dit-il, que les lettres du pape Zacharie pour l'excommunication de saint Virgile sur ce qu'il tenait qu'il y avait des antipodes aient anéanti ce nouveau monde, et qu'encore qu'il eût déclaré que cette opinion était une erreur bien dangereuse, le roi d'Espagne ne se soit pas bien trouvé d'en avoir plu-

---

[1] Blaise Pascal. — *Lettres provinciales.* L. XVIII.

tôt cru Christophe Colomb, qui en venait, que le jugement de ce pape, qui n'y avait pas été. »

Gageons que Blaise Pascal n'eût pas voté pour le dogme de l'infaillibilité s'il avait fait partie du fameux concile général de 1870, à la servilité duquel le pape de Rome dût de n'être plus dépassé par le pape de Brahma, le grand Sankaracharya de l'Inde, pas plus que par le pape du Bouddha, le Grand-Lama du Thibet, tous deux infaillibles [1].

Cette décision du concile du Vatican a été pour l'Eglise catholique un coup plus rude qu'aucun de ceux que lui aient porté ses adversaires.

La question de la sphéricité de la terre et des antipodes a été l'occasion d'un bon nombre de bévues de la part des écrivains ecclésiastiques qui ne pouvaient s'imaginer que Dieu « se fût donné à lui-même le spectale ridicule de créer des pays où les hommes devraient marcher la tête en bas et les pieds en haut et où la pluie monterait au lieu de descendre ». Telle était l'opinion de Lactance [2] qu'appuya plus tard l'illustre évêque d'Hippone [3]. Procope de Gaza trouva un argu-

---

[1] On sait que Sumangala, pape de l'Eglise du Sud, a des prétentions plus humaines.

[2] Lactance. — *Institut. div.* (Lactance est mort vers 325; on l'a surnommé le Cicéron chrétien.)

[3] Saint Augustin (354-430). — *Cité de Dieu.*

ment qui ne manque pas d'originalité pour combattre l'existence des antipodes : « S'il y avait des antipodes, dit-il, Jésus-Christ y serait certainement allé [1] ». Cet argument en dit plus long qu'il n'en a l'air et (qu'on nous pardonne l'expression) il part d'un bon naturel. En effet, le bon Procope devait se faire le raisonnement suivant : « Origène l'a dit [2] et le quatrième concile de Latran l'a confirmé [3] : « Hors de l'Eglise, point de salut »; donc, seront sauvés seuls ceux qui obéiront à la parole de Dieu, révélée par Jésus-Christ. Pour obéir à cette parole, il faut l'avoir entendue. Dans le monde connu de Procope, on pouvait l'avoir entendue, mais s'il y avait des antipodes, une grande masse d'hommes n'aurait jamais entendu parler de Jésus et de son Eglise; ils auraient ainsi été perdus pour n'avoir pas connu une loi qu'ils ne pouvaient pas connaître, ce qui eût été de suprême injustice. Tel est le raisonnement que dût se faire à lui-même Procope de Gaza qui vivait au vi⁰ siècle de notre ère. Et puis, l'apôtre Paul [4] n'avait-il pas dit que les envoyés du Christ avaient porté sa parole jus-

---

[1] *Les Bibles.* — L. Leblois, *op. cit.*
[2] *Homélie sur Josué.* Tertullien l'avait déjà dit, et depuis, saint Augustin.
[3] Fleury. — *Histoire ecclésiastique*, liv. LXXVII, ch. xlv.
[4] Saint Paul. — *Romains*, 10, 18.

qu'aux extrémités du monde. Si les apôtres étaient allés dans un autre hémisphère, ils en auraient parlé, etc., etc... On ne pouvait pas admettre non plus la sphéricité de la terre, puisqu'on lit dans le premier Evangile (selon St Mathieu) : « Le fils de l'homme enverra ses anges qui feront entendre la voix éclatante de leurs trompettes et qui rassembleront (au jour du jugement dernier) ses élus des *quatre coins du monde* ».

Il est encore question des quatre coins de la terre dans l'Apocalypse. Comment admettre que la terre soit ronde ou sphérique si les Ecritures lui imposent quatre coins?

Voilà comment raisonnaient des choses naturelles et « vérifiables », les hommes qui ont fait la loi dans le domaine des choses surnaturelles qu'on ne peut aller constater.

A qui appartiendra-t-il de retrouver l'ésotérisme primitif qu'ont laissé perdre les premiers évêques de l'Eglise catholique, choisis par les suffrages des fidèles?

Les voyageurs et les historiens impartiaux qui ont étudié sérieusement le bouddhisme et ses résultats ne craignent pas de dire qu'il a produit d'une manière générale des hommes meilleurs que le catholicisme. Si les morales des deux religions se valent, le bouddisme possède une grande supériorité dans ce sens qu'il a hérité du brahmanisme d'un large esprit de tolérance, et qu'il a élevé cette vertu à la hauteur d'un dogme fondamental. (Voir le savant ouvrage de M. L. Leblois, liv. 2ᵉ, vol. II, p. 158 et suiv.)

En étudiant les écrits des philosophes, des moralistes et des savants de l'Inde, l'esprit est rempli d'admiration et nous n'avons pu nous défendre d'un grand sentiment d'émotion en lisant les traductions du *Righ-Veda*, du *Çacountala*, des *Pourânas* et quelques extraits de Gôtomo, etc., etc. Nous en dirons autant des légendes bouddhiques, dont quelques-unes sont véritablement délicieuses. En présence de ces beautés, nous avons compris le grand poète allemand Gœthe, parlant en ces termes du Çacountala dont la lecture l'avait ravi d'enthousiasme :

« Si vous voulez les fleurs du printemps et tout ensemble
 [les fruits de l'automne;
« Si vous voulez ce qui charme et ravit, si vous voulez ce
 [qui nourrit et rassasie;
« Si vous voulez réunir dans un seul nom le ciel et la
 [terre,
« Je vous nommerai *Çacountala*, et j'aurai tout dit ! » [1]

---

[1] *Gœthe's poetische und prosaische Werke, in-2 Bänden*, Stuttgart et Turbingen, 1836, t. I, p. 205.

§ VI

Nous ne pouvons résister au désir d'emprunter à l'ouvrage de M. Leblois une de ces légendes bouddhiques, traduites par Burnouf [1], ce grand et consciencieux savant, qui eut le courage d'apprendre sept langues orientales (le sanscrit, le thibétain, etc.), afin d'être à même d'étudier le bouddhisme et d'en faire l'histoire comparée avec une magistrale compétence [2].

Légende de Poûrna.

« Un marchand nommé Poûrna, qui s'était enrichi par le négoce, entend, dans un de ses voyages sur mer, des hommes lire à haute voix des hymnes et des prières, les propres paroles

---

[1] Burnouf. — *Introduction à l'histoire du bouddhisme indien.*

[2] Nous devons aussi une mention spéciale à l'œuvre considérable de M. Louis Leblois, de Strasbourg, dont nous devons la connaissance à une dame d'un grand mérite, Mme Caroline de Barrau, mère d'un de nos anciens élèves, aujourd'hui notre ami, le docteur Emile de Barrau. L'ouvrage de M. Leblois est, à vrai dire, une œuvre de bénédictin. Outre qu'il a été écrit avec un grand esprit de justice et d'impartialité, il est indispensable à tous ceux qui cherchent la vérité en matière religieuse.

du Bouddha. Ces accents, nouveaux pour lui, le frappent. Il se rend auprès de Çakyamouni, qui s'empresse de lui apprendre que la loi tout entière consiste dans le renoncement. Poûrna, converti, quitte ses richesses, rompt avec le monde, et demande à se rendre comme missionnaire chez les Çrônâpârantakas, peuplade sauvage et farouche.

« Le Bouddha s'efforce de le détourner de ce projet: « Les hommes du Çrônâpârantaka, lui dit-il, sont emportés, cruels, colères, furieux, insolents. Lorsqu'ils t'adresseront en face des paroles méchantes, grossières et insolentes, quand ils se mettront en colère contre toi et qu'ils t'injurieront, que penseras-tu? » — « Si ces hommes, ô Seigneur, m'adressent en face des paroles méchantes, grossières et insolentes; s'ils se mettent en colère contre moi, et qu'ils m'injurient, voici ce que je penserai : ce sont certainement des hommes bons que les Çrônâpârantakas, ce sont des hommes doux, eux qui ne me frappent ni de la main, ni à coup de pierres. »

« Mais s'ils te frappent de la main ou à coups de pierres, que penseras-tu? » — « Je penserai qu'ils sont bons et doux, puisqu'ils ne me frappent ni du bâton, ni de l'épée. »

« Mais s'ils te frappent du bâton et de l'épée, que penseras-tu? » — « Je penserai qu'ils sont bons et doux, puisqu'ils ne me privent pas complètement de la vie. »

« Mais s'ils te privent complètement de la vie, que penseras-tu ? » — « Je penserai qu'il y a de tes disciples qui, à cause de ce corps impur, sont tourmentés, couverts de confusion, méprisés, frappés à coups d'épée, qui prennent du poison, qui meurent du supplice de la corde, qui sont jetés dans des précipices. Ce sont donc certainement des hommes bons que les Çrônâpârantakas, ce sont des hommes doux, eux qui me délivrent, avec si peu de douleur, de ce corps impur.

« Bien, bien, Poûrna, lui dit le Bouddha, tu peux, avec la perfection de patience dont tu es doué, fixer ton séjour dans le pays des Çrônâpârantakas. Va, Poûrna : delivré, délivre ; arrivé à l'autre rive, fais-y arriver les autres ; consolé, console ; parvenu au Nirvâna complet, fais que les autres y parviennent comme toi. »

« Poûrna se rend, en effet, dans la redoutable contrée, et, par sa résignation imperturbable, il en adoucit les féroces habitants, auxquels il enseigne les préceptes de son maître. »

§ VII

Nous avons dit plus haut que la doctrine

brahmanique était empreinte d'un grand caractère d'ampleur et de tolérance ; on en jugera par cet extrait tiré du discours des brahmes donné en entier par un auteur anglais en 1777[1] et traduit plus tard en français : « Dieu aime, dans chaque pays, la forme du culte qui y est observée ; il écoute dans la mosquée les dévots qui récitent des prières en comptant des grains sacrés ; il est présent aux temples, à l'adoration des idoles ; il est l'intime du musulman et l'ami de l'Hindou ; le compagnon du chrétien et le confident du juif ; et les hommes d'un esprit et d'une âme élevés, qui n'ont vu, dans la contrariété des sectes et les différents cultes de religion, que des effets de la puissance du Très-Haut, ont gravé leurs noms d'une manière immortelle sur les pages de l'histoire. »

Nous sommes loin du : « Hors de l'Eglise, pas de salut ! »

On comprend, après cela, que, à part la répression du bouddhisme dont nous avons parlé et qui fut une lutte de castes, une guerre sociale plutôt que religieuse, l'histoire des religions de l'Inde ne soit pas marquée des mêmes drames

---

[1] Halhed. — *Code of gentoo laws.* — Ce discours préliminaire a été placé par les brahmes en tête d'une compilation faite par eux et se trouve traduite du persan dans la préface de Halhed.

sinistres qui ont ensanglanté l'évolution du christianisme grâce à la sentence incendiaire que nous venons de citer.

A retenir aussi cette maxime, que n'eût pas renié la bouche de Jésus :

« L'homme de bien ne manifeste jamais d'inimitié même à celui sous les coups duquel il succombe : il est comme l'arbre de sandal qui parfume le tranchant de la cognée qui l'abat. »

Il y a déjà plusieurs années que nous nous livrons avec bonheur, dans les moments de liberté que nous laissent nos recherches expérimentales sur la médecine, à l'étude des ouvrages de l'Inde. C'est la plus douce distraction qui se puisse imaginer. Nous pouvons dire que cette étude a été pour nous comme une sorte de réveil et nous ne craignons pas de nous tromper en disant que tous les vrais philosophes qui voudront jeter le regard sur les grands monuments de la littérature hindoue ne pourront plus s'en détacher. Avec Victor Hugo nous pensons que « nous verrons de grandes choses » et que « la vieille barbarie asiatique n'est peut-être pas aussi dépourvue d'hommes supérieurs que notre civilisation le veut croire[1] ».

---

[1] Victor Hugo. — *Les Orientales* Préface.

Nous ne voulons pas prolonger plus longtemps cette étude des religions des Hindous ; nous nous sommes déjà laissé entraîner bien plus loin que nous ne l'eussions désiré. Revenons à notre sujet.

Les documents nous font défaut pour parler des pratiques bouddhistes au sujet de l'évocation des « âmes des ancêtres » ; mais les preuves abondent de leur croyance à l'existence de l'âme. Comme les brahmes, les bonzes bouddhistes enseignent la réincarnation des « esprits », témoin leur doctrine de l'immortalité de leur pape qu'ils expliquent par la réincarnation de son âme dans le corps d'un enfant dès que la mort lui a soustrait son *ancien corps*. Nous retrouverons cette croyance chez les spirites et les brahmes modernes.

Dans la légende de Kounâla, fils du célèbre roi bouddhiste Açoka, Kounâla, à qui sa belle-mère avait fait arracher les yeux, tient, après son supplice, le discours suivant à son père : « J'ai commis jadis quelque faute, ô grand roi, et c'est sous l'influence de cette faute que *je suis revenu en ce monde*, moi dont les yeux ont été la cause de mon malheur. »

CHAPITRE VI

FAKIRISME.

Chez les brahmes, la pratique de l'évocation des morts est, nous l'avons dit, la base fondamentale de la liturgie des temples et le fond de la doctrine religieuse. Pour eux, l'âme survit au corps et conserve son individualité jusqu'au jour plus ou moins lointain où, ayant atteint le degré voulu de perfection après de nombreux *avatars* (réincarnations), elle se confond avec les *purs esprits* dans le sein de la divinité, dans le *nirvâna* complet. Mais avant d'arriver à cette apogée, les âmes doivent servir des milliers de fois à animer des corps humains de différentes conditions; avant d'être incarnée dans le corps des hommes, l'âme, l'esprit vital, a dû donner la vie à tout ce qui existe, depuis l'atome et la monade jusqu'à l'animal le plus voisin de l'homme. Les esprits inférieurs sont les mauvais esprits qui cherchent à nuire aux hommes en les empêchant d'avancer dans la série perfectible.

Les évocations des âmes des ancêtres ne peuvent être faites que par les brahmes des divers degrés ; mais nous ignorons encore les phénomènes déterminés dans les temples par les brahmes des degrés supérieurs. Tout ce que nous savons nous a été appris par les récits des voyageurs européens, récits qui concordent d'une manière remarquable et se contrôlent mutuellement. Nous savons, par exemple, qu'une seule fois tous les cinq ans, à l'occasion de la fête du feu, les brahmes des degrés supérieurs se montrent la nuit en public au milieu de l'étang sacré qui se trouve dans le voisinage de chaque pagode ou temple. Là, devant une foule considérable venue des contrées les plus reculées de l'Inde (car plusieurs pagodes sont le but de pèlerinages spéciaux), les brahmes mystérieux accomplissent des faits, miraculeux en apparence, au moyen de procédés inconnus. Certains récits parlent d'effets produits tellement extraordinaires que nous ne voulons pas nous en faire l'écho ; si ces faits étaient réels, ces hommes seraient des demi-dieux.

Mais nous pouvons parler des « jongleries » réellement merveilleuses des *fakirs*, qui sont les sujets inférieurs de la caste sacerdotale et les instruments dont se servent les brahmes pour entretenir les temples et frapper l'imagination du vulgaire.

Par le mot jonglerie on désigne dans le langage ordinaire, les tours de passe-passe, d'escamotage, exécutés par un homme prétendant exercer un pouvoir surnaturel. Si les soi-disant jongleries des fakirs sont des tours de passe-passe, il faut convenir que ces hommes sont infiniment supérieurs à nos plus habiles prestidigitateurs. Leurs « tours » défient les explications des savants eux-mêmes. En comparant les «jongleries» des fakirs dont ont été témoins tous ceux qui ont résidé pendant quelque temps dans l'Inde avec les « phénomènes » déterminés par l'intermédiaire des plus forts « médiums » européens ou américains, on arrive nécessairement à cette conclusion que les fakirs sont des médiums et que les médiums sont des jongleurs si les « jongleries » des fakirs sont vraiment des jongleries. Mais, inversement, si après les investigations répétées d'un certain nombre d'observateurs sérieux et compétents, on arrive à démontrer que les médiums obtiennent des phénomènes inexplicables « par l'illusion, la fourberie ou le hasard », nous serons, non moins nécessairement, amenés à cette autre conclusion que les fakirs sont des médiums, c'est-à-dire, pour nous servir de l'expression de M. W. Crookes, des hommes doués du pouvoir d'émettre une force particulière nommée par ce savant *force psychique,* et dont il nous reste à connaître la véritable nature.

On raconte que jadis, lorsque le peuple « murmurait » sous le joug tyrannique et abrutissant des prêtres de Brahma, on voyait, dans ces moments critiques, les yoguys[1] et les fakirs apparaître sur les places publiques des villes, entourés d'animaux féroces, de tigres, de panthères qui, subitement rendus plus doux que des agneaux, léchaient affectueusement les mains de celui qui leur commandait et devant lequel ils rampaient comme des chiens caressants et soumis.

Mais ces scènes datent de loin, et comme elles n'ont été racontées par aucun témoin oculaire moderne, admettons qu'elles font partie du domaine du roman, et tenons-les pour des contes.

Il n'en est pas de même des faits produits couramment par tout fakir charmeur, au bâton à sept nœuds[2], et dont nous allons parler brièvement d'après les récits de différents témoins oculaires, et sous toutes réserves, bien entendu.

---

[1] Autre variété des initiés de la caste sacerdotale : ce sont les ermites.

[2] Le bâton de bambou à sept nœuds est un signe d'initiation.

FAKIRISME

Lorsqu'un Européen, nouvellement débarqué, est reçu, dans l'Inde, chez un de ses compatriotes, un des premiers soins de ce dernier est de faire donner à son hôte une séance de *fakirisme*.

Sur la demande du maître de la maison, un fakir, venu de la pagode voisine, se présente muni de son bâton de bambou.

Le voici qui se tient sur le seuil de la porte; et, sans gêne, sans affectation d'aucune sorte, il dit au maître : « Tu m'as fait demander : me voilà; que désires-tu de moi ? »

Examinons-le :

C'est un homme de haute taille; à part un petit morceau d'étoffe suspendu (pour le principe) à la partie inférieure de son abdomen, il est complètement nu.

Ce grand corps maigre et bronzé a l'aspect d'une momie ambulante.

Après les salamalecs communs, avec quelques variantes, à tous les Orientaux, il s'installe, et, sur la demande des hôtes de la maison, où il entre souvent pour la première fois, après avoir pris une pose inspirée et marmotté un certain nombre d'incantations magiques, il provoque alors plusieurs phénomènes plus ou moins surprenants.

Un de ses exercices familiers est intitulé la danse des feuilles : un certain nombre de feuilles de figuier, ou toutes autres feuilles, sont embrochées par le milieu sur autant de bâtons de bambou fixés en terre dans des pots à fleurs ou tout autrement. Si on en fait la demande, le *charmeur* ne prépare rien lui-même, il ne touche à aucun des « accessoires ». Lorsque tout est préparé, il s'assied, sur le sol de la pièce, ou à terre si on se trouve en plein air, les mains étendues et à une distance telle qu'on peut passer entre les feuilles et ses mains. Au bout d'un instant, les spectateurs sentent une sorte de brise fraîche leur caresser le visage, bien que les tentures environnantes restent immobiles, et bientôt les feuilles montent et descendent plus ou moins rapidement le long des bâtons qui les traversent. Cela, bien entendu, sans contact visible ni *tangible* entre l'opérateur et les objets servant à l'opération !

Ou bien, un vase, complètement rempli d'eau, se meut spontanément sur la table, se penche, oscille, s'élève à une hauteur assez sensible, sans qu'une goutte de liquide soit renversée.

Ou bien encore, des *coups* sont frappés, à la demande des assistants, ici ou là, et en nombre déterminé; s'il y a des instruments de musique, ils rendent des sons, jouent des airs, en plein soleil, sous les yeux de ceux qui sont présents, à plusieurs mètres du fakir et sans que celui-ci se départisse un seul instant de son immobilité marmoréenne.

Le nouvel arrivé est-il un Provençal ou un Savoisien, on l'invite à penser à un vers de *Mireille* ou à une phrase dans le patois de son pays ; est-ce un lettré, il pensera à un vers d'Homère ou de Virgile : le fakir étend du sable fin sur une table ou sur toute autre surface unie ; un petit bâtonnet de bois est placé sur le sable, égalisé en couche mince, et l'homme nu se campe immobile, le corps en demi-cercle, les jambes repliées à l'orientale, et les mains étendues vers le sable. Après une attente plus ou moins prolongée, à la stupéfaction générale, le petit morceau de bois se dresse et marche, trotte, court tout seul sur le sable où chacun peut lire bientôt le vers de Mistral pensé par le Provençal ou la phrase en patois savoyard, à moins que le lettré n'ait demandé mentalement et obtenu un vers de l'Illiade ou des Bucoliques !

M. L. Jacolliot obtint par un procédé analogue *le nom d'un ami mort plusieurs années auparavant*[1].

---

[1] Voici l'exposé des conditions auxquelles se soumettent les fakirs de l'Inde, selon M. Jacolliot, qui a été juge au tribunal de Pondichéry, si nous sommes bien renseigné, pendant plusieurs années :

« 1° Ils ne donnent pas de représentations publiques

Le fakir répète l'expérience devant vous en plein jour autant de fois que vous le demandez,

dans des lieux où la réunion de plusieurs centaines de personnes rend tout contrôle impossible;

2° Ils ne sont accompagnés d'aucun assistant ou *compère*, suivant l'expression usitée;

3° Ils se présentent dans l'intérieur des demeures *complètement nus*, n'ayant par pudeur qu'un petit morceau de toile un peu plus large que la main;

4° Ils ne connaissent ni les gobelets, ni les sacs enchantés, ni les boîtes à doubles fonds, ni les tables préparées, ni aucun des mille et un objets nécessaires à nos escamoteurs européens;

5° Ils n'ont *absolument rien autre en leur possession* qu'une petite baguette de jeune bambou à sept nœuds, grosse comme la tige d'un porte-plume, qu'ils tiennent dans la main droite, et un petit sifflet long d'environ trois pouces, qu'ils attachent à une des mèches de leurs longs cheveux, car n'ayant ni vêtements, ni poches, par conséquent, pour le placer, ils seraient obligés de le tenir constamment au bout des doigts;

6° Ils opèrent à la volonté de la personne chez laquelle ils se sont rendus, assis ou debout et, suivant le cas, sur la natte en rotin du salon, sur la dalle en marbre, en granit ou en stuc de la vérandah, ou sur la terre nue dans le jardin;

7° Quand ils ont besoin d'un sujet pour développer leurs phénomènes de magnétisme ou de somnambulisme, ils acceptent n'importe lequel de vos domestiques que vous leur indiquez et agissent avec la même facilité sur un Européen s'il veut bien s'y prêter;

8° *Si un objet quelconque* leur est nécessaire, instrument de musique, canne, papier, crayon, etc., ils vous prient de le leur fournir;

9° Ils recommencent autant de fois que vous le voulez leurs expériences sous vos yeux, pour vous permettre de les contrôler;

10° Enfin, ils ne vous demandent jamais de *salaire*,

et vous permet de constater tout ce que vous voudrez.

Est-il bien doué ? Avant de vous quitter, il va mettre le comble à votre étonnement : il se place dans un endroit bien en vue, dans la salle où chacun l'observe, il fait face à l'assistance et gravement se croise les bras sur la poitrine ; son visage rayonne, ses yeux s'allument d'un feu sombre, puis, doucement, doucement, il quitte terre et s'élève plus ou moins haut, parfois à plusieurs pieds du sol et même jusqu'au plafond !

La séance terminée, le charmeur adresse, sur un ton calme, ses adieux emphatiques à la société, ne demande aucun salaire, reçoit l'aumône qu'on lui offre et part sans dire merci, comme c'est sa coutume.

Tels sont, en résumé, les récits des voyageurs français ou anglais qui ont visité l'Inde.

Lorsqu'on questionne les fakirs sur ces phénomènes, ils répondent qu'ils sont produits par les *esprits*. « Les esprits, disent-ils, qui sont les âmes

---

se bornant à accepter l'aumône que vous leur offrez pour le temple dont ils dépendent.

Pendant les longues années que j'ai sillonné l'Inde en tous sens, je puis affirmer n'avoir jamais vu un seul fakir qui ait cherché à éluder une seule de ces prescriptions. » (Louis Jacolliot. — *Le Spiritisme dans le monde*. Paris, 1879.)

de nos ancêtres (Pitris), se servent de nous comme d'un instrument ; nous leur prêtons notre fluide naturel pour le combiner avec le leur, et, par ce mélange, il se constitue un *corps fluidique*, à l'aide duquel ils agissent sur la matière ainsi que vous l'avez vu. »

Comme les médiums, les fakirs prétendent obtenir des phénomènes d'*apports;* nous aurons l'occasion d'en parler plus loin.

De même que les médiums (nous l'avons vu plus haut), ils produisent l'*écriture directe,* la *lévitation* ou enlèvement de corps pesants et même de corps humains ; ils ont également la prétention de provoquer des apparitions de fantômes, de *corps fluidiques,* etc. En somme, leur langage traduit littéralement celui de nos spirites parisiens.

Les livres de M. Jacolliot contiennent des récits de séances de *fakirisme* identiques (à l'intensité et au décors près) à ceux qu'on trouve dans les journaux spirites d'Europe et du Nouveau Monde. Les extraits que nous citerons permettront au lecteur de comparer.

Il est cependant un... (quel nom donner à cela ?) mettons une assertion... Donc, il est une assertion soutenue par les fakirs et que nous n'avons pas rencontrée dans les journaux et les livres spirites, c'est celle-ci : d'après ce que prétendent les fakirs, ils pourraient, à l'aide du magnétisme, de leurs *mentrams* (incantations), etc., déterminer l'accélération de la végétation des plantes[1]; mais nous préférons, à ce sujet, laisser la parole à M. Jacolliot et citer textuellement le passage suivant de son ouvrage sur *le Spiritisme dans le monde :*

« Au nombre des prétentions les plus extraordinaires des fakirs, est celle d'influer d'une manière directe sur la végétation des plantes et de pouvoir accélérer de telle sorte leur croissance, qu'elles puissent en quelques heures atteindre un résultat qui demande ordinairement de longs mois, plusieurs années même de culture.

J'avais vu, nombre de fois déjà, les charmeurs de passage répéter ce phénomène ; mais comme je ne voyais là qu'une supercherie très réussie, j'avais négligé de noter exactement les circonstances dans lesquelles le fait s'était produit.

Quelque fantastique que fût la chose, je résolus, puisque j'étais en train, de faire reproduire par Covindasamy[2], dont la force était réellement merveilleuse, tous les phénomènes que j'avais déjà vu accomplir par divers, d'expérimenter avec lui ce fait absurde mais curieux, et d'exercer une telle surveillance sur chacun de ses actes, qu'il ne pût en soustraire aucun à mon attention.

---

[1] Huc. — *Souvenir d'un voyage dans la Tartarie et le Thibet, loc. cit.*, raconte des faits (?) semblables.
[2] Un fakir que l'auteur rencontra à Benarès.

Il devait me donner encore deux heures d'expériences en pleine lumière — de trois à cinq — avant la grande séance de nuit. Je me décidai à les consacrer à cet examen.

Le fakir ne se doutait de rien, et je crus fortement le surprendre, lorsqu'à son arrivée je lui fis part de mes intentions. — Je suis à tes ordres, me dit-il avec sa simplicité ordinaire.

Je fus un peu déconcerté par cette assurance, cependant je repris aussitôt :

— Me laisseras-tu choisir la terre, le vase et la graine que tu vas faire pousser devant moi ?

— Le vase et la graine, oui !... mais la terre doit être prise dans un nid de carias.

Ces petites fourmis blanches qui construisent, pour s'y abriter, des monticules qui atteignent souvent une hauteur de huit à dix mètres, sont fort communes dans l'Inde et rien n'était plus facile que de se procurer un peu de cette terre qu'elles gâchent fort proprement pour édifier leurs asiles.

J'ordonnai à mon cansama [1] d'aller en chercher un plein vase à fleurs d'une grandeur ordinaire et de m'apporter en même temps quelques graines de différentes espèces.

Le fakir le pria d'écraser entre deux pierres la terre qu'il ne pourrait arracher que par morceaux presque aussi durs que des débris de démolition.

La recommandation était bonne ; nous n'aurions

---

[1] Serviteur hindou.

pu, en effet, nous livrer à cette opération au milieu des appartements.

Moins d'un quart d'heure après, mon domestique était de retour apportant les objets demandés ; je les lui pris des mains et le renvoyai, ne voulant pas le laisser communiquer avec Covindasamy.

Je remis à ce dernier le vase plein d'une terre blanchâtre, qui devait être entièrement saturée de cette liqueur laiteuse que les carias secrètent sur chaque parcelle infime de terre dont ils se servent pour élever leurs monuments.

Il la délaya lentement avec un peu d'eau, en marmotant des *mentrams* dont les paroles n'arrivaient pas jusqu'à moi.

Lorsque le fakir jugea qu'elle était convenablement préparée, il me pria de lui donner la graine que j'avais choisie, ainsi que quelques coudées d'une étoffe blanche quelconque. Je pris au hasard une graine de papayer, parmi celles que mon cansama m'avait apportées, et avant de la lui remettre je lui demandai s'il m'autorisait à la marquer. Sur sa réponse affirmative, j'entaillai légèrement la pellicule de la graine assez semblable à un pépin de courge, moins la couleur qui était d'un brun très foncé, et la lui donnai avec quelques mètres de mousseline à moustiquaire.

— Je vais bientôt dormir du sommeil des esprits, me dit Covindasamy ; jure-moi de ne toucher ni à ma personne, ni au vase.

Je le lui promis.

Il planta alors la graine dans la terre, qu'il avait amenée à l'état de boue liquide, puis enfonçant son bâton à sept nœuds — signe d'initiation qui ne le quittait jamais — dans un des coins du vase, il s'en servit comme d'un support, sur lequel il étendit la pièce de mousseline que je venais de lui donner. Après avoir ainsi caché l'objet sur lequel il allait opérer, il s'accroupit, étendit les deux mains horizontalement au-dessus de l'appareil, et tomba peu à peu dans un état complet de catalepsie.

J'avais promis de ne point le toucher, et j'ignorais tout d'abord si cette situation était réelle ou simulée, mais lorsqu'au bout d'une demi-heure je vis qu'il n'avait pas fait un mouvement, je fus forcé de me rendre à l'évidence, aucun homme éveillé, quelle que soit sa force, étant capable de tenir pendant dix minutes seulement les deux bras étendus horizontalement devant lui.

Une heure s'écoula ainsi sans que le plus petit jeu de muscles vint déceler la vie... Presque entièrement nu, le corps luisant et bruni par la chaleur, l'œil ouvert et fixe, le fakir ressemblait à une statue de bronze dans une pose d'évocation mystique.

Je m'étais d'abord placé en face de lui pour ne rien perdre de la scène, mais bientôt je ne pus supporter ses regards, qui, quoique à demi éteints, me paraissaient chargés d'effluves magnétiques... A un moment donné, il me sembla que tout commençait à tourner autour de moi, le fakir lui-même me paraissait entrer en danse... Pour échapper à cette hallucination des sens, produite sans aucun doute par la tension trop grande de mes regards sur un même objet, je me levai, et sans perdre de vue Covindasamy, toujours aussi immobile qu'un cadavre, je fus m'asseoir à l'extrémité de la terrasse, portant alternativement mon attention sur le cours du Gange et sur le fakir pour échapper ainsi à une influence trop directe et trop prolongée.

Il y avait deux heures que j'attendais ; le soleil commençait à baisser rapidement à l'horizon, lorsqu'un léger soupir me fit tressaillir ; le fakir était revenu à lui.

Il me fit signe d'approcher et, enlevant la mousseline qui voilait le vase, me montra, fraîche et verte, une jeune tige de papayer ayant à peu près vingt centimètres de hauteur. Devinant ma pensée, Covindasamy enfonça ses doigts dans la terre, qui, pendant l'opération, avait perdu presque toute son humidité et, retirant délicatement la jeune plante, il me montra sur une des deux pellicules, qui adhéraient encore aux racines, l'entaille que j'avais faite deux heures auparavant.

Était-ce la même graine et la même entaille ? Je n'ai qu'une chose à répondre. Je ne me suis aperçu d'aucune substitution ; le fakir n'était point sorti de la terrasse. Je ne l'avais pas perdu des yeux. Il ignorait en venant ce que j'allais lui demander. Il ne pouvait cacher une plante sous ses vêtements, puisqu'il était presque entièrement nu, et dans tous les cas, comment aurait-il pu prévoir d'avance que je choisirais une graine de papayer au milieu de trente espèces différentes que le cansama m'avait apportées.

Je ne puis, on le conçoit, rien affirmer de plus sur un pareil fait. Il est des cas où la raison ne se rend pas, même en présence de phénomènes que les sens n'ont pu prendre en flagrant délit de tromperie.

Après avoir joui quelques instants de mon étonnement, le fakir me dit avec un mouvement d'orgueil qu'il dissimulait peu :

— Si je continuais les évocations, dans huit jours le papayer aurait des fleurs et dans quinze des fruits ».

Bien entendu, nous n'engageons en rien notre responsabilité sur tout ce qui précède, nous reproduisons, mais nous ne garantissons que ce qui est exposé dans nos propres expériences. Nous restons fidèles à notre principe « de ne croire que ce qui est démontré ».

Voyons maintenant ce que devient le *merveilleux en Europe.*

CHAPITRE VII

LE SPIRITISME EN EUROPE

§ I

L'examen rétrospectif que nous venons de faire nous a entraîné bien loin de l'histoire du spiritisme ou spiritualisme moderne. Il était pourtant nécessaire de montrer que le spiritisme ne devait pas faire mentir l'adage : « Rien de neuf sous le soleil », et nous l'avons prouvé. Nous devons, maintenant que notre but est atteint de ce côté, suivre de nouveau la piste de la doctrine, nouvelle pour nous, à travers notre civilisation occidentale.

Le supplément d'historique qui nous reste à faire comporte deux éléments bien différents par leur importance respective. L'un de ces deux éléments a trait à l'étude qui a été faite du spiritisme par des hommes honorables sans doute, instruits certainement (nous ne voulons pas parler des autres), mais manquant d'éducation scientifique. On peut critiquer les savants, rappeler que les académies ont commencé par repousser toutes les grandes découvertes, mais il n'en est pas moins vrai que lorsque les hommes, habitués par métier aux recherches expérimentales, veulent se donner la peine d'examiner un fait, il y a de grandes chances pour qu'ils mènent leur besogne autrement bien que ne le fait d'ordinaire le commun des mortels. Mais voilà! le malheur c'est que souvent ces hommes-là, inconséquents avec leurs propres principes, ont rejeté *à priori* une découverte importante parce qu'ils avaient décidé, dans le premier mouvement, que le fait annoncé était impossible et que par conséquent il ne valait pas la peine d'être examiné.

Nous ne nous étendrons pas longuement sur les travaux produits par les ouvriers que nous appellerons littéraires du spiritisme; ils ont enregistré des documents intéressants, cela est incontestable, cependant ils n'ont pas fait avancer beaucoup la question.

Mais les affirmations ou les négations prennent en ces sortes de matières un caractère nouveau et d'une gravité exceptionnelle lorsque des hommes, comme ceux auxquels nous avons fait allusion plus haut, étudient la question et la soumettent au creuset et à la balance de l'expérience. N'ayez crainte que ces hommes-là ne s'enflamment; voyez-les exposant sèchement les faits les plus alarmants ou les plus émouvants, si vous préférez : oh! ce n'est pas la poésie qui les gêne, du moins en général. Et souvent quand ils ont relaté ces faits qui vous étreignent même en lisant leur histoire toute nue, sans roman, vous vous attendez à voir venir à la fin de l'observation une conclusion qui vous reposera, vous dispensera de vous violenter la cervelle à tirer les déductions et la déduction des déductions... mais rien! il y a un trait tout droit, roide et noir, et c'est tout. — « Moi, dit l'expérimentateur, je n'ai pas tout trouvé, j'ai constaté un fait, je vous ai décrit aussi minutieusement que possible les conditions dans lesquelles je me suis placé; si vous pouvez me démontrer que ma méthode a péché par un point, je vous serai bien obligé de me le signaler; je vous le répète, j'ai observé un phénomène, je vous le décris en soi, mais ne m'en demandez pas davantage; si vous voulez en déduire quoi que ce soit, vous êtes parfaitement libre, mais je ne suis pas aussi pressé que vous : il me faut un supplément d'observation; je sais comment on voit le *comment,* mais je n'ai pas encore trouvé le *pourquoi.* »

Le « spiritisme » est devenu vraiment expérimental du jour où ceux que nous appellerons ses ouvriers scientifiques ont commencé à s'occuper de la question. Aux travaux de ces derniers nous consacrerons une analyse toute spéciale.

§ II

Après avoir causé en Amérique le bruit qu'on sait, les manifestations spirites traversèrent rapidement l'Océan et se répandirent en Angleterre. Bientôt elles passèrent le détroit et quelques années après il n'y avait peut-être pas à Paris un seul salon qui n'eût son guéridon frappant, tournant et valsant. Tout le monde s'en occupait. En majeure partie frivoles, les *communications* obtenues étaient parfois sérieuses, philosophiques, et on remarqua presqu'aussitôt que le guéridon ou la table exposaient des théories en rapport avec l'opinion du milieu où le « phénomène » se produisait ; cela servit à étayer une théorie dont nous aurons l'occasion de parler plus tard.

Quelques penseurs crurent pouvoir fonder une doctrine nouvelle à l'aide des communications qu'ils obtenaient, et ces documents « d'outre-tombe », comme on les appelait, furent colligés, contrôlés, revus et corrigés par des « esprits » supérieurs. Rivail, qui, d'après ce qu'on dit sur le conseil des mêmes esprits, avait changé son nom pour le nom celtique d'Allan Kardec, fit à l'aide de ces mêmes écrits, obtenus de différentes manières, des livres [1] qui sont aujourd'hui comme l'évangile des spirites français. Nous disons des spirites français parce que, bien qu'elle ait été communiquée par des intelligences supérieures (suivant le dire d'Allan Kardec), la doctrine enseignée dans ces livres n'est pas acceptée par les « esprits » des autres pays, comme l'Angleterre ou l'Amérique, où les spirites sont encore plus nombreux que chez nous. Ainsi, par exemple, de même que les brahmes de l'Inde, Allan Kardec et les « esprits » qui se communiquent aux spirites français sont partisans de la réincarnation. De même que les premiers Docteurs [2] de l'Église, ils admettent la préexistence des âmes ; de plus, ils font servir ces âmes à animer une série de corps humains dans le passé et dans l'avenir jusqu'à ce que la purification de l'esprit par les incarnations successives soit

---

[1] Allan Kardec. — Ses principaux ouvrages sont : *le Livre des esprits* — *le Livre des médiums* — *la Genèse, les Miracles et les prédictions selon le spiritisme* — *l'Evangile selon le spiritisme*.

[2] Origène, qui croyait aussi aux antipodes.

telle que l'âme monte jusqu'à la sphère des *purs esprits*[1].

Au contraire, les « esprits » qui se communiquent en Amérique et en Angleterre sont opposés à l'idée de réincarnation : mystère!

Enfin, il faut dire encore que certaines communications sont athées, que d'autres mêmes sont matérialistes!

Chez les Mormons, les esprits sont *polygamistes*, et nous avons lu le récit de communications où la pratique des avortements, si répandue aux Etats-Unis, trouvait parmi les correspondants de l'autre monde de complaisants défenseurs.

Comment concilier tout cela? Les livres d'Allan Kardec contiennent des réponses à tout : on n'est pas embarrassé pour si peu! Tout s'explique par ce fait que les esprits qui se communiquent sont souvent des esprits inférieurs; c'est ce qui nous ferait comprendre aussi que certaines « communications » sont vulgaires, triviales et même obscènes.

Notez-bien (nous ne saurions le redire trop souvent) que nous ne sommes qu'un narrateur : nous racontons.

---

[1] Le mot se trouve dans les ouvrages d'Allan Kardec comme dans les livres des brahmes.

Néanmoins, constatons que la doctrine commune aux brahmes et à Allan Kardec reste conséquente avec elle-même ; en effet, si l'homme se survit, il n'y a pas de raison pour que du jour au lendemain il acquière l'omniscience et l'omnipotence, ce n'est que lentement que l' « esprit », s'il existe, doit perdre les mauvaises habitudes qu'il a contractées ainsi que les pernicieuses opinions qu'il a professées pendant la vie terrestre.

Ainsi, les esprits qui se communiquent en Amérique seraient inférieurs, et comme les Anglo-Saxons sont beaucoup plus imprégnés de la Bible que les Français, ils rejettent la pluralité des existences comme trop en désaccord avec les Écritures. On dit aussi que se considérant comme étant d'une essence supérieure aux noirs, les blancs repoussent la réincarnation de leur « esprit » qui, par accident, pourrait bien servir à animer un *coloré*, ce qui serait par trop humiliant !

Les esprits anglo-saxons qui se communiquent n'étant pas complètement *dégagés* des choses terrestres, ils persistent dans leurs errements. Voilà la théorie.

Dans son livre intitulé : *La Genèse, les Miracles et les Prédictions selon le spiritisme,* Allan Kardec dépeint la découverte du spiritisme dans la parabole suivante, car, comme Bouddha et Christ, lui aussi parle par parabole : « Un navire chargé d'émigrants part pour une destination lointaine ; il emporte des hommes de toutes conditions, des parents et des amis de ceux qui restent. On apprend que ce navire a fait naufrage ; nulle trace n'en est restée, aucune nouvelle n'est parvenue sur son sort ; on pense que tous les voyageurs ont péri, et le deuil est dans toutes les familles. Cependant, l'équipage tout entier, sans en excepter un seul homme, a abordé une terre inconnue abondante et fertile, où tous vivent heureux sous un ciel clément ; mais on l'ignore. Or, voilà qu'un jour un autre navire aborde cette terre ; il y trouve tous les naufragés sains et saufs. L'heureuse nouvelle se répand avec la rapidité de l'éclair ; chacun se dit : « Nos amis ne sont point perdus ! » et ils en rendent grâce à Dieu. Ils ne peuvent se voir, mais ils correspondent ; ils échangent des témoignages d'affection et voilà que la joie succède à la tristesse [1]. »

Du reste, le nouveau dogme n'a pas de prétentions à l'immobilité, à l'infaillibilité ; comme l'apôtre, ses coryphées disent aussi : « Méfiez-vous

---

[1] Allan Kardec. — *La Genèse*, etc., cinquième édition, p. 46.

des mauvais esprits[1]. » Ils déclarent s'en remettre à la raison et aux progrès de la science, se réservant de modifier leurs croyances à mesure que le progrès et l'expérience en démontreront la nécessité, au lieu de s'en rapporter aveuglément aux communications des esprits « qui n'en savent pas plus long que nous ».

§ III.

Le moment nous semble venu de jeter un coup d'œil sur l'état actuel du spiritisme et de rechercher les documents, les phénomènes sur lesquels il s'appuie aujourd'hui. Comment, se dira-t-on, pareille superstition subsiste-t-elle encore à la fin du XIX° siècle, au moment où la science semble être arrivée à son apogée, à l'époque où s'épanouissent les résultats si féconds des découvertes titanesque de la vapeur et de l'électricité, pour ne parler que de celles-là. C'est également le raisonnement que nous nous sommes fait, tout d'abord, lorsque nous nous sommes mis en tête d'étudier le spiritisme et ses phénomènes avec l'idée que nous allions mettre la main sur une grosse mystification. Si notre

[1] Saint Jean, IV, 2.

opinion ne s'est pas modifiée jusqu'à présent en ce qui concerne les doctrines des spirites, il en est autrement pour ce qui est des phénomènes leur servant de base. Nous sommes obligé, en effet, d'avouer qu'il se produit des faits que chacun de nous pourra vérifier quand il le voudra, et que ces faits, surnaturels en apparence, ne peuvent être expliqués à l'aide de nos connaissances actuelles. Tout expérimentateur sincère, voulant sérieusement voir, se convaincra en peu de temps qu'un vaste champ de la physiologie et de la physique nous reste à étudier et que nous sommes loin de connaître toutes les FORCES de la nature. Nous sommes certain que la voie où la médecine officielle est entrée depuis quelque temps avec l'école de la Salpêtrière ne fait que s'ouvrir et le chemin qu'a pris M. Charcot, après Braid et plusieurs autres, le conduira, lui ou ses élèves, plus loin qu'il ne le supposait, sans doute, tout d'abord.

Il est donc compréhensible qu'en présence de phénomènes inexpliqués et dûment constatés certaines imaginations soient parties de l'avant et se soient crues en relation avec les esprits de l'autre monde. Toutes nos connaissances en physique, en chimie, en biologie, en toutes sortes de sciences enfin, sont incapables de nous renseigner en quoi que ce soit sur ce qui ressortît au devenir de l'intelligence humaine après la mort ; elles ne sont donc pas une barrière infranchissable aux superstitions. Au fait, ce qui le prouve c'est que toutes nos sciences exactes sont enseignées dans les séminaires de plusieurs religions et qu'à elles seules elles n'ébranlent pas à fond les convictions imposées par la foi.

On peut donc s'expliquer l'extension croissante du spiritisme par ce fait qu'aucune religion n'est capable de produire les « miracles » qui sont la propriété et le moyen de propagande de cette doctrine nouvelle. C'est du spiritisme surtout qu'on peut dire qu'il fait de la propagande par le fait.

Maintenant, procédons par hypothèses et supposons pour un instant que la doctrine déduite des faits dits spiritualistes soit juste, y aura-t-il une puissance au monde capable d'empêcher que cela soit ? La vérité n'est-elle pas au-dessus de tout ? C'est encore à la science qu'il appartiendrait d'en réglementer les pratiques.

Mais avant que le bien fondé de la doctrine spirite nous soit démontré, tâchons de nous rendre compte de ses progrès incessants. Car, il n'y a pas à en douter, elle s'étend chaque jour aussi bien dans les classes peu éclairées, où prédominent les intelligences simples, que dans les classes élevées, où se rencontrent les esprits les mieux cultivés. On peut le dire sans crainte d'être démenti par les faits : le catholicisme souffrira plus par le spiritisme que par le matérialisme. Que de personnes nous connaissons, dont les convictions religieuses ont failli devant les faits spirites après avoir longtemps résisté aux raisonnements scientifiques !

Encore une fois, faisons notre examen de conscience et demandons-nous si c'est œuvre pie et digne de la science que de tenter de semblables recherches. En y réfléchissant bien, nous ne voyons pas en quoi nous serions blâmable, mais nous comprenons le danger inhérent à ce genre d'études. D'avance, nous sommes sûr de l'approbation des véritables savants et nous avons conscience du service que nous rendons à ceux qui n'ont pas de prétentions à tout connaître. Mais nous nous sentons gêné devant la foule des demi-savants dont se compose en partie le monde : en voilà qui sont difficiles à contenter et prompts à traîner leur prochain aux Gémonies ! Comme il a raison le poète hindou [1] quand il dit :

« On dirige facilement l'ignorant,
« Plus facilement encore l'homme instruit;
« Mais celui qui n'a qu'une demi-science,
« Brahma lui-même ne le dirigerait point ».

[1] Von Bohlen, *Bhartrihari's Sprüche*, Hambourg, 1835; et Leblois, *loc. cit.*

Impavidum ferient ruinæ! repoussons de vains scrupules et ne nous laissons point détourner de notre but : la recherche de la vérité.

Les hommes simples et peu instruits devenus spirites sont bien excusables, car des écrivains populaires les ont poussés dans cette voie. Ainsi M. Eugène Bonnemère a écrit : « J'ai ri « comme tout le monde du spiritisme, mais ce que « je prenais pour le rire de Voltaire n'était que le « rire de l'idiot, beaucoup plus commun que le « premier[1] ».

Maurice La Châtre[2] s'exprime ainsi : « La doc-« trine spirite renferme en elle les éléments d'une « transformation dans les idées, à ce titre elle « mérite l'attention de tous les hommes de pro-« grès. Son influence, s'étendant déjà sur tous « les pays civilisés, donne à son fondateur une « importance considérable, et tout fait prévoir « que, dans un avenir peut-être prochain, Allan « Kardec sera posé comme l'un des réformateurs « du xixe siècle ».

N'est-ce pas encore un écrivain en vogue, M. Charles Lomon, auteur de *Jean Dacier*, qui a

---

[1] E. Bonnemère. — *L'âme et ses manifestations* — *Le Roman de l'avenir*, etc.

[2] Dictionnaire.

écrit : « Il faut reconnaître que l'hypothèse spi-
« rite a pris le dessus aux yeux de l'immense
« majorité des hommes intelligents et de bonne
« foi »[1].

M. Victor Meunier, rédacteur du journal *le Rappel* pour la partie scientifique, n'a-t-il pas dit quelque part que « le spiritisme pousse dru comme une forêt sur les ruines du matérialisme agonisant? »

Un autre rédacteur du *Rappel*[2], le rédacteur en chef lui-même, M. Auguste Vacquerie, a « commis » quelque chose de bien plus grave que de dire « Je crois aux esprits frappeurs d'Amérique, attestés par quatorze mille signatures ». (Allusion à une pétition adressée aux pouvoirs fédéraux.) Il a conversé avec les tables et, circonstance aggravante. Il l'a écrit. Il l'a même fait d'une manière trop élégante, trop originale pour que nous privions nos lecteurs du passage de ses *Miettes de l'histoire* où il raconte le fait tout au long. Parlant d'une visite que Mme de Girardin rendit à Victor Hugo dans sa maison d'exil à Jersey, où se trouvait également M. Vacquerie, cet écrivain nous raconte que Mme de Girardin

---

[1] In *Anti-matérialiste*.

[2] *Rappel*, 1865.

[3] Auguste Vacquerie. — *Les Miettes de l'histoire*. Paris, 1863.

importa du continent la mode, nouvelle alors, de faire parler les tables.

Etait-ce sa mort[1] prochaine, dit-il, qui l'avait tournée vers la vie extra-terrestre? Elle était très préoccupée des tables parlantes, son premier mot fut si j'y croyais. Elle y croyait fermement, quant à elle, et passait ses soirées à évoquer les morts. Sa préoccupation se réflétait, à son insu, jusque dans son travail; le sujet de *la Joie fait peur*, n'est-ce pas un mort qui revient? Elle voulait absolument qu'on crût avec elle, et le jour même de son arrivée, on eut de la peine à lui faire attendre la fin du dîner; elle se leva dès le dessert et entraîna un des convives dans le *parlour* où ils tourmentèrent une table, qui resta muette. Elle rejeta la faute sur la table dont la forme carrée contrariait le fluide. Le lendemain, elle alla acheter elle-même, dans un magasin de jouets d'enfants, une petite table ronde à un seul pied terminé par trois griffes, qu'elle mit sur la grande et qui ne s'anima pas plus que la grande. Elle ne se découragea pas et dit que les esprits n'étaient pas des chevaux de fiacre qui attendaient patiemment le bourgeois, mais des êtres libres et volontaires qui ne venaient qu'à leur heure. Le lendemain, même expérience et même silence. Elle s'obstina, la table s'entêta. Elle avait une telle ardeur de propagande qu'un jour, dînant chez des Jersiais, elle leur fit interroger un

---

[1] Mme de Girardin se savait très malade.

guéridon, qui prouva son intelligence en ne répondant pas à des Jersiais. Ces insuccès répétés ne l'ébranlèrent pas; elle resta calme, confiante, souriante, indulgente à l'incrédulité; l'avant-veille de son départ, elle nous pria de lui accorder, pour son adieu, une dernière tentative. Je n'avais pas assisté aux tentatives précédentes; je ne croyais pas au phénomène et je ne voulais pas y croire. Je ne suis pas de ceux qui font mauvais visage aux nouveautés, mais celle-là prenait mal son temps et détournait Paris de pensées que je trouvais au moins plus urgentes. J'avais donc protesté par mon abstention. Cette fois, je ne pus pas refuser de venir à la dernière épreuve, mais j'y vins avec la ferme résolution de ne croire que ce qui serait trop prouvé.

Mme de Girardin et un des assistants, celui qui voulut, mirent leurs mains sur la petite table. Pendant un quart d'heure, rien, mais nous avions promis d'être patients; cinq minutes après on entendit un léger craquement du bois; ce pouvait être l'effet d'une pression involontaire des mains fatiguées ; mais bientôt ce craquement se répéta et puis une agitation fébrile. Tout à coup une des griffes du pied se souleva, Mme de Girardin dit : — Y a-t-il quelqu'un? S'il y a quelqu'un et qu'il veuille nous parler, qu'il frappe un coup. La griffe retomba avec un bruit sec. — Il y a quelqu'un! s'écria Mme de Girardin; faites vos questions.

On fit des questions, et la table répondit. La réponse était brève, un ou deux mots au plus, hésitante, indécise, quelquefois inintelligible. Etaient-ce nous qui ne la comprenions pas ? Le mode de traduction des réponses prêtait à l'erreur; voici comment on procédait : on nommait une lettre de l'alphabet, *a, b, c,* etc., à chaque coup de pied de la table; quand la table s'arrêtait, on marquait la dernière lettre nommée. Mais souvent la table ne s'arrêtait pas nettement sur une lettre, on se trompait, on notait la précédente ou la suivante; l'inexpérience sans mêlant, et Mme de Girardin intervenant le moins possible pour que le résultat fût moins suspect, tout s'embrouillait. A Paris, Mme de Girardin employait, nous avait-elle dit, un procédé plus sûr et plus expéditif; elle avait fait faire exprès une table avec un alphabet à cadran et une aiguille qui désignait elle-même la lettre. — Malgré l'imperfection du moyen, la table, parmi des réponses troubles, en fit qui me frappèrent.

Je n'avais encore été que témoin; il fallut être acteur à mon tour; j'étais si peu convaincu, que je traitai le miracle comme un âne savant à qui l'on fait deviner « la fille la plus sage de la société »; je dis à la table : « Devine le mot que je pense. » Pour surveiller la réponse de plus près, je me mis à la table moi-même avec Mme de Girardin. La table dit un mot; c'était le mien. Ma coriacité n'en fut pas entamée. Je me dis que le hasard avait pu souffler le mot à Mme de Girardin, et Mme de Girardin le souffler à la table; il m'était arrivé à moi-même, au bal de l'Opéra, de dire à une femme en domino que je la connaissais et, comme elle me demandait son nom de baptême, de dire au hasard un nom qui s'était trouvé le vrai ; sans même invoquer le hasard, j'avais très bien pu au passage des lettres du mot, avoir, malgré moi, dans les yeux ou dans les doigts un tressaillement qui les avait dénoncées. Je recommençai l'épreuve ; mais, pour être certain de ne trahir le passage des lettres, ni par une pression machinale ni par un regard involontaire, je quittai la table et je lui demandai, non le mot que je pensais, mais sa traduction. La table dit : « Tu veux dire *souffrance* ». Je pensais *amour*.

Je ne fus pas encore persuadé. En supposant qu'on aidât la table, la souffrance est tellement le fond de tout, que la traduction pouvait s'appliquer à n'importe quel mot que j'aurais pensé. *Souffrance* aurait traduit *grandeur, maternité, poésie, patriotisme,* etc., aussi bien qu'*amour*. Je pouvais donc encore être dupe, à la seule condition que Mme de Girardin, si sérieuse, si généreuse, si amie, mourante, eût passé la mer pour mystifier des proscrits.

Bien des impossibles étaient croyables avant celui-là ; mais j'étais déterminé à douter jusqu'à l'injure. D'autres interrogèrent la table et lui firent deviner leur pensée ou des incidents connus d'eux seuls ; soudain, elle sembla s'impatienter de ces questions puériles ; elle refusa de répondre et cependant elle continua de s'agiter comme si elle avait quelque chose à dire. Son mouvement devint brusque et volontaire comme un ordre : — Est-ce toujours le même esprit qui est là ? demanda Mme de Girardin. La table frappa deux coups, ce qui dans le langage convenu signifiait non. — Qui es-tu; toi? La table répondit le nom d'une morte, vivante dans tous ceux qui étaient là.

Ici, la défiance renonçait; personne n'aurait eu le cœur ni le front de se faire devant nous un tréteau de cette tombe. Une mystification était déjà bien difficile à admettre, mais une infamie ! Le soupçon se serait méprisé lui-même. Le frère questionna la sœur qui sortait de la mort pour consoler l'exil; la mère pleurait, une inexprimable émotion étreignait toutes les poitrines; je sentais distinctement la présence de celle qu'avait arrachée le dur coup de vent. Où était-elle? nous aimait-elle toujours? était-elle heureuse? Elle répondait à toutes les questions ou répondait qu'il lui était interdit de répondre. La nuit s'écoulait et nous restions là, l'âme clouée sur l'invisible apparition. Enfin, elle nous dit : Adieu, et la table ne bougea plus.

Le jour se levait, je montai dans ma chambre, et avant de me coucher, j'écrivis ce qui venait de se passer, comme si ces choses-là pouvaient être oubliées ! Le lendemain, Mme de Girardin n'eut plus besoin de me solliciter, c'est moi qui l'entraînai vers la table. La nuit encore y passa. Mme de Girardin partait au jour, je l'accompagnai au bateau et, lorsqu'on lâcha les amarres, elle me cria : « Au revoir! » Je ne l'ai pas revue. Mais je la reverrai.

Elle revint en France faire son reste de vie terrestre. Depuis quelques années, son salon était bien différent de ce qu'il avait été. Ses vrais amis n'étaient plus là. Les uns étaient hors de France, comme Victor Hugo; les autres plus loin, comme Balzac; les autres plus loin, encore, comme Lamartine. Elle avait bien encore tous les ducs et tous les ambassadeurs qu'elle voulait, mais la révolution de Février ne lui avait pas laissé toute sa foi à l'importance des titres et des fonctions, et les princes ne la consolaient pas des écrivains. Elle remplaçait mieux les absents en restant seule, avec un ou deux amis et sa table. Les morts accouraient à son évocation; elle avait ainsi des soirées qui valaient bien ses meilleures d'autrefois et où les génies étaient suppléés par les esprits. Ses invités de maintenant étaient Sedaine, Mme de Sévigné, Sapho, Molière, Shakespeare. C'est parmi eux qu'elle est morte. Elle est partie sans résistance et sans tristesse; cette vie de la mort lui avait enlevé toute inquiétude. Chose touchante, que, pour adoucir à cette noble femme le rude passage, ces grands morts soient venus la chercher!

Le départ de Mme de Girardin ne ralentit pas mon élan vers les tables. Je me précipitai éperdument dans cette grande curiosité de la mort entr'ouverte.

Je n'attendais plus le soir; dès midi, je commençais, et je ne finissais que le matin; je m'interrompais tout au plus pour dîner. Personnellement, je n'avais aucune action sur la table, et je ne la touchais pas, mais je l'interrogeais. Le mode de communication était toujours le même et je m'y étais fait. Mme de Girardin m'envoya de Paris deux tables : une petite dont un pied était un crayon qui devait écrire et dessiner; elle fut essayée une ou deux fois, dessina médiocrement et écrivit mal; l'autre était plus grande; c'était une table à cadran d'alphabet, dont une aiguille marquait les lettres ; elle fut rejetée également après un essai qui n'avait pas réussi, et je m'en tins définitivement au procédé primitif, lequel, simplifié par l'habitude et par quelques abréviations convenues, eut bientôt toute la rapidité désirable. Je causais couramment avec la table ; le bruit de la mer se mêlait à ces dialogues, dont le mystère s'augmentait de l'hiver, de la nuit, de la tempête, de l'isolement. Ce n'était plus des mots que répondait la table, mais des phrases et des pages. Elle était, le plus souvent, grave et magistrale, mais, par moments, spirituelle et même comique. Elle avait des accès de colère ; je me suis fait insulter plus d'une fois pour lui avoir parlé avec irrévérence, et j'avoue que je n'étais pas très tranquille avant d'avoir obtenu mon pardon. Elle avait des exigences ; elle choisissait son interlocuteur, elle voulait être interrogée en vers, et on lui obéissait, et alors elle répondait elle-même en vers. Toutes ces conversations ont été recueillies, non plus au sortir de la séance, mais sur place et sous la dictée de la table ; elles seront publiées un jour et proposeront un problème impérieux à toutes les intelligences avides de vérités nouvelles.

Si l'on me demandait ma solution, j'hésiterais. Je n'aurais pas hésité à Jersey, j'aurais affirmé la présence des esprits. Ce n'est pas le regard de Paris qui me retient ; je sais tout le respect qu'on doit à l'opinion du Paris actuel, de ce Paris si sensé, si pratique et si positif qui ne croit, lui, qu'au maillot des dan-

9.

seuses et au carnet des agents de change. Mais son haussement d'épaules ne me ferait pas baisser la voix. Je suis même heureux d'avoir à lui dire que, quant à l'existence de ce qu'on appelle les esprits, je n'en doute pas; je n'ai jamais eu cette fatuité de race qui décrète que l'échelle des êtres s'arrête à l'homme; je suis persuadé que nous avons au moins autant d'échelons sur le front que sous les pieds et je crois aussi fermement aux esprits qu'aux onagres. Leur existence admise, leur intervention n'est plus qu'un détail; pourquoi ne pourraient-ils pas communiquer avec l'homme par un moyen quelconque, et pourquoi ce moyen ne serait-il pas une table? Des êtres immatériels ne peuvent faire mouvoir la matière; mais qui vous dit que ce soient des êtres immatériels? Ils peuvent avoir un corps aussi, plus subtil que le nôtre et insaisissable à notre regard, comme la lumière l'est à notre toucher. Il est vraisemblable qu'entre l'état humain et l'état immatériel, s'il existe, il y a des transitions. Le mort succède au vivant comme l'homme à l'animal. L'animal est un homme avec moins d'âme, l'homme est un animal en équilibre, le mort est un homme avec moins de matière, mais il lui en reste. Je n'ai donc pas d'objection raisonnée contre la réalité du phénomène des tables.

Mais neuf ans ont passé sur cela. J'interrompis, après quelques mois, ma conversation quotidienne, à cause d'un ami dont la raison mal solide ne résista pas à ces souffles de l'inconnu. Je n'ai pas relu depuis ces cahiers où dorment ces paroles qui m'ont si profondément remué. Je ne suis plus à Jersey, sur ce rocher perdu dans les vagues, où, expatrié, arraché du sol, hors de l'existence, mort vivant moi-même, la vie des morts ne m'étonnait pas à rencontrer. Et la certitude est si peu naturelle à l'homme qu'on doute même des choses qu'on a vues de ses yeux et touchées de ses mains.

J'ai toujours trouvé saint Thomas bien crédule.

D'autres écrivains, parmi les plus illustres, ont, dans leurs œuvres, poétisé l'idée spirite en faisant des récits imaginaires d'entretiens éthérés entre les vivants et les âmes des morts. Théophile Gautier a écrit un livre admirable : *Spirite* dont la trame est empruntée évidemment aux doctrines spirites. Le grand historien Michelet est aussi un exemple de ce que nous avançons, il n'y a pour s'en convaincre qu'à lire son livre : *L'Amour*.

Enfin, notre grand poète, Victor Hugo, a donné également son avis sur le spiritisme : « La table « tournante et parlante, a-t-il dit, a été fort rail- « lée ; parlons net : cette raillerie est sans portée. « Il est du devoir étroit de la science de sonder « tous les phénomènes. Eviter le phénomène « spirite, lui faire banqueroute de l'attention, « c'est faire banqueroute à la vérité »[1].

[1] *Les Génies* (Shakespeare).

Comment, en présence de tels témoignages, s'étonner des progrès du spiritisme ?

Nous voudrions bien pouvoir abréger ce volume et ne pas insérer tout au long des extraits aussi étendus que ceux qui précèdent, mais en ce moment nous n'écrivons pas un roman : nous examinons un dossier, celui du spiritisme, et nous sommes obligé d'en faire passer les pièces sous les yeux du lecteur. Aussi bien, demanderons-nous la permission de faire encore quelques emprunts aux littérateurs, c'est-à-dire aux propagateurs du spiritisme les plus en vue. Ainsi, M. Eugène Nus, écrivain fort distingué que nous avons déjà eu le plaisir de citer, raconte, dans ses *Choses de l'autre monde*, que lui et plusieurs de ses amis qu'il nomme, se livraient en l'an 1853 aux charmes de la typtologie[1].

Chez M. Nus, les « communications » étaient données au moyen de coups alphabétiques frappés par une table se soulevant sur ses pieds comme celle de Mme de Girardin. Certains de ces messages (comme on dit encore) expliquent parfaitement l'empressement qu'a mis l'Église à lancer l'anathème contre ces pratiques ; en voici un, pris au hasard :

« La Religion nouvelle », dit la table qui

---

[1] Du grec τύπτω, je frappe.

parle évidemment du spiritualisme expérimental, « *transformera les croûtes du vieux monde ca-« tholique, déjà ébranlées par les coups du « protestantisme,* de la philosophie et de la « science !* »

Comment ! nous diront ceux qui en sont encore à se demander si ces choses ne sont pas d'indignes plaisanteries, comment, c'est une table qui a dicté cela? Eh bien, oui, très honoré lecteur, il paraît qu'il en est ainsi, et nous serions comme ces hommes dont parle « le divin » Platon [1], qui, enfermés depuis leur naissance dans une caverne obscure, ne savaient pas ce qu'était la lumière. L'un d'eux ayant tenté une petite excursion au dehors, fut d'abord aveuglé : n'ayant aucune idée du phénomène lumière, il ne comprenait pas; puis peu à peu, il se rendit compte (tout comme nous-même et tous ceux qui ont voulu savoir à quoi s'en tenir). Après avoir contemplé la nature extérieure, il rentra dans la caverne pour faire part de la bonne nouvelle à ses « co-troglodytes »; mais là, on ne voulut pas le croire, on le traita de fou; ses compagnons furent très en colère de voir un insensé venir leur dire des choses prétendues

---

[1] *République*, L. VII. Nous n'avons pas traduit d'une façon bien littérale, mais le fond est le même.

nouvelles et si peu *conformes* à leurs « connaissances acquises », à leurs respectables préjugés et se gardèrent bien de l'imiter, c'est-à-dire d'aller constater la lumière, de peur de devenir fous comme lui.

Donc, M. Nus obtint des « communications » fort curieuses. Citons encore une d'elles ; c'est une définition de la mort qui a sa valeur, si elle vient réellement de quelqu'un bien placé pour savoir à quoi s'en tenir :

La mort n'est pas la tombe humaine. Elle borne la forme de l'être matériel; fin de l'individu, elle dégage l'élément immatériel. — La mort initie l'âme à une nouvelle existence. Fiez-vous à une destinée qui sera votre ouvrage !

Une série de communications analogues que nous trouvons dans le même ouvrage offre ce côté très curieux de présenter des définitions rédigées en douze mots. Ces douze mots tombaient rapides comme la flèche sur la demande des personnes présentes et nous croyons fermement M. Nus quand il dit qu'il est impossible à un mortel ordinaire d'arriver au même résultat dans le même temps. Ainsi, non seulement le cerveau ne servirait pas à sécréter la pensée, comme le veut l'école matérialiste, mais encore il nous empêcherait de penser, si nous en croyons les esprits ! Citons quelques-unes de ces définitions en douze mots.

AMOUR

Pivot des passions mortelles, force attractive des sexes, élément de la continuation.

BIEN

Harmonie de l'être, association des forces passionnelles en accord avec les destinées.

MAL

Trouble dans les phénomènes, discord entre les effets et la cause divine.

RELIGION FUTURE

L'Idéal progressif pour dogme, les arts pour culte, la nature pour église.

PHILOSOPHIE

Jeu de mots, fantaisie de dictionnaire, analyse du vide, synthèse du faux.

La table de M. Nus dicta même de la musique dont il donne des échantillons dans son livre. Étrange ! étrange ! Et dire que nous n'avons même pas le droit de douter, car enfin M. Nus est un honnête homme et un cerveau bien équilibré.

Si nous voulions seulement faire l'analyse des écrits spirites il nous faudrait plusieurs volumes. Il ne sera cependant pas sans intérêt de montrer quelques spécimens de cette littérature, qui gravite à côté de nous, à part, pour les seuls initiés, inconnue de la plupart d'entre nous. C'est bien, en effet, une littérature d'outre-tombe comparée à la littérature moderne, reflet de notre vie si positive, si matérielle, si *naturaliste*. Avez-vous jamais ouvert, par hasard ou curiosité, un de ces journaux spirites qui se publient pour les fidèles et qui sont comme un défi jeté à la face du matérialisme ? Non. Eh bien, si peu de choses intéressantes, pour nous profanes, se rencontrent, en général, dans ces publications, on y trouve parfois des observations curieuses, après lesquelles on doit toujours mettre un point d'interrogation, cela est vrai, mais qui vous laissent rêveur grâce à leur accent de sincérité.

Voici, par exemple, une lettre écrite aux rédacteurs de la *Revue spirite* de Paris par un instituteur qui n'a pas l'air de faire métier du spiritisme[1] :

Messieurs : Un abonné à la *Revue spirite* m'ayant prêté le n° 16 du 15 août 1885, j'en ai lu le contenu

[1] *Revue spirite*, numéro du 15 janvier 1886

avec intérêt et tout particulièrement un article ayant pour titre : « *Écriture automatique* ». C'est à ce sujet que je me permets de vous adresser ces quelques notes dont vous ferez tel usage que vous jugerez à propos.

En 1854, j'étais instituteur dans un village, ma commune natale, Amance (Meurthe). Le hasard mit entre mes mains un numéro d'une publication sur le spiritisme. Cela m'intrigua d'abord puis m'inspira le désir d'essayer les expériences dont je venais de lire quelques détails. Mais malgré toute ma volonté et une assez longue persévérance je n'obtins aucun résultat ; ni tables, ni chaises ne subissaient mon influence. Je dus y renoncer dans la conviction que je ne ferais jamais qu'un médium de nulle valeur.

A cette époque, j'avais un jeune instituteur adjoint qui assistait curieusement à mes essais, mais sans y prendre part. Quand j'abandonnai la partie, il lui prit la fantaisie d'essayer lui-même de faire tourner ou frapper un guéridon. Ce jeune homme se trouva être du coup un médium d'une grande puissance ; à peine touchait-il une chaise ou un guéridon que ces petits meubles frémissaient sous sa main. Pendant longtemps, il ne se servit que d'une chaise ou d'un guéridon pour établir ses communications spirites, au moyen d'un alphabet conventionnel.

Nous nous amusions de ces exercices ; la curiosité seule y présidait ; ce n'était point des expériences que nous faisions, car il n'y avait rien d'ordonné, de méthodique dans notre travail, c'était pour nous un passe-temps qui nous amusait et qui éveillait notre curiosité, rien de plus.

Un jour, mon adjoint et moi, nous réfléchissions ensemble sur les inconvénients que présentait la transmission trop lente par des coups frappés. On perdait beaucoup de temps et on était exposé à mille erreurs. Il faudrait, dit Charles (c'était le nom de mon adjoint), pouvoir écrire avec une plume ou un crayon que l'on tiendrait à la main comme on le fait d'habitude; et, aussitôt dit aussitôt fait : il prend un crayon dont il pose la pointe sur une feuille de papier et, tout à coup, nous sommes épouvantés du résultat : le crayon marche avec une rapidité étonnante, tous les mots sont écrits lisiblement, se lient tous par le même trait de crayon qui revient à la ligne entraînant avec lui la main du médium.

Ce début nous a tellement surpris, que le jeune homme, frappé de terreur, jeta le crayon et se sauva.

Il fut pendant quelque temps sans renouveler cette expérience; il en avait peur; et il m'a avoué bien souvent qu'il se sentait comme envahi par un esprit qui l'obsédait en le contraignant à écrire. Il reprit néanmoins la suite de ces exercices et s'y livra durant environ une année; mais je finis par lui donner le conseil, et il le suivit, de suspendre désormais ce genre d'exercice qui dégénérait en une véritable obsession et qui commençait par me donner de vives inquiétudes.

Que de mains de papier ce jeune homme a ainsi usées; que de réponses inattendues, surprenantes, stupéfiantes même, il a obtenues ; mais aussi que de plaisanteries plus ou moins légères sont venues au bout de son crayon.

Cette écriture était vraiment *automatique* en ce sens qu'elle était obtenue en dehors de la volonté du médium ; celui-ci était toujours dans la plus complète ignorance de la réponse ou de la phrase qu'il allait écrire. Il n'était pas endormi et bien souvent sa pensée était loin des faits qui se produisaient par son crayon qui était, cela était incontestable, dirigé par une force et une volonté autre que sa propre force et sa propre volonté.

Qu'il me soit permis de rappeler certains faits :

Un chanoine de la cathédrale de Nancy (M. L'abbé Garo), ayant aussi entendu parler des révélations surprenantes obtenues par mon jeune homme, le fit mander un jour chez lui, je l'y accompagnai. Là, se trouvaient réunis cinq ou six prêtres âgés et respectables.

On remit au jeune homme du papier et un crayon en l'invitant à répondre à certaines questions renfermées sous un pli cacheté déposé sur la table.

Je n'ai jamais connu la nature des questions posées ; mais je sais que la première réponse stupéfia les prêtres qui se regardèrent tout étonnés de la phrase qui venait d'être écrite. Une réponse fut même faite en latin ; or le jeune homme n'avait pas la moindre notion de cette langue. L'abbé Garo et ses amis ne voulurent y croire que sur l'affirmation formelle du médium qu'il ignorait absolument le latin.

Une dernière réponse obtenue nous fit deviner la nature de la demande; cette réponse fut celle-ci : « Que t'importe que la lune soit habitée ou non, tu as ici-bas une mission à remplir, remplis là ».

Ce fut fini, la séance fut levée et nous partîmes, laissant dans le plus complet étonnement les prêtres qui avaient voulu être témoins de cette séance de spiritisme.

Le jeune Charles avait quitté mon école et il remplissait à celle de Ville-en-Vermois les fonctions d'instituteur adjoint.

Un jeudi, il devait aller à Saint-Nicolas assister à une conférence d'instituteurs. C'était en hiver; le sol était partout couvert de neige. Au milieu de la campagne il s'arrêta pour contempler le tableau que lui offrait cette neige éclatante de blancheur qui couvrait la terre; il s'appuyait sur sa canne lorsque tout à coup il la sent frémir dans sa main ; il la laisse libre entre ses doigts et aussitôt cette canne trace sur la neige : « Charles, ton père est mort ce matin, retourne au village et tu rencontreras *un tel* qui vient t'apporter la nouvelle ». Le nom était bien désigné.

Cette nouvelle terrifie notre jeune homme, mais il y croit; il retourne au village et la première personne qu'il rencontre est bien celle qui lui est désignée, et qui lui apprend en effet que ce même jour, le matin, son père en tombant d'un grenier s'était tué.

Plus tard, ce jeune homme fut nommé chef d'études au collège de Commercy.

Un jeudi, il accompagnait les élèves à la promenade,

c'était en été, il faisait chaud ; une imprudence le perdit. Étant tout en sueur il but de l'eau fraîche et alla se reposer à l'ombre d'un arbre. Il rentra au collège avec la fièvre et il mourut six jours après.

L'avant-veille de sa mort, ayant toute sa connaissance, il sentit sa main droite s'agiter, il comprit et demanda à l'infirmier un crayon et du papier et, quoiqu'étant dans un état de grande faiblesse, le crayon traça vigoureusement ces mots : « Charles, prépare-toi, après-demain à 3 heures tu mourras ». Il se tint pour sûrement averti, et, en effet, le surlendemain, à 3 heures, en présence du principal et d'un certain nombre d'élèves, il rendit le dernier soupir.

Je tiens tous ces détails du principal lui-même, qui conservait très précieusement la feuille de papier sur laquelle étaient écrits les mots cités plus haut.

Quelle conclusion à tirer de tous ces faits ?

Eh bien ! qu'il me soit permis de donner ici mon opinion personnelle sur le spiritisme.

Oui, le spiritisme est réel, il existe ; oui, l'homme est parfois le médium à l'aide duquel des manifestations d'un autre monde se produisent : monde des Esprits. Mais quelle est la nature de ces esprits ? Voilà pour moi la question insoluble et je ne crois pas qu'elle puisse jamais être résolue.

J'ai lu un grand nombre d'ouvrages sur le spiritisme et j'avoue que je n'ai vu dans aucun cette question nettement tranchée.

On a eu, dit-on, des révélations de quelques grands hommes, guerriers, orateurs, philosophes. On a eu dit-on, des communications de quelques membres de sa famille, d'un père, d'une mère, d'un frère, d'une sœur, etc., etc.

Tous ces dires sont des hypothèses gratuites, rien, absolument rien n'est venu justifier ces assertions.

Mais certaines particularités intimes de la vie seraient-elles révélées par la personne qui se nomme ? La preuve n'est pas probante. Qu'est-ce que les philosophes ont révélé de nouveau en dehors des œuvres qu'ils ont laissées? Ont-ils condamné certaines de leurs doctrines; les ont-ils affirmées de nouveau ? Où est la preuve que le philosophe qui se nomme est bien lui-même ?

Mais je m'arrête parce que cela n'en finirait pas. Tout ce que je puis dire, c'est que le spiritisme est la preuve la plus irréfragable et la plus tangible en quelque sorte contre le matérialisme. Non, quand nous mourons, tout ne meurt pas en nous. Notre esprit, notre âme enfin, survit à la matière ; car si rien ne survivait en nous, ces manifestations spirites ne se comprendraient pas, n'auraient pas de raison d'être et même ne seraient pas.

Didelot.

Rosières-aux-Salines, octobre 1885.

§ IV

Ainsi, si nous nous en rapportons à lui, M. Didelot a vu et plusieurs témoins, parmi lesquels M. l'abbé Garo, chanoine à Nancy, ont vu un jeune homme, qui ne savait pas un mot de latin, écrire dans cette langue ! Le fait nous paraît invraisemblable, mais affirmé comme il l'est ne mérite-t-il pas d'être contrôlé si l'occasion s'en présente. N'avons-nous pas vu se vérifier les choses les plus inattendues, les plus invraisemblables dans le domaine de la suggestion dont nous avons parlé dans notre introduction ?

Nous avons promis de dire quelques mots au sujet des médiums, ces êtres plus ou moins déséquilibrés qui serviraient d'instruments aux « esprits » suivant la théorie spirite ; eh bien ! nous venons de voir dans l'observation qui précède un type du *médium écrivain automatique*.

Il existe, paraît-il, d'autres sortes de médiums écrivains ; certains médiums écrivent, par exemple, de la main gauche sans en avoir fait l'apprentissage, et à l'envers, c'est-à-dire que pour être lues les écritures ainsi obtenues doivent être vues dans un miroir. On écrit encore d'une manière différente, par exemple : *Sirap* pour *Paris*, et cette écriture de la main gauche et à l'envers est produite avec une rapidité supérieure à celle de l'écriture normale du « sujet ».

Il y aurait aussi des *médiums écrivains intuitifs ;* ceux-là entendent « dans le cerveau » une voix qui leur dicte ce qu'ils écrivent. Les *médiums auditifs* entendent par l'oreille la « voix des esprits », comme Jeanne Darc.

D'autres, enfin, obtiennent l'écriture avec un petit objet (coupe, corbeille, tablette, etc.) auquel se trouve fixé un crayon. Ce serait, paraît-il, le cas de M. Timoléon Jaubert, vice-président honoraire du tribunal de Carcassonne, chevalier de la Légion d'honneur, etc. M. Jaubert remporte, avec les poésies « que lui dictent les esprits », des prix aux jeux floraux de Toulouse. Nous ne savons si la fable suivante a été couronnée, en tous cas elle nous paraît sentir le fagot d'une lieue par son manque d'orthodoxie à l'égard du péché originel, et nous ne serions pas loin d'admettre qu'elle a été dictée par le diable en personne, si nous croyions à l'existence de ce doyen des insurgés. Lisons plutôt :

UN DINDON EN COUR D'ASSISES

Fable.

J'ignore en quel pays et par quel maléfice
Un dindon figurait devant dame Justice.
Il était là sans peur, sans fiel et sans ennui,
Comme s'il s'agissait de tout autre que lui.
Douze graves jurés, chapons à forte tête,
Allaient se prononcer sur le sort de la bête.
   Quelques poules sur le retour
Lorgnaient un vieux canard, chef de la haute cour.
Les débats eurent lieu comme à l'ordinaire.
— « Silence ! campagnards, dit un merle en colère ;
— « Silence ! » — Un perroquet, sur son bâton planté,
Prit la parole au nom de la société.

Il reconnut sans peine, en style de Sorbonne,
— « Que le dindon était l'innocence en personne.
« Mais le premier dindon désobéit aux dieux,
« Et ses fils répondaient de ce crime odieux. »

L'orateur s'animait ; et, plein de véhémence,
Il noyait les jurés dans des flots d'éloquence.
Dans sa péroraison jusqu'au ciel il grimpa.
Je dois vous l'avouer, son discours me frappa.

Le dindon désira se défendre lui-même.

— « On m'accuse, dit-il, ma surprise est extrême.
« Le premier des dindons fit mal, assurément ;
« Mais condamner le fils pour le crime du père
   « Me semble un mauvais jugement. »

> L'accusé se tira d'affaire ;
> Il fut même applaudi, dit-on.

Pour démontrer à tous une chose aussi claire,
> Il avait suffi d'un dindon.

M. Jaubert, l'auteur en seconde main de cette fable, fut très heureux, jadis, de trouver un défenseur dans la personne même de Napoléon III, qui était spirite, car il aurait eu, nous a-t-on dit, maille à partir avec ses supérieurs du ministère de la justice, que ses facultés médiumnitiques avaient émus.

La plupart des médiums sont *médiums typtologues* ou *médiums de table,* c'est-à-dire obtiennent des communications au moyen de coups frappés par la table ; mais, en général, ce ne sont que de faibles médiums.

Il y a encore les médiums qui obtiennent l'*écriture directe ;* mais ceux-ci sont très fortement doués. L'écriture directe s'obtient de plusieurs manières : tantôt sur un papier placé sous les yeux des observateurs, ou caché ; ce papier se couvre instantanément d'écriture. Le baron de Guldenstubbe [1], médium distingué, a fait un ouvrage sur ce sujet.

Une autre sorte d'*écriture directe* s'obtient à

---

[1] Guldenstubbe.—*Pneumatologie positive.* Paris, 1873.

l'aide d'un crayon écrivant seul sur le papier ou sur l'ardoise. Nous avons étudié principalement ce dernier phénomène. Notons les *médiums voyants* qui voient les esprits et les décrivent, dit-on, de manière à les faire reconnaître par ceux qui les ont évoqués!

A ce sujet, nous avons fait la remarque suivante à un spirite : « Quand nous sommes morts, conservons-nous donc notre visage, notre barbe blanche si nous en avions une de notre vivant ? les bossus conservent-ils aussi leurs bosses ? — Non, nous fut-il répondu; mais les « esprits » prennent cet aspect pour être reconnus de leurs proches auxquels le médium voyant décrit leur aspect. — Mais si les esprits prennent telle forme qu'il leur plaît, qui nous prouve que « l'esprit » annoncé est bien celui auquel il ressemble ? —Pourquoi voudriez-vous qu'on nous trompât ? » nous dit notre contradicteur.

Ce raisonnement ne nous a pas pleinement convaincu.

Il existe aussi une certaine catégorie de médiums dits *médiums à incarnations*. Mais sur ce sujet nous avons besoin, plus que jamais, de faire appel à la bienveillance du lecteur en lui remémorant que nous sommes un simple historiographe qui expose et n'invente rien. Nous entrons, en effet, en pleine « possession »; car ces *incarna-*

tions sont ce que le moyen âge désignait par ce mot. Toute la différence, c'est qu'au lieu d'être possédés par Belzébuth et ses accolytes, les médiums le sont par des « esprits » qui, eux, ont l'amabilité de s'en aller quand on veut et sans qu'il soit nécessaire de recourir à l'arsenal des exorcismes et des incantations.

Nous avons vu de ces médiums attendant la venue de « l'esprit », comme les pythonisses attendaient celle du dieu qui les inspirait dans leurs oracles. Au bout d'un certain temps, le médium subit un mouvement d'oscillation comme autour d'un axe vertical ; tout à coup, il éprouve une convulsion brusque et le voilà transfiguré !

Nous avons vu des hommes parler comme des femmes et des femmes parler au masculin. Nous avons assisté à des scènes pénibles, nous en avons vu d'autres ridicules ; ceux qui les jouent seraient bien misérables s'ils n'étaient pas convaincus. Sont-ils à plaindre ?...

Si des hommes devant l'autorité scientifique desquels nous nous inclinons n'avaient étudié des faits semblables qu'ils ont relatés en observateurs consciencieux, nous ne serions pas embarrassé et nous conclurions que tous ces personnages sont hallucinés ; mais, comment faire la

part de l'hallucination et du « je-ne-sais-quoi », lorsqu'un savant comme M. Russel Wallace vient confirmer une observation du genre de celle que nous allons reproduire, et qui a été faite par son ami, M. Serjeant Cox, jurisconsulte et philosophe éminent de la Grande-Bretagne? Voici le récit de M. Serjeant Cox confirmé par M. Russel Wallace : « J'ai entendu un garçon de comptoir,
« sans éducation, soutenir, quand il était en
« *transe* [1], une conversation avec un parti de
« philosophes sur la raison et la prescience, la
« volonté et la fatalité, et leur tenir tête. Je lui
« ai posé les plus difficiles questions de psycho-
« logie, et j'ai reçu des réponses toujours sensées,
« toujours pleines de force, et invariablement
« exprimées en langage choisi et élégant. Cepen-
« dant, un quart d'heure après, quand il était
« dans son état naturel, il était incapable de ré-
« pondre à la plus simple question sur un sujet
« philosophique, et avait toujours peine à trouver
« un langage suffisant pour exprimer les idées
« les plus communes ».

[1] *Intransed.* C'est l'état particulier où se trouvent les « médiums à incarnations » dans leurs accès de possession, état qui n'a d'analogie avec aucun des cas nerveux pathologiques qui nous sont connus. Dans nos expériences personnelles nous avons fait au sujet de cette manifestation, soi-disant spiritiste, des observations bien curieuses dont on trouvera l'exposé plus loin.

Nous ne savons pas trop comment on pourrait expliquer ce fait d'une manière satisfaisante à l'aide de ce que nous savons en physiologie. Les malins, qui n'y regardent pas de si près, ne manqueront pas de dire : ou bien que le garçon de comptoir était un grand philosophe déguisé qui a voulu se moquer de ces messieurs, et alors ces derniers seraient des imbéciles ; ou bien que MM. Wallace et Cox sont des imposteurs, et nous ne voyons pas pourquoi on n'en dirait pas autant de MM. Charcot, Luys, Dumont-Pallier, Bernheim, Liébeault et *tutti quanti,* lorsqu'ils viennent nous montrer les pages nouvelles du chapitre de la suggestion et de l'hypnotisme, chapitre appartenant au même livre que celui auquel nous travaillons en ce moment. Au lieu d'invoquer l'imbécillité ou l'imposture, nous préférons conclure que de nouvelles fonctions du système nerveux s'offrent à notre étude, et que nous avons le devoir de ne pas laisser échapper de nos mains le scalpel de l'expérimentateur sous peine de le voir tomber dans des mains indignes.

On distingue plusieurs autres sortes de médiums sur lesquels nous ne voulons pas insister, tels que les *médiums inspirés,* les *médiums somnambules, guérisseurs, peintres* et *dessinateurs, musiciens,* etc., etc. En résumé, les médiums se divisent en deux grandes classes : les médiums à effets physiques et les médiums à effets intellectuels. Nous ne terminerons cependant pas cette courte notice sur les médiums, sans dire quelques mots de certains effets d'apparitions, non seulement visibles mais tangibles — si on s'en rapporte à ceux qui les ont racontées, — obtenues par certains individus doués de cette force particulière nommée médiumnitique. Nous n'aurions peut-être pas parlé de ces phénomènes, encore plus invraisemblables que tous les autres, si les mêmes savants auxquels nous avons fait allusion n'en avaient rapporté de semblables, observés avec toutes les précautions scientifiques possibles. Voici encore un article-lettre, que nous prenons dans l'un des journaux spirites français les plus lus, où se trouve racontée une séance de « matérialisation d'esprits », pouvant servir de type à toutes les histoires semblables qu'on lit dans les journaux spéciaux. Cette lettre est adressée par son auteur au directeur de la *Revue spirite,* qui l'a insérée sous le titre de *Phénoménalité spirite à New-York :*

« Je suis toujours à bord de *la Flore* et en rade de New-York, d'où j'ai écrit au *Banner of Light,* lui demandant l'adresse d'un médium remarquable ; ce journal m'adressa à M. Henri Lacroix[1], 16, Clinton, Place New-York, spirite très serviable et très obligeant, bien connu à Paris, qui me conduisit chez M. et Mistress Caffray, médiums à matérialisations. J'allais donc pouvoir, *de visu*, me rendre compte de ces phénomènes, en les soumettant à une investigation sérieuse, la mienne, sur laquelle je compte beaucoup.

Nous étions quatorze personnes pour cette séance, dans une grande pièce simplement ornée, ayant pour meubles le bahut du médium sur lequel il s'assied pendant les expériences, deux canapés, une boîte à musique, deux guitares, deux tambours de basque et autant de clochettes ; une petite table cirée, un parapluie chinois suspendu obliquement par sa canne au mur opposé à celui auquel est adossé le bahut. Derrière ce parapluie, une lampe mue par un mécanisme à bascule, qu'un faible mouvement fait agir, et destinée à rendre la lumière plus ou moins intense à travers le tissu léger du parapluie. Les esprits meuvent ce mécanisme.

Quatre globes à gaz étaient suspendus au centre du plafond. Je palpai toutes choses avec soin et minutie ; je constatai que les personnes présentes étaient sérieuses, d'un âge déjà mûr, à l'air distingué, et restai convaincu, après un long examen, qu'une supercherie ne se pouvait, en me réservant de tout soumettre au contrôle de la raison. — Nous nous

---

[1] Nous croyons savoir que M. H. Lacroix est un honorable officier canadien retraité. (NOTE DE L'AUTEUR.)

plaçâmes en cercle, la main dans la main, le médium compris, pour la séance noire car on éteignit le gaz ; les instruments jouèrent ensemble, avec cadence, transportés dans l'espace, touchant les parois du mur, courant autour de nous, se plaçant sur nos têtes, etc. ; une boule lumineuse apparut au milieu du cercle et des mains nous frappèrent sur les genoux ; le gaz étant rallumé, nous vîmes tous les instruments à leur place primitive et les assistants de même. Je me disais qu'il eût fallu huit personnes pour agiter ces instruments, les transporter avec une si grande rapidité de la terre au plafond, qui était très élevé, et produire la boule lumineuse, sans bruit de pas, sans éclipser la boule lumineuse ; encore fallait-il que ces personnes ne pussent se rencontrer dans l'obscurité.

Pour l'écriture directe en pleine lumière, M. J. Caffray me présenta deux ardoises enchâssées chacune dans un cadre de bois blanc, une éponge et de l'eau ; marin par habitude, je trempai mon doigt dans cette eau que je goûtai, elle était pure et naturelle ; je nettoyai avec soin les deux surfaces de chaque ardoise : elles étaient simples, je le constatai ; nous mîmes dessus deux crayons d'ardoise, et recouvrîmes l'une par l'autre ; avec deux autres personnes, nous plaçâmes nos mains sur les susdites ardoises, et après quelques secondes, le grattement des crayons s'entendit très bien ; M. Caffray les plaça à terre, éloignées de tous les assistants, et le bruit se perçut on ne peut mieux ; de même placées contre nos oreilles.

J'ouvris ces ardoises avec précaution, pour me bien rendre compte qu'il n'y avait pas de truc, et sur les deux ardoises, dans tous les sens, il y avait pour chacun des communications d'esprits connus.

Pour la séance de matérialisation, la lampe placée derrière le parapluie fut allumée et l'on éteignit les becs de gaz; nous nous plaçâmes tous en fer à cheval, faisant face au bahut sur lequel s'assit Mistress Caffray; son mari était au milieu de nous. La lumière s'affaiblit derrière le parapluie, indice de la présence de forces invisibles qui la réglaient. La boîte à musique fut remontée par des mains exercées et impalpables, et l'apparition d'une femme à taille petite, inférieure à celle du médium, se présenta vêtue de blanc; en sortant du bahut où se tenait le médium, elle marcha jusqu'au milieu de notre cercle, et là, elle disparut après nous avoir salués; la lumière, qui se modifiait, était souvent assez intense pour distinguer la couleur des yeux, du visage, des cheveux des assistants et des apparitions, ainsi que la blancheur de leurs dents; et toujours elle nous éclairait assez pour ne perdre de vue ni le bahut où se trouvait le médium, ni les mouvements des spectateurs. Un autre esprit, plus grand que le premier, se dirigea vers une dame assise près de nous, l'embrassa et tint conversation avec elle; c'était la fille défunte de cette dame; elle s'en revint vers le médium et disparut. Un jeune homme se présenta, vêtu de gris, se dirigea vers son père présent parmi nous, puis il s'effaça pour faire place à d'autres. M. Lacroix eut la matérialisation de son frère, puis de sa femme qui voulut me serrer la main; je fus très émotionné et surpris en dévisageant cette face blanche, humaine, dont la main qui pressait la mienne était froide et humide; elle échangea quelques paroles avec son mari, me dit *Good bye*, et se retira pour disparaître.

Un esprit nous montra comment il se matérialisait; nous vîmes un point blanc très petit, qui s'agrandit peu à peu, et atteignit la grandeur d'un foulard ordinaire; un souffle l'agita, le souleva au milieu, ce qui l'élargit en lui donnant la dimension d'un voile très grand; ce voile se releva, et au-dessous, se trouva une femme qui put nous parler, nous offrit des fleurs naturelles pleines de doux parfums. Ensuite elle se dématérialisa ainsi : ses vêtements et son voile tombèrent à terre en morceaux détachés nettement, se réduisirent en un voile large comme les deux mains, lequel devint un point imperceptible; enfin tout disparut.

Six dames ou demoiselles, quatre hommes, trois enfants et un Indien nous apparurent dans cette séance et nous offrirent des bouquets et des fleurs prises dans les champs, dans les jardins, au dire des assistants, ou fabriquées par ces êtres étranges; ces fleurs bien réelles nous restèrent dans les mains.

Une force invisible remontait la boîte à musique et réglait constamment la lumière; j'avais inspecté préalablement le plancher, le bahut, chaque meuble du salon; les portes sur lesquelles mon regard se portait n'ont jamais été ouvertes et j'ai bonne vue;

jeune et fort, point crédule, investigateur, j'étais assuré autant qu'on peut l'être que ce qui se passait devant moi n'était point l'effet d'un truc, d'autant plus que tous les assistants voyaient ce que mon toucher, mes oreilles et mes yeux constataient être la réalité. M. J. Caffray, médium, est un homme de trente ans; sa dame, qui possède une si belle faculté, a vingt-cinq ans; ils paraissent tous les deux pleins de franchise et leur physionomie porte l'empreinte sérieuse de gens qui ne font point seulement un métier...

« A. Teynac, de Blésignac (Gironde). »

CHAPITRE VIII

DES FRAUDES EN MATIÈRE DE SPIRITISME

§ I

Ainsi que nous avons eu occasion de le dire, il n'est pas de matière qui prête autant à la fraude que celle dont nous nous occupons ici. Allan Kardec lui-même a stigmatisé, dans son *Livre des Médiums*, les artifices des charlatans et des jongleurs qui veulent singer les phénomènes du spiritisme. Après avoir fulminé contre les médiums mercenaires qui exploitent leur faculté et passent outre, dans l'intérêt de la caisse, quand cette faculté cesse de se manifester (car elle est sujette à des fluctuations), Allan Kardec déclare qu'il ne se sent pas ému par les haines qu'il soulèvera en faisant ces révélations sur les marchands du temple spirite, et il se console en pensant modestement que « les marchands chassés du temple par Jésus ne devaient pas non plus le voir d'un bon œil ».

Les farces qui ont été jouées, avec le spiritisme pour prétexte, sont innombrables. Il est dit que le vulgaire sera toujours trompé; d'abord il le veut : *vulgus vult decipi!* Le genre humain se composera toujours, sur cette terre du moins, d'hommes qui ne se contenterons jamais de la vérité vraie; c'est une vérité habillée chez leur tailleur qu'il leur faut. Pour s'en rendre compte il suffit d'assister, passif, à quelques séances intimes de différents cercles spirites aidés d'un médium plus ou moins fort. Ces cercles se composent d'individus de *toutes classes*. Un petit incident vient-il à se produire? la table a-t-elle craqué? une dame croit-elle avoir été touchée sur un point quelconque de son corps? vite on se pâme, on pleure d'aise et on entend la voix discrète d'une personne émue dire avec componction : « Ah! merci, cher Esprit! »

Il est facile de comprendre que les hommes sérieux aient eu de la répugnance à s'occuper de phénomènes qu'il fallait dégager d'une gangue aussi épaisse de crédulité béate. Il est encore plus facile de concevoir quel appât un pareil public peut offrir aux fabricants de miracles en chambre. Aussi, les jongleries à trucs enfantins doivent s'exécuter en toute sécurité dans ce monde, où l'on consent à laisser le thaumaturge ou l'évocateur opérer dans l'ombre, dans son propre appartement, pendant que les assistants se tiennent par la main en chantant des refrains d'un goût plus ou moins douteux : histoire de favoriser la détermination du phénomène !

Nous avons entendu dire, par des personnes dignes de foi, que dans l'Amérique du Nord on vend des « plumes médianimiques » pour obtenir soi-même *l'écriture automatique !* Il n'y a que les Américains pour savoir tout industrialiser.

Parmi les fraudes retentissantes dont les auteurs ont été pris *flagrante delicto,* quelques-unes ont défrayé les Parisiens qui s'en souviennent encore. En première ligne, on peut citer l'aventure des frères Davenport qui, se présentant comme médiums, donnaient des séances en ville et, grisés par leurs succès, osèrent, pour leur malheur, se montrer devant le grand public. Le jour de leur déconfiture fut marqué par un beau vacarme qui eut lieu, à la salle Herz, vers la mi-septembre de l'année 1865, et qu'un témoin oculaire raconte, en ces termes, dans un journal de l'époque (*Le Pays*) :

« Nous avons assisté avant-hier soir à la première séance publique donnée à la salle Herz par les frères

Davenport, et le respect de la vérité nous oblige à dire que nous n'avons jamais été témoin d'un échec aussi complet ; nous allons résumer en quelques mots les principales phases de cette triste et tumultueuse soirée :

Après une annonce trop longue et un peu diffuse faite par un régisseur dont nous ignorons le nom, les frères Davenport ont paru et ont été s'asseoir dans leur mystérieux cabinet placé au milieu de l'estrade. Il s'agissait de les attacher. Deux jeunes gens qui, nous a-t-on dit, faisaient partie de l'orchestre se sont offerts pour cette besogne ; mais le public a protesté avec énergie et d'une voix unanime.

M. le comte Clary, et M. Henri de Pène, rédacteur en chef de la *Gazette des Étrangers*, ont été priés de visiter l'armoire et d'examiner de près les expériences. Après eux est monté sur l'estrade M. Duchemin, ingénieur, qui a attentivement examiné les dispositions intérieures du cabinet, et a solidement attaché les frères Davenport.

« Messieurs, a-t-il dit, quand il a eu terminé, je déclare qu'il est impossible de dénouer les nœuds que je viens de faire. Il faudrait pour cela un instrument tranchant. » (Applaudissements prolongés.)

Les portes du cabinet se ferment, le gaz s'éteint (sur l'estrade seulement) et aucun phénomène ne se produit ; les instruments de musique dont les médiums sont entourés restent parfaitement muets. Des murmures se font entendre, puis des cris, des sifflets, des interpellations. Enfin, après une longue attente, les portes du cabinet se rouvrent, et l'on voit l'un des frères Davenport libre de tout lien. La corde dont il était attaché traîne à ses pieds.

— « Cela n'est pas possible ! s'écrie M. Duchemin, qui a repris sa place. Je veux voir la corde. »

On la lui passe aussitôt, et il déclare que ce n'est pas la même. Cris, trépignements, vociférations. Le tumulte est à son comble.

Les portes se referment encore et assez longtemps après, le second frère se détache à son tour. Il sort du cabinet au milieu d'un vacarme sans nom.

Le régisseur annonce, par une pantomime désespérée, qu'il voudrait bien dire quelque chose. Le silence se rétablit.

« Messieurs, dit-il, les frères Davenport vont s'attacher eux-mêmes. » (Explosion de rires ironiques ; le bruit redouble ; tout le monde se lève.)

Cependant, les frères Davenport rentrent dans leur logette ; on ferme les portes, et bientôt ils se montrent attachés sur leurs sièges. Alors un monsieur monte sur l'estrade, s'approche du cabinet, et saisissant la travée autour de laquelle s'enroulent les cordes :

« Tenez, messieurs, s'écrie-t-il, voici la supercherie : cette travée est mobile. »

Et la sortant aisément de ses rainures, il la montre au public, et en fait tomber les cordes.

Cette découverte est le signal d'une véritable débâcle. Soixante ou quatre-vingts personnes se précipitent sur l'estrade ; on crie, on siffle, on monte sur les banquettes. C'est un tapage comme il n'y en a jamais eu de semblable ni au Lazary ni à l'Odéon.

Au lieu de protester contre cette découverte, au lieu de montrer que la traverse de l'autre portière était fixe et qu'un effort violent avait pu seul détacher celle de droite, les frères Davenport se sont sauvés, abandonnant l'armoire et l'estrade.

Le tumulte est alors à son comble; la foule envahit de tous côtés l'estrade. Des sergents de ville, au nombre de cinq ou six, s'efforcent, mais en vain, de rétablir l'ordre. Enfin, M. le commissaire de police paraît et prononce, au milieu du brouhaha toujours grossissant, ces paroles consolantes :

« Messieurs, on va vous rendre votre argent. »

C'est effectivement ce qui a eu lieu. Tous les spectateurs sont allés à la caisse se faire rembourser.

Tel est le résumé rapide, mais exact, de cette séance qui, au dire de bien des gens, devait être une révélation, et qui n'a été, hélas ! qu'une mystification. »

Une découverte scandaleuse comme celle-là n'était pas faite pour relever les affaires de la spiritomanie, et beaucoup de personnes sentirent leur zèle se ralentir ou leurs doutes augmenter. Bref, l'aventure jeta un grand froid à l'égard du spiritisme.

§ II

On commençait à oublier les frères Davenport, lorsque, en 1875, sous le gouvernement du maréchal de Mac-Mahon, un autre grand coup fut porté au spiritisme. Nous voulons parler du procès Buguet. On dit que l'influence cléricale n'a pas été étrangère à ce procès, par lequel on se proposait d'anéantir un concurrent gênant en expectative, mais qui, malgré tout, ne s'en porte pas plus mal aujourd'hui.

Le Dr Huguet, qui a servi de témoin dans cette affaire, a écrit une brochure où il cite, du plaidoyer de Me Craquelin, un mot des plus sévères, véritable soufflet appliqué sur d'autres joues que celles de Buguet. En parlant de ce dernier, Me Craquelin a prononcé les paroles suivantes qui seraient bien graves si elles n'avaient été prononcées à la barre : « En dehors de cette enceinte, on dit qu'il est vendu ! »

On sait de quoi il retourne : Buguet prétendait photographier, en même temps que ses clients, un esprit qu'il évoquait. L'esprit apparaissait derrière la photographie naturelle sous une forme plus ou moins nébuleuse. La justice s'en mêla, Buguet fut poursuivi et ses instruments saisis. Devant le tribunal on étala des pièces à conviction : des poupées, des mannequins, etc.; Buguet avoua tout ce qu'on voulut : jamais on n'avait vu d'accusé aussi prévenant ! Des fidèles (non des moins distingués) dupés, dit-on, par l'habile photographe, persistèrent, néanmoins, dans leur foi aux photographies-fantômes, dans lesquelles ils déclaraient reconnaître telle ou telle personne défunte de leur famille.

Le jugement rendu dans cette affaire frappa, en même temps que Buguet, M. Leymarie, gérant de *la Revue spirite*. Il paraîtrait que c'était surtout ce dernier qu'on visait dans cette affaire. Aux yeux des spirites, M. Leymarie est un martyr de leur foi. Voilà ce que produisent invariablement les persécutions. Quoi qu'il en soit, le Dr Huguet, qui avait suivi de près les expériences de Buguet, disait au tribunal : « Loin de le croire de connivence avec *M. Buguet, M. Leymarie* nous sembla toujours rechercher si *Buguet* employait un stratagème afin de le dévoiler »; et dans sa brochure [1], il dit encore : « Que M. Leymarie ait été trompé par Buguet, c'est évident, au dire de Buguet lui-même. Mais que M. Leymarie ait connu la fraude, qu'il l'ait encouragée, loin de la

---

[1] Dr Huguet. — *Spiritomanes et spiritophobes; Études sur le spiritisme.* Paris, 1875.

dévoiler, c'est ce que nous ne pouvons croire...
Une solidarité ne peut exister entre Leymarie trompé par Buguet et Buguet trompant Leymarie. »

La lumière n'est pas faite encore au sujet de ce procès.

La preuve d'une supercherie ne saurait nous surprendre; nous l'avons déjà dit, le sujet s'y prête malheureusement trop. Mais que prouvent les jongleries ? La Médecine n'a-t-elle pas ses charlatans, la Science ses faux dévots et la Banque de France les faussaires qui imitent ses billets ? De ce qu'un phénomène est imité cela détruit-il ce phénomène ?

Nous ne voulons donc pas tirer cette déduction de quelques fraudes qu'il y a fraude partout et toujours.

Mais nous serons méfiants.

DEUXIEME PARTIE

CHAPITRE PREMIER

OPINION DES SAVANTS SUR LES FAITS SPIRITES

§ I

Pendant que se répandaient dans le monde civilisé ces pratiques de la nouvelle magie (c'est ainsi qu'on nommait le spiritisme) qu'en pensaient les savants ?

Nous avons vu en Amérique des hommes distingués prendre fait et cause pour la phénoménalité sinon pour les théories du *Modern spiritualism,* tandis que d'autres se tenaient à cet égard sur une sage réserve ou critiquaient plus ou moins vivement. En France, le spiritisme ne trouva, au sein des sociétés savantes, ou du moins à l'Académie des sciences, rien à recueillir sinon le mépris.

Nous exposerons dans un instant ce qui a été dit sur la question qui nous occupe, par des chirurgiens éminents, au sein de cette compagnie; mais c'est à regret que nous mettrons en parallèle la méthode suivie par les savants — qui n'ont voulu voir dans les phénomènes spiritiques que le fait de la supercherie — avec celle de leurs confrères favorables, au contraire, à la réalité de ces mêmes phénomènes. Les premiers, comme on pourra en juger, ont examiné superficiellement et conclu avec hâte; au contraire, leurs contradicteurs n'ont donné leur avis qu'après avoir examiné longuement, scrupuleusement et à plusieurs reprises, en suivant la méthode usitée dans les recherches des sciences naturelles. Ainsi que cela devait arriver, les derniers ont été conspués par les premiers; mais nous devons dire que l'on commence à ne plus rire de tout cela, et que dans le monde des chercheurs, tous ceux qui ont lu les pièces du procès (nous ne disons pas ceux qui ont vu les faits et nous prions qu'on le remarque), tous ceux qui ont lu les pièces du procès sont réellement perplexes. Donc, aujourd'hui, chacun veut voir et on peut dire, en vérité, qu'il suffit de regarder pour se convaincre que l'Académie des sciences a eu tort jadis de laisser échapper l'occasion d'étudier un des faits qui intéressent au plus haut degré la connaissance humaine. Et ce disant, nous avons conscience d'être du côté de la sagesse puisqu'elle nous enseigne que nous devons d'abord apprendre à nous connaître nous-même.

Si les phénomènes attribués au spiritisme sont faux, il faut expliquer comment un si grand nombre d'individus (parmi lesquels il s'en trouve bien quelques-uns de raisonnables) ont pu perdre et perdent encore leur temps à essayer de faire mouvoir et parler les tables, par exemple. C'est déjà un sujet d'étude de nous-même assez curieux en soi. Si les mouvements ou autres manifestations sont le produit de l'illusion ou d'une supercherie inconsciente, l'étude devient intéressante. Mais que devrons-nous penser si les faits sont tels qu'on les raconte ?

§ II

Le coup le plus sérieux qui ait été porté au spiritisme l'a été par les soi-disants médiums qu'on a pris « la main dans le sac ». Mais nous refusons à voir un examen sérieux et une discussion de la moindre valeur dans la communication faite le 18 avril 1859 à l'Académie des sciences par Jobert de Lamballe, pas plus que dans les remarques de Velpeau, Cloquet, et l'observation du physiologiste Schiff. Le lecteur en pourra juger : nous donnons ce document à titre de curiosité.

COMPTE-RENDU DES SÉANCES DE L'ACADÉMIE DES SCIENCES

Séance du lundi 18 avril 1859, présidence de M. de Senarmont

Mémoires et communications des membres et des correspondants de l'Académie.

CHIRURGIE ET PHYSIOLOGIE. — *De la contraction rhythmique musculaire involontaire et de l'action musculaire volontaire : contraction involontaire rhythmique du court péronier latéral droit :* par M. JOBERT DE LAMBALLE.

« Un fait curieux à plus d'un titre m'a paru digne d'être exposé à l'Académie. Il s'agit d'une lésion musculaire qui intéresse à la fois la physiologie et la pathologie.

« Chacun sera frappé de la singulière analogie qui existe entre les phénomènes purement physiques que j'ai été à même d'observer et certains tours de prestidigitation qui ont vivement ému la curiosité publique dans ces dernières années.

« Mlle de X..., âgée de quatorze ans, forte, bien constituée, est affectée depuis 6 ans de mouvements involontaires réguliers du muscle court péronier latéral droit.

« Cette jeune personne, dans le courant de sa vie, n'a jamais éprouvé de maladie sérieuse ; on rapporte seulement qu'elle a eu une affection de la peau, à laquelle on fait jouer un certain rôle dans la production de la maladie dont il s'agit. Mais cette hypothèse est purement gratuite, et c'est tout au plus si l'on peut en rattacher l'origine à un refroidissement qui, pendant la nuit, aurait porté son influence sur le muscle et les nerfs de la région lésée. Notre estimable confrère, M. Léveillé de Quintin, malgré son talent d'observateur, et bien qu'il ait suivi la maladie dans tous ses développements, a vainement cherché une explication plus satisfaisante.

« Cette maladie est caractérisée par des battements qui se font entendre derrière la malléole externe droite et qui offrent la régularité du pouls. Ils se sont déclarés pour la première fois à la jambe droite, pendant la nuit, en même temps qu'une douleur assez vive.

« C'est depuis peu de temps que le court péronier latéral gauche est atteint d'une affection de même nature mais de moindre intensité.

« L'effet de ces battements est de provoquer de la douleur, de produire des hésitations dans la marche et même de déterminer des chutes.

« La jeune malade nous déclare que l'extension du pied et la compression exercée sur certains points du pied et de la jambe suffisent pour les arrêter ;

mais qu'elle continue à éprouver de la douleur et de la fatigue dans le membre.

« Les sangsues, les calmants, les dérivatifs, la compression exercée avec le sparadrap et la flanelle, ne réussirent qu'à modérer les battements momentanément sans les faire cesser. Les eaux minérales ne réussirent pas davantage.

« Lorsque cette intéressante malade se présenta à nous, voici dans quel état nous la trouvâmes :

« Au niveau de la malléole externe droite, il était facile de constater, vers le bord postérieur de cette saillie osseuse, un battement régulier, accompagné d'une saillie passagère et d'un soulèvement des parties molles de cette région, lesquels étaient suivis d'un bruit sec succédant à chaque contraction musculaire.

« Ce bruit se faisait entendre dans le lit, hors du lit, et à une distance assez considérable du lieu où la jeune personne reposait. Remarquable par sa régularité et son éclat, ce bruit l'accompagnait partout.

« En appliquant l'oreille sur la jambe, le pied ou sur la malléole, on distinguait un choc incommode qui gagnait toute la longueur du trajet parcouru par le muscle, absolument comme un coup qui serait transmis d'une extrémité d'une poutre à l'autre.

« Le bruit ressemblait quelquefois à un frottement, à un grattement, et cela, lorsque les contractions offraient moins d'intensité.

« Ces mêmes phénomènes se sont toujours reproduits, que la malade fût debout, assise ou couchée, quelque fût l'heure du jour ou de la nuit où nous l'ayons examinée.

« Si nous étudions maintenant le mécanisme des battements produits et si, pour plus de clarté, nous décomposons chaque battement en deux temps, nous verrons :

« Que dans le premier temps, le tendon du court péronier latéral se déplace, en sortant de la gouttière, et nécessairement en soulevant le long péronier latéral et la peau ;

« Que, dans le deuxième temps, le phénomène de contraction étant accompli, son tendon se relâche, se replace dans la gouttière et produit, en frappant contre celle-ci, le bruit sec et sonore dont nous avons parlé.

« Il se renouvelait, pour ainsi dire, à chaque seconde, et chaque fois le petit orteil éprouvait une secousse, et la peau qui recouvre le cinquième métatarsien était soulevée par le tendon.

« Il cessait lorsque le pied était fortement étendu. Il cessait encore lorsqu'une pression était exercée sur les muscles ou la gaine des péroniers.

« On ne peut comparer cette contraction régulière, suivie d'un bruit également régulier, ni au spasme musculaire, ni à la contracture permanente ou intermittente, ni à ces contractions désordonnées et douloureuses qu'on a l'occasion de remarquer lorsque des inflammations avoisinent les muscles, atteignent le névrilème ou résultent de l'agacement des fibres musculaires par des esquilles.

« Elle ne peut donc provenir que d'un trouble fonctionnel résidant dans le muscle et ses nerfs.

« Faut-il l'attribuer à une anomalie de la gaîne? Une semblable opinion n'est guère admissible en présence du fait que nous avons sous les yeux, quand on réfléchit à l'époque de son apparition et au résultat obtenu par la section musculaire. Elle ne nous paraît pas plus nécessaire pour expliquer des mouvements involontaires que pour rendre compte de ceux dont nous parlerons plus tard et qui peuvent se produire sous l'influence de la volonté et d'un exercice soutenu.

« Dans ces dernières années, les journaux français et étrangers ont beaucoup parlé de bruits semblables à des *coups de marteaux*, tantôt se succédant régulièrement, tantôt affectant un rhythme particulier, qui se produisaient autour de certaines personnes couchées dans leur lit.

« Les charlatans se sont emparés de ces phénomènes singuliers, dont la réalité est d'ailleurs attestée par des témoignages dignes de foi. Ils ont essayé de les rapporter à l'intervention d'une cause surnaturelle et s'en sont servi pour exploiter la crédulité publique.

« L'observation de Mlle de X... montre comment, sous l'influence de la contraction musculaire, les tendons déplacés peuvent, au moment où ils retombent dans leurs gouttières osseuses, produire des battements qui, pour certaines personnes, annoncent la présence d'esprits frappeurs.

« Il nous reste à faire voir qu'en s'exerçant, tout homme peut acquérir la faculté de produire à volonté de semblables déplacements des tendons et des battements secs qui sont entendus à distance.

« L'Amérique du Nord est le pays que les esprits frappeurs semblent avoir choisi pour être le principal théâtre de leurs exploits, et les journaux sont pleins des merveilles qu'ils y opèrent.

« Mais ils ont trouvé un adversaire sérieux et un observateur sagace dans la personne de M. Schiff.

« Repoussant toute idée d'intervention surnaturelle et remarquant que ces battements et ces bruits étranges se passaient toujours au pied du lit des individus agités par les esprits, M. Schiff s'est demandé si le siège de ces bruits n'était pas en eux, plutôt que hors d'eux. Ses connaissances anatomiques lui ont donné à penser qu'il pouvait bien être à la jambe, à la région péronière, où se trouvent placés une surface osseuse des tendons et une coulisse commune.

« Cette manière de voir étant bien arrêtée dans son esprit, il a fait des expériences et des essais sur lui-même qui ne lui ont pas permis de douter que le bruit n'eût son siège derrière la malléole externe et dans la coulisse des tendons des péroniers.

« Bientôt M. Schiff a été à même d'exécuter des bruits volontaires, réguliers, harmonieux, et a pu devant un grand nombre de personnes (une cinquantaine d'auditeurs) imiter les prodiges des esprits frappeurs avec ou sans chaussure, debout ou couché. Pendant qu'il exécutait ces mouvements, un spectateur, la main posée sur la malléole, pouvait reconnaître et sentir les sauts du tendon en avant et en arrière. Suivant M. Schiff le tendon qui produisait de semblables et de si incroyables résultats était le long péronier. Il admet aussi que ce bruit n'est possible que lorsque la gaîne est amincie ou absente et que le bruit est d'autant plus intense que le pied est plus tendu et mieux fixé. Nous ne saurions en cela partager sa manière de voir ; car il résulte, au contraire, de nos observations que l'extension du pied le fait disparaître complètement.

« En résumé, M. Schiff établit que tous ces bruits ont pour origine le tendon du long péronier lorsqu'il passe dans la gouttière péronière, et il ajoute qu'ils coexistent avec un amincissement ou l'absence de la gaîne commune au long et au court péronier.

« D'accord avec lui sur le siège du bruit et sa cause, nous n'adoptons cependant pas tous les points de sa théorie. Plusieurs de ses explications nous paraissent insuffisantes et peu en rapport avec les dispositions anatomiques.

« Nous admettons d'abord que tous ces battements sont produits par la chute d'un tendon contre la surface osseuse péronière ; mais nous pensons qu'il n'est pas besoin d'une anomalie de la gaîne pour s'en rendre compte. Pour nous, il suffit de la contraction du muscle, du déplacement du tendon et de son retour dans la gouttière pour que le bruit ait lieu.

« Plus nous avons examiné avec attention les phénomènes éprouvés par notre jeune malade, plus nous nous en sommes convaincus. Nous n'avons, en effet, observé ni bond ni saut des tendons péroniers ; mais nous avons vu un soulèvement de la peau qui recouvre le cinquième métatarsien et un renversement involontaire du petit orteil sur le dos du pied, provoqués par l'action du court péronier latéral qui envoie souvent un tendon à la première phalange. Le bruit qui suivait ce phénomène de soulèvement de la peau se faisait entendre derrière la malléole, et ensuite au pied, jusqu'en haut de la jambe. Il résultait évidemment d'une contraction d'un muscle, du déplacement d'un tendon et de la percussion de celui-ci contre la gouttière osseuse péronière.

« Nous avons eu toutes les facilités désirables pour étudier ce bruit produit, quant à son origine et son mécanisme. Il ne nous a pas été possible de douter un seul instant de son siège qui avait lieu derrière la malléole externe, dans la gouttière commune au long et au court péronier latéral, et non dans les gaines séparées que traversent les portions tendineuses de ces muscles.

« Là, le bruit est éclatant et il va, en perdant de sa force, vers les deux extrémités opposées du pied et de la jambe.

« Malgré tout le soin que nous avons mis à étudier

sa direction et ses nuances, il ne nous a pas été possible de le découvrir dans le trajet le long du péronier à la jambe et à la plante du pied. Mais toujours nous avons pu reconnaître qu'il se propageait le long du court péronier et dans le sens du péroné.

« Le court péronier seul est l'agent du bruit en question, et si le phénomène ne pouvait pas être étudié directement, la simple inspection de la gaîne et des tendons conduirait à la même conclusion.

« Le court péronier ne laisse, en effet, rien à désirer sous le rapport de sa situation et de sa direction pour l'explication des résultats observés.

« 1° Le muscle court péronier latéral affecte une direction plus droite que le long péronier qui subit plusieurs déviations dans son trajet.

« 2° Le court péronier est profondément situé dans la gouttière, et le long, au contraire, est tout à fait recouvert par la gaîne aponévrotique et la peau.

« 3° Le court péronier recouvre tout à fait la gouttière osseuse, d'où il est naturel de conclure que le bruit est produit par le choc de ce tendon sur les parties solides de la gouttière.

« 4° Le muscle court péronier présente des fibres musculaires jusqu'à l'entrée du tendon dans la gouttière commune, et c'est tout le contraire pour le long péronier.

« N'est-il pas clair que le premier doit avoir une action musculaire puissante et bien supérieure à celle du second?

« 5° Enfin si l'on étudie le bruit lui-même, et si

l'on examine le membre pendant que les battements ont lieu, on sera confirmé dans cette manière de voir :

« 1° Par la direction du bruit ;

« 2° Par la transmission du mouvement et du battement jusqu'au cinquième métatarsien et au petit orteil, qui se meut par l'action d'un tendon ;

« 3° Par le fait de la cessation du bruit, lorsque l'on comprime l'extrémité tendineuse du muscle à son insertion au cinquième métatarsien ou lorsqu'on comprime légèrement ce muscle au côté externe du péronné.

« Le bruit, avons-nous dit, est variable dans son intensité, et l'on peut, en effet, y distinguer diverses nuances. C'est ainsi que, depuis le bruit éclatant et qui se distingue au loin, on retrouve des variétés de bruit, de frottement, de scie, etc.

« Nous croyons pouvoir conclure de ce qui précède, que ces interventions mystérieuses ou surnaturelles, si facilement adoptées par l'ignorance, et si souvent exploitées par le charlatanisme, s'évanouissent devant les faits et l'appréciation des phénomènes physiologiques.

« Un mot nous suffit maintenant pour terminer l'histoire de notre malade. Nous avons successivement, par la méthode sous-cutanée, incisé à travers le corps du court péronier latéral droit et le corps du même muscle du côté gauche, et nous avons maintenu les membres dans l'immobilité à l'aide d'un appareil. La réunion s'est faite, et la malade a recouvré les fonctions de ses deux membres sans conserver aucune trace de cette singulière et rare affection. »

Remarques de M. Velpeau

« Les bruits dont M. Jobert vient de traiter dans son intéressante notice me semblent se rattacher à une question assez vaste. On observe, en effet, de ces bruits dans une foule de régions. La hanche, l'épaule, le côté interne du pied en deviennent assez souvent le siège. J'ai vu entre autres une dame qui, à l'aide de certains mouvements de rotation de la cuisse, produisait ainsi une sorte de musique assez manifeste pour être entendue d'un côté à l'autre du salon. Le tendon de la longue portion du biceps brachial en engendre facilement en sortant de sa coulisse quand les brides fibreuses qui le retiennent naturellement viennent à se relâcher ou à se rompre. Il en est de même du jambier postérieur ou du fléchisseur du gros orteil derrière la malléole interne. MM. Schiff et Jobert l'ont bien compris par le frottement ou les soubresauts des tendons dans les rainures ou contre des bords à surfaces synoviales. Ils sont, par conséquent, possibles dans une infinité de régions ou au voisinage d'une foule d'organes. Tantôt clairs ou éclatants, tantôt sourds ou obscurs, parfois humides et d'autres fois secs, ils varient d'ailleurs extrêmement d'intensité.

« Espérons que l'exemple donné à ce sujet par
M. Schiff et par M. Jobert portera les physiologistes
à s'occuper sérieusement de ces divers bruits et
qu'ils donneront un jour l'explication rationnelle de
phénomènes incompris ou attribués jusqu'ici à des
causes occultes et surnaturelles. »

Remarques de M. JULES CLOQUET

« M. Jules Cloquet, à l'appui des observations de
M. Velpeau sur les bruits anormaux que les tendons
peuvent produire dans diverses régions du corps,
cite l'exemple d'une jeune fille de seize à dix-huit ans,
qui lui fut présentée à l'hôpital Saint-Louis, à une
époque où MM. Velpeau et Jobert étaient attachés à
ce même établissement. Le père de cette jeune personne, qui s'intitulait *père d'un phénomène*, espèce de
saltimbanque, comptait tirer profit de son enfant
pour la livrer à une exhibition publique ; il annonça
que sa fille avait dans le ventre un mouvement de
pendule. Cette fille était parfaitement conformée.
Par un léger mouvement de rotation dans la région
lombaire de la colonne vertébrale, elle produisait des
craquements très forts, plus ou moins réguliers, suivant le rhythme des légers mouvements qu'elle im-
primait à la partie inférieure de son torse. Ces bruits
anormaux pouvaient s'entendre fort distinctement à
plus de 25 pieds de distance et ressemblaient au
bruit d'un vieux tourne-broche ; ils étaient suspendus

à la volonté de la jeune fille et paraissaient avoir leur siège dans les muscles de la région lombo-dorsale de la colonne vertébrale. »

Réponse de M. JOBERT DE LAMBALLE

« Il est vrai, comme l'ont dit nos honorables confrères, MM. Velpeau et J. Cloquet, que des bruits anormaux peuvent se faire entendre à la hanche, à l'épaule, etc. Il est même avéré que de certains bruits à l'épaule, comme l'a très bien dit M. Velpeau, peuvent se faire entendre sous l'influence de la volonté lorsque le tendon de la longue portion du biceps brachial a subi un changement de position, ou lorsqu'il a été *luxé.*

« Mais il y a loin de ces bruits à ceux que j'ai mentionnés et qui offrent une régularité en rapport avec la contraction involontaire du muscle, le relâchement du tendon et sa percussion dans une gouttière osseuse. Il faut, en effet, de certaines dispositions anatomiques pour que les effets dont il s'agit se produisent, et il n'y a pas dans le corps de l'homme une disposition aussi avantageuse pour cela que la gaîne commune des tendons péroniers latéraux et la gouttière péronière qui les reçoit. Ces rapports anatomiques sont si favorables aux bruits involontaires et volontaires, que des personnes, par un exercice soutenu, ont pu exécuter des airs mélodieux, *la Marseillaise, la Marche bavaroise, la Marche française,* avec une régularité parfaite et par la seule volonté des muscles péroniers. Jamais dans une autre région du corps on n'a pu produire de pareils et de si curieux bruits. »

§ III

Le document qui précède a été invoqué de nombreuses fois par ceux qui n'ont voulu voir dans les faits avancés par les spirites que le résultat de la fraude ou de l'illusion. Il faut véritablement être à court d'arguments pour en produire de pareils. Comment ! voilà M. Jobert (de Lamballe) qui observe une malade affligée d'une *ténosite crépitante* quelconque ; il profite de l'observation de ce cas pour montrer à l'Académie et au monde qu'il est un habile chirurgien et qu'il a usé avec succès de la méthode sous-cutanée de son confrère, J. Guérin, qu'il ne cite pas du reste, et par dessus le marché il conclut de ce cas, simple et naturel, à tout un ordre de faits semblables en apparence. M. Jobert (de Lamballe) avait-il observé les *coups frappés* présentés par un *médium* comme phénomènes spiritualistes ? S'il les a observés, a-t-il mis les doigts sur les gaînes tendineuses des péroniers droits et gauches longs et courts dudit médium, afin de s'assurer que les bruits étaient bien produits par les contractions de ces muscles et le déplacement musical de leurs tendons ? C'est ce qu'il a négligé de nous apprendre ; nous devons en déduire, nous, que Jobert (de Lamballe) n'a fait aucune expérience comparative, qu'il a conclu d'un cas pathologique ordinaire à d'autres cas qu'il n'avait pas vus ; et pour nous son observation ne compte pas. Nous ne nous arrêterons pas davantage aux faits cités par Schiff, Cloquet, etc., ils n'ont pas plus de valeur.

Comme en ce moment nous compulsons les pièces d'un procès, nous devons, non pas épuiser toutes celles qui composent le dossier du spiritualisme moderne, mais examiner au moins ce qui a été dit ou écrit par les personnalités les plus autorisées de la science. Dans nos recherches bibliographiques, nous avons trouvé un feuilleton de la *Gazette hebdomadaire de médecine et de chirurgie*, dont l'auteur, un des médecins les plus érudits du siècle, le Dr Dechambre [1], a traité le spiritisme sur un ton semi-badin derrière lequel on sent l'homme qui ne sait pas trop à quoi s'en tenir sur le compte des phénomènes,

---

[1] La doctrine spirite, *Gazette hebdomadaire de médecine et de chirurgie*, 1859.

mais qui fait l'entendu pour la galerie, c'est-à-dire la clientèle sceptique pour laquelle il écrit.

Le travail du D⁽ʳ⁾ Dechambre est un des documents les plus importants dans cette question en raison de la situation scientifique de son auteur. Dechambre, membre de l'Académie de médecine, dont la science déplore la perte toujours récente, n'était pas un expérimentateur, mais son érudition était reconnue universellement, et c'est sous sa direction que s'est publiée une œuvre considérable à laquelle ont collaboré les plus hautes personnalités scientifiques de la seconde moitié du xix⁰ siècle, nous voulons parler du *Dictionnaire encyclopédique des sciences médicales*. Dechambre connaissait sans doute les contrôles scientifiques des phénomènes spiritualistes, mais il ne les aura pas jugés dignes d'être rappelés ; en tout cas, il les a passés sous silence et a préféré ne pas s'engager. Peut-être aujourd'hui en parlerait-il autrement.

Malgré leur étendue, nous donnons des extraits du travail de Dechambre sur la doctrine spirite.

« Le lecteur voudra bien nous pardonner, dit-il, mais les lignes qui vont suivre n'admettent de sa part ni doute, ni sarcasme, ni objection, ni opposition quelconque, et c'est, au contraire, avec un profond respect qu'il doit y jeter les yeux. On va extraire à son profit le suc et la quintessence d'un livre « écrit sous la dictée et par l'ordre d'*esprits supérieurs* », et ce livre renferme la solution des plus redoutables problèmes qui aient tourmenté l'homme depuis son origine : — Qu'est-ce que l'homme lui-même ? qu'est-ce que la vie ? qu'est-ce que l'âme ? qui y a-t-il hors du monde visible ? les planètes sont-elles habitées, et par qui ? Que devenons-nous au delà de la tombe ? Y a-t-il des récompenses et des peines éternelles ? comment et en quels lieux sont-elles administrées ? — Ce n'est pas tout encore. M. Allan Kardec, non content d'en savoir sur toutes ces questions autant qu'il en faut, a profité de sa liaison avec les esprits pour les faire causer, et il s'est éclairé ainsi sur une foule de menus détails auxquels les plus curieux parmi les plus curieux de la nature n'avaient jamais songé ; comme de savoir *quel est l'esprit qui vient quand on fait une évocation sans désignation spéciale;* ou quelle est la *couleur de l'enveloppe éthérée* des esprits.

Nous devons dire comment nous sommes amenés à parler d'une œuvre qui date déjà de deux ans. Le remords d'avoir longtemps privé le lecteur d'une source aussi précieuse d'instruction paraîtrait sans doute un motif suffisant. Nous pourrions ajouter que le *Livre des Esprits* vient d'être rajeuni par la publication toute récente d'une brochure destinée à les défendre contre l'incrédulité ; mais la vérité est que l'occasion seule nous a suggéré cet acte de réparation.

Il y a quelques mois une quinzaine de personnes appartenant à la société polie et instruite, dont quelques-unes mêmes ont un nom dans la littérature, étaient réunies dans un salon du faubourg Saint-Germain pour contempler des dessins à la plume exécutés manuellement par un *médium* présent à la séance, mais inspirés et dictés par... *Bernard Palissy*. Je dis bien : M. S..., une plume à la main, une feuille de papier blanche devant lui, mais sans l'idée d'aucun sujet d'art, avait évoqué le célèbre potier. Celui-ci était venu et avait imprimé à ses doigts la suite de mouvements nécessaires pour exécuter sur le papier des dessins d'un goût exquis, d'une grande richesse d'ornementation, d'une exécution très délicate et très fine, dont un représente, si l'on veut bien le permettre, *la maison habitée par Mozart dans la planète de Jupiter!* Il faut ajouter, pour prévenir toute stupéfaction, que Palissy se trouve être le voisin de Mozart dans ce lieu retiré, ainsi qu'il l'a très positivement indiqué au médium. Il n'est pas douteux, d'ailleurs, que cette maison ne soit celle d'un grand musicien, car elle est toute décorée de croches et de clefs. On n'a pas dit en quelle matière ces ornements sont exécutés là-haut ; mais on peut être sûr, vu la présence de Palissy, que c'est en terre cuite ; les autres dessins représentent également des constructions élevées dans diverses planètes ; l'une d'elle est celle

du grand-père de M. S... Celui-ci parle de les réunir toutes dans un album. Ce sera littéralement un album de l'autre monde . . . .
. . . . »

Après avoir mis le spiritisme en parallèle avec les anciennes magies, parlé des cercles magiques et des cribles ou tamis tournants qu'il compare aux tables et aux corbeilles tournantes, l'auteur continue :

« Ainsi mouvements de certains objets, sans impulsion visible ; les esprits, cause de ces mouvements : voilà bien toute la théorie ressuscitée dans ces derniers temps. Seulement, le procédé de communication entre l'esprit et l'homme par le *médium* inanimé était différent, à supposer que le procédé des anciens nous soit connu intégralement. Les tables ont commencé à répondre par *oui* ou par *non* en frappant avec le pied un nombre indéterminé de coups, suivant la convention. Plus tard, elles appliquèrent l'alphabet en frappant un nombre de coups correspondant au numéro d'ordre de chaque lettre. Mais, dit M. Allan Kardec, ce moyen de correspondance était long et incommode, et les esprits en indiquèrent un autre simultanément en France, en Amérique et en divers autres lieux. L'esprit de France le suggéra le 10 juin 1853 (date mémorable) à un fervent spiritiste dans les termes suivants : « Va prendre dans la chambre à côté, la petite corbeille; attache-y un crayon; place-le sur le papier; mets les doigts sur le bord. » Quelques instants après, la corbeille s'est mise en mouvement et a écrit très lisiblement cette phrase : « Ce que je vous dis là, je vous défends de le dire à personne; la première fois que j'écrirai, j'écrirai mieux... »

Le plan si simple du LIVRE DES ESPRITS, consistant, nous avons dit, dans l'alignement numéroté de cinq cents demandes faites par divers médiums et de cinq cents réponses émanées *d'esprits supérieurs*, est d'une commodité sans pareille. On a ainsi, sur les problèmes les plus inaccessibles, non plus de ces dissertations philosophiques d'où il est difficile de dégager une notion bien arrêtée et bien précise, mais de vraies solutions, des affirmations ou des négations catégoriques, exprimées d'une façon souveraine en quelques mots. Exemple : vous tenez à savoir ce que c'est que Dieu; vous ouvrez le livre au chapitre Ier. Après la question : *Qu'est-ce que Dieu?* vous trouvez cette indication précieuse : *Voir à côté*. Vous n'avez plus qu'à suivre transversalement avec le doigt jusqu'à la réponse pour être satisfait. Satisfait? C'est peut-être beaucoup dire. Non, assurément, que l'erreur puisse atteindre une doctrine ainsi révélée; mais il nous semble, sauf erreur, que cette réponse : « Dieu est l'intelligence suprême, cause première de toutes choses », n'est pas capable de faire oublier celle du catéchisme « Dieu est un pur esprit, infiniment bon, infiniment parfait, etc. ». Tout le chapitre consacré à la notion de Dieu nous paraît d'ailleurs inférieur à la plupart des autres pour la hardiesse et l'imprévu des idées. Aussi, n'en dirons-nous que ce peu de mots pour concentrer toute l'attention du lecteur sur le *monde spirite* lui-même, c'est-à-dire sur la constitution et sur les mœurs et coutumes de ces êtres impalpables qui viennent de se faire connaître à nous avec tant d'abandon et de sincérité.

Nous analysons scrupuleusement leurs propres déclarations.

Les esprits sont-ils immatériels? « *Immatériel* n'est pas le mot : incorporel serait plus exact ; » c'est une matière *quintessenciée*, une flamme, une lueur ou une étincelle. Quand l'esprit est pur, la couleur de la flamme peut se comparer à celle du rubis. De plus, cette flamme est enveloppée d'une substance vaporeuse « puisée dans le fluide universel de chaque globe » (car il y a des esprits dans tous les globes célestes). L'esprit muni de son enveloppe, ou, en termes plus savants, de son propre *périsprit*, peut se transporter où il veut, et même pénétrer la matière. Le transport est rapide comme la pensée, mais, chose à noter, il ne peut avoir lieu *sur plusieurs points à la fois*. La vue des esprits est excellente, car elle peut porter *sur les deux hémisphères différents* et ne connaît pas de ténèbres. Il en résulte un petit inconvénient, c'est qu'ils ne peuvent se « cacher les uns des autres », pas plus qu'ils ne peuvent se dissimuler leurs pensées réciproques. Ils conversent entre eux et leur parole est matérielle. Ils se recherchent ou se fuient suivant leurs sympathies ou leurs antipathies. Les supérieurs exercent une influence sur les inférieurs.

Tous les esprits ont été créés simples et ignorants; tous doivent arriver à la perfection en passant par des épreuves. *Le corps est une étamine.* « Les uns acceptent les épreuves avec soumission et arrivent plus promptement au but de leur destinée; d'autres ne les subissent qu'avec murmure et restent ainsi, par leur faute, éloignés de la perfection et de la félicité promise. » De là plusieurs ordres d'esprits, à savoir : les purs esprits arrivés à la perfection; les esprits *arrivés au milieu de l'échelle* et préoccupés du désir du bien; les esprits restés *au bas de l'échelle*, ignorants et animés de mauvaises passions. Mais tous sont destinés à devenir parfaits : « tous changent, mais c'est long ». Il n'y a donc pas, à proprement parler, d'esprits *déchus*, mais seulement des rebelles et des retardataires; il n'y a pas non plus de démons au sens où on l'entend d'ordinaire.

Les esprits ne savent pas toutes choses; ils savent d'autant plus qu'ils approchent de la perfection. Ils n'ont pas la même idée que nous de la durée; « c'est ce qui fait qu'on ne les comprend pas toujours quand il s'agit de fixer des dates et des époques ». Leur mémoire remonte dans le passé plus haut que celle de l'homme, mais pas indéfiniment. La connaissance qu'ils ont de l'avenir dépend de leur degré de perfection ; « souvent, ils ne font que l'entrevoir, mais il ne leur est pas toujours permis de le révéler, et *l'avenir*, quand ils le voient, *leur semble le présent* ».

Qu'est-ce que l'âme? Un esprit incarné : âme et esprit ne sont donc qu'un. C'est le même esprit qui donne à un même homme, en s'incarnant en lui, les qualités morales et les qualités intellectuelles. Que si l'on voit des hommes d'une intelligence supérieure dominés par des instincts vicieux, c'est qu'ils sont tiraillés entre un esprit bon et un esprit mauvais. Les parents ne peuvent transmettre à leurs enfants aucune ressemblance morale, puisque parents et enfants ne sont pas animés par le même esprit. Que les médecins et les moralistes se le tiennent pour dit. L'idiotisme, le crétinisme ne résultent que de *l'imperfection des organes* et sous ces organes imparfaits se cache souvent une âme *plus développée* que celle d'un savant. Quant au siège de l'âme, *voir ci à côté* : « Il varie suivant les personnes. » Ceux « dont toutes les actions se rapportent à l'humanité » l'ont dans le cœur. Les « grands génies, littérateurs, politiques », l'ont dans la tête. . . . .
. . . .

« Ils ne se soucient pas beaucoup (les esprits) des travaux qu'ils laissent inachevés ; pourtant « ils tâchent d'influencer d'autres esprits à les continuer », à moins qu'ils ne les continuent eux-mêmes plus tard dans une autre enveloppe corporelle. C'est pour cela indubitablement que plusieurs auteurs de notre connaissance restent à la première livraison de leurs œuvres.

Cette réincarnation de l'esprit, il ne faut pas la confondre avec la métempsycose. L'âme de l'homme

n'a jamais passé par d'autres êtres de la création
« hommes nous sommes nés » — et elle n'entre
jamais dans un corps d'animal. L'âme n'a pas de
sexe ; elle passe indifféremment du corps d'un homme
à celui d'une femme (c'est peut-être quand elle
change d'avis au milieu de la besogne, qu'elle fait
des hermaphrodites). Les incarnations ne s'accomplissent pas seulement sur notre globe, mais bien
dans tous les mondes, et la même âme peut parcourir
ainsi plusieurs mondes et revenir dans celui d'où
elle était partie. Les êtres qui habitent les planètes
autres que la terre ont des corps ; *mais cette enveloppe est plus ou moins matérielle selon le degré de pureté où sont arrivés les esprits.* Tous les globes ont
commencé par être dans un état inférieur. Le nôtre
y est encore, malheureusement ; mais il se transformera à son tour, et nos esprits améliorés revêtiront
une enveloppe moins épaisse que celle d'aujourd'hui.
Il pourra se passer d'ici là beaucoup de temps, car
l'esprit, *qui a le choix* du genre d'épreuves qu'il devra
subir, peut errer pendant des siècles avant d'en venir
à *l'étamine.* Dans les incarnations successives, l'âme
gravite vers la perfection ; si donc elle a animé un
homme de bien, elle ne peut tomber au corps d'un
scélérat.

Les esprits *influent sur nos pensées et sur nos actions,*
et c'est le mélange de leurs pensées avec celles qui
nous sont propres qui amène parfois ces conflits
intérieurs qui nous jettent dans de si cruelles perplexités. Cela étant « comment reconnaître si une

pensée nous est suggérée par un bon ou un mauvais esprit »? Rien de plus simple : « étudier la chose ! Les bons esprits ne consultent que le bien ; *à toi de distinguer* ». Du reste, les esprits inférieurs n'aident que dans le mal qu'on a la volonté de commettre. Soyez bons, et vous n'aurez jamais que de bons esprits à vos côtés. Il y a des *génies familiers;* ce sont des esprits qui s'attachent spécialement à un individu. Parfois il y en a un bon et un mauvais ; quel est alors celui qui a le plus d'influence? Réponse : « Celui auquel l'homme laisse prendre l'empire sur lui ». Parfois l'esprit, tout familier qu'il est, n'est pas exempt de caprices ; il quitte son homme pour un autre « et alors l'échange se fait » ; mais jamais cette méthode par déplacement ne s'applique à l'esprit incarné ; jamais un esprit ne peut revêtir l'enveloppe d'une personne vivante et agir aux lieu et place de celui qui s'y trouve ; *ôte-toi de là que je m'y mette* ne fait pas partie du code spiritique. Jamais donc, quoi qu'on en ait pu dire, il n'y a de vrais possédés. Ajoutons que certains petits esprits s'attachent, non plus aux personnes, mais aux objets, notamment aux métaux. « Des avares décédés qui ont caché leur trésor peuvent le garder jusqu'à ce qu'ils en comprennent l'inutilité pour eux. »

On peut provoquer l'apparition des esprits ; mais le plus souvent cette apparition est spontanée. La flamme bleue qui brilla sur la tête de Servius Tullius enfant était un esprit familier. Les esprits peuvent agir sur la matière par l'intermédiaire du lieu qui les unit à elle, c'est-à-dire du *périsprit*. Tout le monde peut éprouver des manifestations spirites, mais particulièrement certaines personnes appelées *médiums*. On peut classer les médiums en *moteurs* (qui impriment un mouvement à certains objets sans impulsion matérielle), *écrivains, parlants, voyants, somnambules, extatiques, impressibles* (c'est-à-dire *affectés mentalement d'impressions* dont ils ne peuvent se rendre compte), *inspirés*. Le mouvement sans impulsion visible est produit tantôt par l'esprit du médium, tantôt par un esprit étranger. Le médium parlant peut s'exprimer dans une langue à lui inconnue. Le médium voyant *qui perçoit par l'âme* « peut aussi bien voir les yeux fermés que les yeux ouverts », etc.

L'esprit qui se manifeste n'est pas toujours errant ; il peut être incarné dans ce monde ou dans un autre ; il peut être, par exemple, l'âme du médium. « *Vous en avez la preuve* dans l'âme des personnes vivantes, qui viennent vous visiter et se communiquer à vous par l'écriture, *souvent sans que vous les appeliez.* » Ceci peut être parfois assez gênant. Heureusement, si c'est un esprit inférieur, on peut l'obliger à s'en aller. Comment? « En ne l'écoutant pas. » Les esprits, nous l'avons dit, peuvent quelquefois nous dévoiler l'avenir ; ils peuvent aussi nous donner des conseils sur notre santé.

Les esprits doivent être évoqués « au nom du Dieu tout-puissant et pour le bien de tous ». On peut les contraindre à se faire connaître, car tous s'inclinent devant le nom de Dieu. Il peut arriver qu'un esprit cesse tout à coup de se rendre à l'appel ordinaire. Rien d'étonnant à cela; c'est « qu'il est occupé ailleurs ».

On a demandé comment des esprits dispersés dans différents mondes peuvent entendre des évocations faites d'un seul point de l'espace universel; mais on se fût épargné cette question si l'on y eût mieux réfléchi : les esprits familiers qui nous entourent *vont chercher* ceux que vous évoquez et les amènent *lorsqu'ils peuvent venir*. On vient de voir, en effet qu'ils sont parfois *occupés ailleurs;* mais il y a d'autres motifs. Par exemple, si l'esprit évoqué est incarné, il peut avoir affaire dans son intérieur. « Une personne évoquée par un de ses parents répondit qu'elle habitait la planète Junon. Après quelques instants d'entretien..., elle lui dit adieu, ajoutant : « Il faut que je te quitte ; *j'ai quatre enfants* (à nourrir) *et ils ont besoin de mes soins* ». Un autre s'est retiré une fois *pour prendre de la tisane.* Ce n'est pas nous qui y trouverons à redire. Il est seulement une crainte dont on ne peut se défendre. Une personne dont l'âme évoquée va courir les mondes n'est-elle pas en danger de périr de mort subite? — Non, répond le livre « les circonstances ne sont pas les mêmes ». Ainsi soit-il ! Enfin, M. Allan Kardec nous fait espérer un nouveau genre de télégraphie qui dépassera toutes les autres en vitesse et en exactitude. Deux personnes, en s'évoquant réciproquement peuvent se transmettre leurs pensées. « *Cette télégraphie humaine sera un jour un moyen universel de correspondance.* »

.... Ce n'est pas un vrai spectacle que celui des illusions, des témérités et des égarements de l'esprit humain, s'attachant sans relâche à un même objet, procédant par les mêmes moyens, se continuant jusque dans leurs manifestations les plus minutieuses ou les moins importantes pendant des milliers d'années, ou pour mieux dire, prolongeant leur origine aussi haut que les premières traditions de l'histoire. Ce spectacle est un enseignement. Il dévoile d'une façon singulièrement curieuse et instructive l'inguérissable faiblesse de la raison quand ce n'est pas de la folie, plus inguérissable encore de l'orgueil ; il montre la facilité déplorable avec laquelle chemine le prosélytisme de l'erreur ; il ouvre enfin sur la psychologie des perspectives dignes de toute l'attention du moraliste.

Qu'on nous permette, à ces divers points de vue, quelques remarques applicables spécialement au spiritisme.

Pour peu qu'on ait quelques notions des divers genres de supernaturalisme qu'ont caractérisé la superstition des peuples, on ne peut voir, dans cette doctrine *révélée par des esprits supérieurs*, que la paraphrase outrecuidante et le mélange disparate de croyances qui traînent à travers le monde depuis les premiers âges et qui ont bercé tour à tour l'Inde, l'Égypte, la Grèce et l'Europe du moyen âge. Prenons le dogme principal de cette doctrine, les migrations et incarnations successives des esprits. Il sera aisé de faire voir comment il répète dans son principe fondamental, comment il copie dans ses déductions, sans grands frais d'imagination, le vieux dogme oriental de la métempsycose, diversement façonné par les écoles philosophiques. On peut montrer clairement que la doctrine actuelle résulte d'une sorte de triage opéré entre les formes qu'ont successivement imposées à cette idée de la métempsychose, les Alexandrins, les Grecs et le catholicisme.

Aussi loin qu'on puisse remonter dans les doctrines philosophiques de l'Hindoustan, on retrouve, très nettement formulée et poursuivie dans toutes ses conséquences morales ou religieuses, cette croyance que la destinée de l'âme est de passer par une série d'incarnations pour s'y dépouiller peu à peu de toutes ses souillures jusqu'à ce qu'elle ait gagné le repos absolu, la félicité parfaite par sa parfaite pureté. Le symbole du papillon se dégageant de sa gaine après avoir subi plusieurs métamorphoses, est vieux comme le monde, et les trois enveloppes attribuées à l'âme par le Vedenta s'appellent des *fourreaux*. Tel est le fond du spiritisme moderne; son *étamine* charnelle n'a pas un autre sens. On se rappelle qu'il reconnaît à l'esprit une substance réelle, matière *quintessenciée*, sorte de *flamme* ou d'*étincelle;* que, de plus, il la gratifie d'une atmosphère vaporeuse avec laquelle elle franchit les espaces. Voilà donc deux formes substancielles de l'âme indépendamment de la forme charnelle. Eh bien! il est impossible de ne pas voir là un plagiat de ces enveloppes dont nous parlions à l'instant, et qui, dans la doctrine des Védas, sont également constituées par des principes matériels, mais élémentaires et subtils. Seulement, dans la philosophie indienne, chacune des enveloppes a ses attributs particuliers, concourant à établir la personnalité de chaque esprit, et ces enveloppes sont au nombre de trois, même en dehors de la chair, parce que les Védas donnent à l'esprit, outre les rudiments de l'intelligence et ceux du sentiment, les rudiments organiques imprégnés de la force vitale, tandis que le spiritisme relègue la force vitale dans l'enveloppe charnelle.

Cette enveloppe, dit le spiritisme, est d'une matière plus ou moins épaisse, selon le degré de réhabilitation auquel l'esprit est parvenu. C'est vraiment Porphyre qui parle, interprétant et étendant Platon, qui lui-même continuait Manou; c'est Porphyre, aux yeux de qui la subtilité croissante des corps, proportionnelle aux progrès de l'expiation, détermine la hiérarchie des êtres supérieurs, héros, demi-dieux ou anges. Que disons-nous? Les instructeurs invisibles de M. Allan Kardec n'auraient pas eu besoin de converser dans les airs avec l'esprit de Porphyre pour en savoir si long; ils n'avaient qu'à causer quelques instants avec M. Pierre Leroux, plus facile probablement à rencontrer, ou encore avec Fourier[1]. L'inventeur du Phalanstère aurait été flatté de leur

---

[1] M. Dechambre n'a pas été le seul à constater le rapprochement qu'on peut faire entre Kardec et Fourier. V. aussi E. Nus. *loc. cit.*

apprendre que notre âme revêtira un corps de plus en plus éthéré à mesure qu'elle traversera les *huit cents* existences (chiffre rond) auxquelles elle est destinée.

.... Le spiritisme a aussi adopté, sur la progression et le résultat des épreuves, une solution qui, semblable à certaine maxime, *n'est pas neuve; mais est consolante*. Suivant lui, l'épuration des âmes est plus ou moins rapide, mais continue. Jamais elle ne s'arrête, jamais elle ne recule.

Ce dogme est en opposition avec celui des Indiens et des Platoniciens, où la réincarnation a lieu dans un corps plus parfait ou moins parfait, suivant que l'âme s'est amendée ou s'est révoltée dans l'existence précédente; mais il ressemble fort à celui de M. Pierre Leroux, pour qui les manifestations de la vie universelle, auxquelles il ramène la vie de l'individu, ne sont à chaque nouvelle existence qu'une étape de plus vers le progrès.

Nous pourrions ainsi reprendre un à un tous les points de la doctrine *révélée* à M. Allan Kardec, qu'il s'agisse des apparitions, des évocations, des actes, des paroles, des jeux puérils ou des solennelles prédictions des esprits, et les rendre à leur véritable origine dans maint système philosophique et dans les pratiques les plus connues des sciences occultes. A défaut de cette recherche qui serait longue et superflue, nous terminerons par une remarque générale, qui pourra servir à apprécier la manière dont s'établissent souvent les convictions et peuvent se propager les rêveries les plus bizarres.

C'est dans le monde catholique que le spiritisme trouve surtout créance. Or, le spiritisme est la négation même du dogme catholique. Il n'admet pas la chute originelle; il croit que l'espèce humaine n'a pas commencé par un seul homme, et qu'Adam, quand il est né, s'est trouvé immédiatement en nombreuse compagnie; il rejette l'existence de démons, en tant qu'êtres perpétuellement méchants et malfaisants; à ses yeux, l'enfer et le paradis ne sont que des *figures*, et « la localisation absolue des lieux de peines et de récompenses n'existe que dans l'imagination de l'homme »; il professe qu'il existe des hommes semblables à nous, voués à l'expiation comme nous, dans toutes les planètes, où à coup sûr la semence du Christ n'a pu tomber; enfin, par son dogme de la réincarnation et de l'épuration continue, il écarte cette perspective immédiate de peine ou de rémunération éternelle que le catholicisme nous ouvre au seuil même de la tombe.

Qu'on veuille bien nous excuser d'avoir traité avec quelque sérieux un sujet aussi étrange. De pareilles rêveries sont plus dangereuses qu'elles ne le paraissent et nous sommes convaincu qu'il ne faudrait pas en entretenir longtemps une population un peu tendre à la superstition pour ramener le beau temps du sabbat, car si le spiritisme rejette la possession et nie l'existence du vrai démon, ainsi qu'on l'a vu, il accepte et est forcé d'accepter le délaissement momentané du corps par l'âme, qui est la condition essentielle et suffisante du vagabondage nocturne et des promenades à travers les airs sur des manches à balai. »

Nous aurions voulu abréger plus que nous l'avons fait l'extrait qu'on vient de lire du travail du Dr Dechambre, mais il nous a semblé que ce document aurait perdu beaucoup de sa valeur si nous l'avions réduit à une plus simple expression. En outre, au point de vue de l'exposé de la doctrine d'Allan Kardec, il présente cet avantage de la faire connaître au lecteur en termes meilleurs que ceux que nous aurions pu employer.

A vrai dire, nous ne sommes pas loin de partager l'avis de Dechambre sur beaucoup de points : nous avons, entre autres, la même opinion en ce qui concerne l'ancienneté des pratiques occultes et des phénomènes spiritualistes provoqués. Mais que l'on veuille bien faire attention à deux choses essentielles :

1° Dechambre n'a tenté aucune expérience personnelle, pour s'assurer, non pas de la doctrine déduite des faits spirites, mais de ces faits eux-mêmes. (Du moins il n'en cite aucune.)

2° Aussi ne discute-t-il pas les phénomènes; il en parle sur le ton de la plaisanterie et du doute, mais il ne les nie pas.

C'est une lacune regrettable que ce manque

d'expérimentation et il eût été heureux pour la Science qu'un savant aussi distingué se fût préoccupé de ce côté important de la question.

Si Dechambre ne se prononce en aucune façon sur la valeur, la réalité des phénomènes qui sont la base du spiritisme, deux de ses collaborateurs, ont été bien loin d'imiter sa sage réserve. Lorsqu'on n'a pas examiné les faits à la lueur de l'expérience, il est élémentaire, surtout s'il n'y a aucun point de comparaison entre eux et les faits connus, de ne pas se prononcer à leur sujet. C'est ce que n'ont pas cru devoir faire MM. L. Hahn et L. Thomas. L'article que ces auteurs ont écrit dans le dictionnaire de Dechambre[1] ne signale aucun essai d'expérience originale. Ils n'ont nullement cherché à voir, ce qui ne les empêche pas de déclarer qu'aucun fait spirite n'existe ailleurs que dans l'imagination des dupes faites par les médiums. Ils commencent leur article en déclarant que si le dictionnaire où ils écrivent, au lieu d'être un compendium de médecine, était un recueil de jurisprudence comme le dictionnaire de Dalloz, par exemple, il faudrait chercher la matière spirite à l'article « Escroquerie ». Ainsi qu'on le voit,

[1] *Dict. encyclop. des sciences médicales.* Art. *Spiritisme.*

ces messieurs n'y vont pas par quatre chemins ; comme l'article est tout récent et par conséquent bien postérieur à l'époque où Dechambre écrivait sur le sujet dans la *Gazette hebdomadaire,* on peut juger du progrès accompli.

Après ce préambule, on eût pu mettre un point terminal, néanmoins les auteurs associés n'ont pas voulu traiter leur homme avec une aussi cavalière désinvolture, et ils ont consenti à « prendre *momentanément* le spiritisme au sérieux ». Mais cela ne dure pas longtemps, car au bout de quelques pages où se trouvent exposés les principales lignes de la question et l'avis d'auteurs qui n'ont pas expérimenté plus qu'eux, MM. L. Thomas et L. Hahn résument leur opinion dans une conclusion des plus « roides » : « Les fidèles, écrivent-ils, sont des naïfs de bonne foi ; les habiles s'en servent pour appeler le public et se faire sans grands efforts un revenu vraiment sérieux ».

L'ouvrage de Crookes est cependant signalé dans la bibliographie de l'article dont nous parlons, mais les auteurs ne parlent pas des expériences de cet illustre savant. Ils ont préféré s'en tenir à l'aventure des frères Davenport et au procès Buguet dont nous avons parlé plus haut. M. Hahn et son collaborateur peuvent, après tout, avoir raison ; mais nous, qui ne voulons pas nous payer de mots, nous exigeons autre chose que la formule arbitraire d'une opinion personnelle ; il nous faut des faits, des expériences, sans quoi nous repousserions impitoyablement l'avis des savants de la terre entière.

§ IV

Il y a quelques mois, un des journaux scientifiques les plus sérieux de notre pays, la *Revue scientifique,* dirigée par un savant très distingué, M. le Dr Richet, agrégé de la Faculté de médecine, s'occupait d'un phénomène revendiqué par le spiritualisme moderne comme étant une manifestation des esprits. Nous voulons parler de la lévitation ou enlèvement des corps, contrairement en apparence à la loi de la gravitation. L'article [1], signé par le commandant de Rochas, examinait ces phénomènes et, entre autres, certaines observations de M. William Crookes que nous étudierons nous-même en détail plus loin. M. le Dr Richet crut devoir dégager sa responsabilité en ajoutant quelques notes à l'article en question, dont il autorisait la publication sous

[1] *Revue scientifique,* 12 septembre 1885.

toutes réserves, et en traitant précisément la *lévitation* d' « invraisemblable ».

Presque en même temps, dans un autre journal[1], faisant allusion à d'autres faits spirites au sujet desquels il avait fait antérieurement une communication à la Société de psychologie physiologique, M. Richet s'exprimait ainsi : « On
« trouve depuis quelque temps dans quelques
« journaux américains, anglais et russes,
« des récits d'une fantaisie tout à fait extraordi-
« naire, sur les apparitions, les fantômes, les
« revenants. Ces histoires sont racontées avec
« un grand luxe de détails et il ne paraîtra pas
« déplacé ici d'en prendre quelque souci.

« Trois hypothèses se présentent et nous ne
« voyons guère qu'on puisse en formuler d'autres.
« On peut supposer :

« 1º Que ce sont des récits mensongers;
« 2º Qu'il s'agit d'apparitions véritables ;
« 3º Qu'il s'agit d'hallucinations sans réalité objective ».

M. Charles Richet constate que la première hypothèse, bien qu'étant la plus simple, n'est guère admissible. Peut-être dans le nombre des récits y en a-t-il qui sont faits par des fourbes, mais M. Richet se « refuse à admettre que des personnes

---

[1] *Revue philosophique*, numéro de septembre 1885.

« distinguées, occupant une situation scientifi-
« que et sociale tout à fait supérieure, d'une mo-
« ralité qui paraît en dehors de tout soupçon,
« se soient concertées de toutes parts pour ra-
« conter des faits mensongers et débiter avec
« assurance des impostures sans aucun profit »,
et il conclut qu' « à moins de tomber dans une
« évidente exagération de scepticisme, on ne
« peut supposer qu'il n'y ait là que des men-
« songes ».

Examinant la deuxième hypothèse qui « est
« celle d'apparitions véritables, c'est-à-dire de
« fantômes existant réellement », M. Richet continue : « Il s'agirait d'une forme quelconque de
« la matière, forme jusqu'à présent inconnue et
« ayant une réalité objective. Mais quoi qu'il soit
« nécessaire d'être toujours très prudent dans
« la négation, aucune démonstration vraiment
« scientifique n'a pu être donnée de cette réalité
« des apparitions. Il faudrait absolument constater
« une action sur les objets inanimés, par exemple,
« une impression photographique ou un dépla-
« cement d'objet matériel, constaté par plusieurs
« personnes dans des conditions scientifiques ir-
« réprochables ».

Nous souscrivons pleinement à un raisonnement marqué d'un si haut esprit scientifique; c'est là évidemment le langage d'un vrai savant : M. Richet ne veut rien admettre... ni repousser *à priori*, il lui faut des faits : nous sommes d'accord. En présence des expériences publiées par Crookes, M. Richet est donc placé devant le dilemme suivant : adopter sa première hypothèse ou la deuxième — mensonge ou réalité — car M. Crookes dit avoir enregistré les faits de déplacement d'objets à l'aide d'instruments de précision, il les a fait constater également par plusieurs personnes, et de plus, il dit avoir obtenu des empreintes photographiques d'objets ou plutôt de personnes formées *transitoirement*, c'est-à-dire de formes de fantômes, d'apparitions ou d'ombres.

Il est impossible, en effet, d'appliquer aux faits de M. Crookes la troisième hypothèse de M. Richet : l'hallucination — même collective, — car en admettant que cinq, six, huit personnes [1] aient été prises simultanément d'hallucination, on ne saurait admettre que les appareils enregistreurs et les plaques photographiques de M. Crookes aient été hallucinés. Si donc M. Richet a foi dans M. Crookes — et la vie de ce dernier proteste entièrement en sa faveur — le voilà dans la nécessité de se prononcer sur la réalité des

[1] La plupart des expériences de M. Crookes, dont nous allons parler tout à l'heure, ont été faites devant un pareil nombre de témoins.

apparitions, puisqu'il dit attendre que la preuve de l'impression photographique ait été donnée pour « affirmer quoi que ce soit sur la réalité des ombres », et que cette preuve a été fournie par M. Crookes.

Nous devons reconnaître, par égard pour la vérité, que malgré les exemples choisis avec tact par M. Richet, sa troisième hypothèse ne nous satisfait pas; en voici la conclusion : « Si donc on parvient à démontrer qu'à l'état normal, chez des intelligences irréprochables, il y a parfois hallucination complète, on aura donné l'explication la plus vraisemblable des apparitions et on aura réduit à néant les histoires d'apparitions et de fantômes qui se trouvent dans des recueils scientifiques. »

Loin d'avoir la pensée d'écarter la possibilité des hallucinations dans cette sorte d'affaire, nous l'admettons pleinement au contraire; mais les faits dont nous avons lu le récit ou que nous avons vus ne laissent pas de place dans l'esprit pour la dernière hypothèse de M. Richet, nous préférons nous en tenir aux deux premières : nous verrons laquelle des deux nous devrons choisir.

Mais il nous semble que M. Richet en sait plus long qu'il ne veut le laisser paraître; c'est un chercheur trop consciencieux pour s'en tenir à des à peu près. Seulement, en sa qualité de physiologiste éminent, il sait qu'il faut procéder à l'égard des esprits non préparés comme avec l'estomac des enfants : on doit graduer la résistance des substances qu'on leur donne à digérer. En mettant la question en évidence, il prépare les réceptacles cérébraux de ses contemporains ; les aliments légers qu'il nous présente en ce moment faciliteront l'assimilation des choses dures que nous allons avoir à digérer bientôt. Il est bon de ne pas tout dire du premier coup et comme brutalement.

§ V

D'autres savants dans ces dernières années ont étudié, dans les livres, les actes du spiritisme et en ont fait une critique amère. Nous ne voulons pas mettre sous les yeux de nos lecteurs ces « pièces de notre dossier », parce que nous les considérons et tous les hommes impartiaux dont l'esprit se règle sur les lois de la science positive les considérerons comme étant sans valeur dans l'espèce : il leur manque la partie essentielle, celle exigée avant tout par la méthode expérimentale, c'est-à-dire une observation exacte de faits spontanés ou provoqués.

Nous reconnaissons que tout cela est parfaitement inédit pour la plupart d'entre nous, c'est pourquoi, n'ayant pas entendu parler de toutes ces choses contre lesquelles nous sommes prévenus parce que notre éducation scientifique n'a pas été dirigée dans leur sens, nous ne pouvons nous décider à les admettre.

Si le hasard nous avait fait naître sauvages, dans une île des tropiques, et qu'un de nos co-insulaires, au retour d'un voyage en France, par exemple, vint nous dire que dans ce pays, il arrive que la pluie, au lieu de tomber dru, descend parfois doucement comme des flocons de duvet bien blanc sur le sol où elle s'accumule en couches épaisses et qu'on appelle cela de la neige, nous serions dans le cas d'accuser notre voyageur d'imposture parce que rien jusqu'alors n'aurait pu nous donner une idée de cette chose nouvelle pour nous : nous serions excusables parce que nous serions des sauvages; mais que penser des hommes civilisés, des savants, qui se hâtent de repousser dédaigneusement les faits qu'on leur présente sans consentir à les honorer du plus petit examen, sous ce prétexte inacceptable que ces faits n'ont pas place dans le cadre de ceux qu'ils sont habitués à constater?

Encore une fois, que nous le voulions ou non, nous n'empêcherons pas ce qui est d'être, et quand nous nous arracherions tout à la fois le tympan et les yeux nous n'empêcherions, ni les vibrations sonores d'exister, ni la lumière d'éclairer le monde. Voulons-nous, au contraire, faire un bon emploi de notre raison : examinons d'abord et nous nous prononcerons ensuite en connaissance de cause.

Avant de nous mettre à l'étude du sujet traité dans ce livre, nous pensions sur certains faits attribués au spiritisme que ces faits n'étaient pas ce qu'on les disait être et, pour tout dire, nous n'admettions que deux des trois hypothèses de M. Richet : les personnes qui affirmaient ces phénomènes ne pouvaient être que des hallucinés ou des imposteurs. Mais un changement notable se produisit dans notre manière de voir quand nous eûmes lu les articles de Crookes; la deuxième hypothèse de M. Richet commença à se faire peu à peu une place dans notre esprit, nous nous dîmes qu'il était impossible qu'un tel homme eût été halluciné aussi longtemps. Quant à admettre qu'il ait voulu nous tromper, l'idée ne nous en est même pas venue.

D'autre part, avec les précautions dont il s'est entouré, il n'aurait pu être lui-même trompé constamment. Quoi, alors ? est-ce que par hasard ces faits seraient tels que M. Crookes et tant d'autres l'ont raconté ? Observons, expérimentons, nous sommes-nous dit, et nous verrons.

CHAPITRE II

RECHERCHES DE M. WILLIAM CROOKES

§ I

Nous avons jusqu'ici parlé d'une manière vague de ce qui avait été rapporté par différents auteurs touchant les apparitions, les corps mis en mouvement sans contact, etc., etc. Nous constatons que, dans tout ce qui précède, rien n'est de nature à contribuer à la consolidation d'une conviction, mais nous allons entrer dans le domaine des faits devant lesquels on doit en tous cas s'incliner si on ne veut pas en tirer de déductions philosophiques. Jusqu'à présent nous avons vu des écrivains, des poètes ou des philosophes, ne se prévalant d'aucune autorité en matière scientifique, se prononcer en faveur des phénomènes spiritualistes : cela, comme on dit, ne tire pas à conséquence. Soit, mais voilà qu'un fait grave s'est produit : un des premiers savants du monde, un expérimentateur dont les œuvres peuvent supporter sans désavantage la comparaison avec celle de nos Dumas, de nos Würtz, de nos Berthelot, de nos Frémy, s'est prononcé de la manière la plus affirmative, avec preuves expérimentales à l'appui en faveur de ces choses ténébreuses que l'on croyait enfouies dans la nuit du sombre moyen âge. Qu'est-ce à dire? Pour avoir osé donner comme certains des faits de tables frappant et tournant, d'objets et même de personnes soulevées de terre sans force visible, de fantômes apparaissant, s'entretenant avec les mortels, se laissant photographier et donnant de leurs cheveux en souvenir permanent aux témoins de leurs apparitions pendant qu'eux-mêmes disparaissent ; pour qu'il ait osé raconter ces choses avec force détails et observations d'allures scientifiques, faut-il donc que M. Crookes soit un fou ou un imposteur.

Si M. Crookes était fou, nous serions fixé, nous dirions de ses allégations : « C'est bien, ce sont divagations de cerveau malade, passons » ! Mais, depuis plus de quinze ans qu'il a publié ses premières recherches sur le spiritualisme moderne, aucun de ceux qui l'ont combattu ou défendu n'a voulu plaider l'irresponsabilité de M. Crookes, qui jouit de sa pleine liberté, et n'a reçu la plus petite douche dans la moindre maison de santé.

Du reste, les ouvrages qu'il écrit encore aujourd'hui sont marqués au coin de l'intelligence la plus « radiante » et la moins susceptible d'être rencontrée ailleurs que dans un cerveau parfaitement sain.

Donc, M. Crookes n'est pas devenu insensé. Est-ce donc un imposteur qui a voulu se moquer du public ? Mais dans quel intérêt ? Cela ne devait rien lui rapporter, et il le savait. Au contraire, il n'ignorait pas que sa fraude — si fraude il y avait — serait promptement dévoilée, et alors ! Alors, c'était la honte, c'était la ruine, le désastre, l'écroulement d'une vie honorable d'honnête homme et de savant. Bénévolement, en connaissance de cause, pour le plaisir de lancer une plaisanterie lugubre, M. Crookes aurait terni son auréole d'honneur et de gloire ? Allons donc ! A la fin d'une vie si bien remplie, rendue si glorieuse par plusieurs découvertes dont une seule suffirait à immortaliser un homme, il se jetterait lui-même à bas de son piédestal pour se traîner misérablement dans la boue ? Et pourquoi ? pour faire fortune ? Mais M. Crookes est riche, dit-on, et de plus il n'ignore pas que de nos jours les sorciers ne recueillent aucun avantage de leurs rapports avec le diable à part celui de le tirer constamment par la queue, au moins dans cette vie.

Mais, insinuera-t-on, M. Crokes est un spécialiste dont on peut sans doute dire, comme de beaucoup de pseudo-savants d'aujourd'hui, qu'il sait ce que tout le monde ignore, tandis que, en revanche, il ignore ce que tout le monde sait. A cette insinuation, il est utile de répondre et nous en profiterons pour présenter M. Crookes à ceux de nos lecteurs qui ne le connaîtraient pas encore.

Sous le rapport scientifique, on ne peut pas dire que M. Crookes ait été élevé à l'anglaise, car au lieu de commencer tardivement ses études et de rester élève jusqu'à l'âge où en Allemagne, par exemple, on est déjà professeur, à vingt ans il publiait d'intéressants mémoires sur la lumière polarisée ; depuis, il fut un des premiers en Angleterre à étudier à l'aide du spectroscope les propriétés des spectres solaire et terrestre. On lui doit de sérieux travaux sur la mesure de l'intensité de la lumière, d'ingénieux instruments : le photomètre de polarisation et le microscope spectral, par exemple. Ses écrits sur la chimie générale[1] furent très goûtés depuis le moment où ils parurent. Il est l'auteur d'un traité d'analyses chimiques, *(Méthodes choisies)*, aujourd'hui classique. On lui doit de nombreuses

---

[1] *Chemical News*, ann. 1859 et suiv.

recherches en astronomie et notamment sur la photographie céleste. En 1855-56, la Société Royale de Londres, qui l'a admis au nombre de ses membres actifs — au premier tour de scrutin, — lui décerna un encouragement en argent pour poursuivre ses travaux sur la photographie de la lune. Le gouvernement de la Reine l'envoya dernièrement à Oran pour observer l'éclipse. Ajoutons qu'il s'est, en outre, occupé de médecine et d'hygiène, témoins ses travaux sur la peste bovine, etc., etc. Mais deux découvertes ont surtout classé M. Crookes parmi les maîtres de la Science moderne : l'illustre savant s'était déjà distingué par sa découverte d'un procédé d'amalgamation à l'aide du sodium, procédé qui est employé aujourd'hui en Australie, en Californie et dans l'Amérique du sud par l'industrie métallurgique de l'or, lorsqu'il fit connaître un nouveau corps simple métallique : *le Thallium*. On apprécie la valeur d'une pareille découverte lorsqu'on sait que le nombre des corps simples connus dans la série des métaux s'élève à une cinquantaine environ. M. Crookes fut amené à cette précieuse découverte par ses travaux sur l'analyse spectrale. C'est ainsi, du reste, que furent isolés le *cœsium*, le *rubidium* et l'*indium*.

Rappelons, en passant, que l'on entend par *corps simples* les métalloïdes et les métaux auxquels s'arrête l'analyse chimique et qu'aucun procédé *connu* ne peut décomposer en d'autres corps. Conséquemment, la désignation de corps *simples* donne plutôt la mesure de nos moyens d'investigation qu'une véritable définition de la nature réelle de ces corps. *Nous n'avons, en effet, aucune idée exacte de ce qu'est la* MATIÈRE. Voilà où en est la science des hommes !

La deuxième découverte de M. Crookes vient corroborer ce que nous avançons : nous voulons parler de la *matière radiante*.

La matière apparaît à nos sens sous trois états bien différents : à l'état solide, à l'état liquide et à l'état gazeux. Il existe, probablement, une infinité d'états de la matière, mais nous n'en connaissions récemment que trois. M. Crookes vient de nous en faire entrevoir un quatrième. Dès 1816, Faraday, songeant aux différences considérables qui séparent ces divers états, émettait cette hypothèse qu'au delà de l'état gazeux il serait bien extraordinaire qu'on ne découvrît pas un jour un état tout autre que ceux que nous connaissons. Comparant les différences qui caractérisent les corps solides et voyant combien, au lieu de s'accentuer, ces différences diminuent lorsque la matière devient liquide, pour s'affaiblir encore davantage jusqu'au point de « disparaître à peu près complètement dans les gaz », Faraday entrevoyait un autre état dans lequel la matière devait arriver à *une unité absolue* et par anticipation il donnait à la matière dans cet état le nom de *matière radiante*.

M. Crookes, par une série d'expériences d'une exactitude exquise, démontra cet état entrevu par Faraday. Nous ne voulons pas faire l'historique de ces expériences si importantes au point de vue philosophique de la chimie, de la physique et de l'étude de la matière en général : en résumé, il en ressort que la matière, dans son essence, doit être UNE et que les corps variés qui tombent sous nos sens imparfaits ne sont qu'un agencement, une structure molléculaire spéciale de la matière suivant le mot du célèbre chimiste Boutlerow de Saint-Pétersbourg, qui, disons-le incidemment, a confirmé ce qu'il a pu contrôler des expériences, de M. Crookes sur la force psychique [1].

M. Crookes a répété ses expériences sur la matière radiante en 1879 (septembre), au congrès de l'Association britannique, pour l'avancement des sciences, et en 1880, à l'École de médecine de Paris et à l'Observatoire, sur l'invitation du professeur Würtz et de l'amiral Mouchez. Les effets

---

[1] Les Hindous, depuis des siècles de siècles, disent que la matière est *une*, mais que les variétés sont infinies. Leur formule où ils condensent cette doctrine est : *variété* dans l'*unité*.

produits par la matière dans cet état sont des plus surprenants et d'une puissance formidable. Ce fut un grand succès pour M. Crookes.

Les quelques lignes qui précèdent donneront, nous l'espérons du moins, une idée de la haute valeur scientifique de l'homme qui n'a pas craint d'aborder l'étude des phénomènes spirites.

Aussi, quand l'illustre membre de la Société Royale annonça dans son journal (*Quaterly Journal of Science*) qu'il allait s'occuper des phénomènes de ce qu'on appelle là-bas *modern spiritualism*, ce fut un cri général : « Enfin ! nous allons donc savoir à quoi nous en tenir ! » Mais dès les premiers articles, lorsqu'on vit M. Crookes admettre la réalité des phénomènes, déclarer qu'il les avait observés, pesés, mesurés, auto-enregistrés, etc., ce fut une autre affaire. Il y eut sans doute un grand nombre de personnes qui eurent leur opinion faite ; mais tout le monde ne voulut pas se rendre et des paroles de réprobation plus ou moins sincères se firent entendre. Ce ne sera pas là l'un des incidents les moins curieux de l'histoire du spiritualisme.

M. Crookes avait pourtant montré la plus grande sévérité dans la poursuite de ses recherches ; mais les gens qui se trouvèrent dérangés au moment de la digestion paisible de leurs *connaissances acquises* furent irrités de voir se prononcer contre eux un juge dont ils avaient d'avance accepté les conclusions, mais à la condition, implicitement formulée, qu'elles seraient conformes à leurs idées.

On va voir, cependant, que ces recherches furent entreprises dans un esprit vraiment scientifique et que leur auteur ne péchait pas par excès de crédulité :

« Le spiritualiste, dit M. Crookes [1], parle de corps pesant 50 ou 100 livres, qui sont enlevés en l'air sans l'intervention de force connue ; mais le savant chimiste est accoutumé à faire usage d'une balance sensible à un poids si petit qu'il en faudrait dix mille comme lui pour faire un grain. Il est donc fondé à demander que ce pouvoir, qui se dit guidé par une intelligence, qui élève jusqu'au plafond un corps pesant, fasse mouvoir sous des conditions déterminées sa balance si délicatement équilibrée.

Le spiritualiste parle de coups frappés qui se produisent dans les différentes parties d'une chambre, lorsque deux personnes ou plus sont tranquillement assises autour d'une table. L'expérimentateur scientifique a le droit de demander que ces coups se produisent sur la membrane tendue de son phonautographe.

Le spiritualiste parle de chambres et de maisons

[1] William Crokes, *loc. cit.*

secouées, même jusqu'à en être endommagées, par un pouvoir surhumain. L'homme de science demande simplement qu'un pendule placé sous une cloche de verre et reposant sur une solide maçonnerie soit mis en vibration.

Le spiritualiste parle de lourds objets d'ameublement se mouvant d'une chambre à l'autre sans l'action de l'homme. Mais le savant a construit des instruments qui diviseraient un pouce en un million de parties : et il est fondé à douter de l'exactitude des observations effectuées si la même force est impuissante à faire mouvoir d'un simple degré l'indicateur de son instrument.

Le spiritualiste parle de fleurs mouillées de fraîche rosée, de fruits et même d'êtres vivants apportés à travers les croisées fermées et même à travers de solides murailles en briques. L'investigateur scientifique demande naturellement qu'un poids additionnel (ne fût-il que la millième partie d'un grain) soit déposé dans un des plateaux de sa balance quand la boîte est fermée à clef. Et le chimiste demande qu'on introduise la millième partie d'un grain d'arsenic à travers les parois d'un tube de verre dans lequel de l'eau pure est hermétiquement scellée.

Le spiritualiste parle des manifestations d'une puissance équivalente à des milliers de livres et qui se produit sans cause connue. L'homme de science, qui croit fermement à la conservation de la force et qui pense qu'elle ne se produit jamais sans un épuisement correspondant de quelque chose pour la remplacer, demande que lesdites manifestations se produisent dans son laboratoire, où il pourra les peser, les mesurer et les soumettre à ses propres essais. »

C'est avec ces sentiments que M. Crookes abordait l'étude des phénomènes dont l'examen s'imposait, selon lui, à la science sans qu'elle put différer plus longtemps. Aussitôt après avoir fait cette sorte de profession de foi scientifique, l'auteur ajoute en note la remarque suivante :

« Pour être juste à cet égard, je dois établir qu'en exposant ces vues à plusieurs spiritualistes éminents et à des médiums les plus dignes de confiance de l'Angleterre, ils ont exprimé leur parfaite confiance dans le succès de l'enquête, si elle était loyalement poursuivie dans l'esprit que j'ai indiqué ici. Ils m'ont offert de m'assister de tout le pouvoir de leurs moyens en mettant à ma disposition leurs facultés particulières. Et jusqu'au point où j'en suis arrivé, je puis ajouter que les expériences préliminaires ont été satisfaisantes. »

§ II

Du reste, M. Crookes devait déjà savoir un peu à quoi s'en tenir sur le compte de la « force psychique ». En effet, un an ou deux avant qu'il ne commençât ses travaux sur cette matière, une compagnie savante de Londres, la *Société dialectique,* fondée en 1867, sous la présidence de sire J. Lubbock, s'était à son endroit prononcée d'une façon positive. Lorsque cette société, composée de notabilités scientifiques, décida, dans sa séance du 6 janvier 1869, qu'elle s'occuperait des « prétendus phénomènes spiritualistes », c'était, ainsi que le constate le procès-verbal de la séance, avec l'idée qu'elle allait anéantir à jamais cette superstition qui commençait à devenir encombrante, car tout le monde en parlait. La *Société dialectique* nomma donc un comité formé de trente-trois membres actifs, qui se divisèrent en six sous-comités.

Parmi les membres de ce comité figurait un savant dont le nom est bien connu parmi les naturalistes : Alfred Russel Wallace, qui nous a donné, dans un intéressant ouvrage [1], les renseignements les plus curieux concernant l'histoire du comité dont il faisait partie.

A part quatre membres qui, dès le début, crurent à la réalité des phénomènes sans accepter la théorie spiritualiste, et quatre autres qui admirent à la fois les phénomènes et ladite théorie, le

---

[1] A. Russel Wallace. *Miracle and modern spiritualism.*

comité était composé de savants complètement sceptiques. Néanmoins, lorsque le moment fut venu de présenter un rapport à la *Société dialectique,* on condensa en un seul faisceau les résultats des expériences tentées par les six sous-comités — la plupart avec les seules « forces » des membres, — et *toutes les dépositions concernant ces recherches faites par six groupes de savants, travaillant à part, furent concordantes.*

Le rapport du comité des *trente-trois* se composait de deux parties distinctes : dans la première partie étaient relatés les faits constatés par les six sous-comités; la deuxième contenait les témoignages, oraux ou écrits, apportés aux membres de cette enquête d'un nouveau genre par des témoins honorables et dignes de foi.

Dans la première partie, le rapport concluait affirmativement sur l'existence :

1° De bruits, de vibrations, de nature très variée, produits en dehors de toute action musculaire ou mécanique;

2° De mouvements de corps pesants sans action musculaire ou mécanique et fréquemment sans contact ou connexion avec personne;

3° De bruits qui, au moyen d'un code de signaux, répondent aux questions d'une manière intelligente ;

4° De ce fait que si les communications sont en grande partie d'un caractère banal, elles donnent parfois des renseignements qui ne sont connus que d'une personne présente ;

5° De ce fait encore qu'il existe certaines personnes favorables par leur présence à la production du phénomène, tandis que d'autres personnes lui sont contraires, mais que cette différence ne tient nullement à l'opinion professée par ces personnes à propos du phénomène.

Les témoignages oraux ou écrits furent apportés à la Société par différentes personnalités telles que le professeur Auguste de Morgan, président de la *Société mathématique* de Londres et secrétaire de la *Société Royale astronomique;* M. C.-F. Varley, ingénieur en chef des compagnies de télégraphie internationale et transatlantique et ami de l'illustre Tyndal. Cette seconde partie du rapport était encore plus variée que la première, et le rapporteur concluait que les témoignages mentionnés affirmaient l'existence de faits tels que : corps pesants et, dans certains cas, des hommes s'élevant spontanément en l'air ; apparitions de mains et de formes n'appartenant à aucun être humain, mais semblant animées et pouvant être saisies par les assistants ; exécution de morceaux de musique sur des instruments sans que personne y touchât ;

apparition presque instantanée de dessins ou peintures se formant spontanément, etc., etc.

M. Russel Wallace fait remarquer que ses observations le conduisent à établir que le degré de conviction qui est entré dans l'esprit des expérimentateurs est à peu près égal à la somme de temps et de soins apportés à l'investigation. C'est ainsi que cela se passe pour tous les phénomènes naturels, tandis que l'examen d'une imposture ou d'une illusion, dit M. Wallace, conduit à un résultat invariablement opposé.

Les membres de la Société dialectique, qui n'avaient pas fait partie du comité, n'osèrent pas prendre la responsabilité du rapport et laissèrent les membres dudit comité le publier à leurs risques et périls. M. Crookes connaissait les expériences de la Société dialectique, aussi les premiers résultats qu'il obtint ne durent pas le surprendre.

§ III

La première partie des recherches de M. Crookes porta sur les phénomènes déterminés par un « médium » bien connu, le célèbre Home, dont le nom a été cité dans ces derniers temps et qui vient de s'éteindre à Paris dans un état voisin de la misère. On trouvera tous les renseignements désirables sur ce médium dans un ouvrage où il raconte lui-même sa vie [1] et des faits qui ont été attestés par des savants et des médecins des deux hémisphères.

Un des « faits » intéressants produits par Home était ce que les sceptiques appelaient le « tour de l'accordéon ». En plein jour, le médium tenait d'une seule main l'accordéon par le bout opposé aux clefs et l'instrument jouait, en apparence, spontanément, les airs les plus variés et les mieux exécutés. C'est ce que M. Crookes voulut tout d'abord examiner. L'expérience est racontée tout au long dans son livre. On voit que les précautions les plus minutieuses ont été prises ; on a même noté la température de la chambre où l'on opérait (*c'était chez M. Crookes lui-même*). Deux observateurs placés de chaque côté de Home mettaient leurs pieds sur les siens. M. Crookes avait assisté à la toilette du médium pour s'assurer qu'il n'introduisait aucun instrument sous ses vêtements, etc., une cage de métal entourait l'accordéon... Mais donnons la parole à M. Crookes :

« ... Après avoir préalablement ouvert moi-même

[1] Daniel Douglas Home. *Révélation sur ma vie surnaturelle*. Dentu. Paris, 1863.

la clef de basse, la cage fut tirée de dessous la table juste assez pour permettre d'y introduire l'accordéon avec ses clefs tournées en bas. Elle fut ensuite repoussée dessous, autant que le bras de M. Home

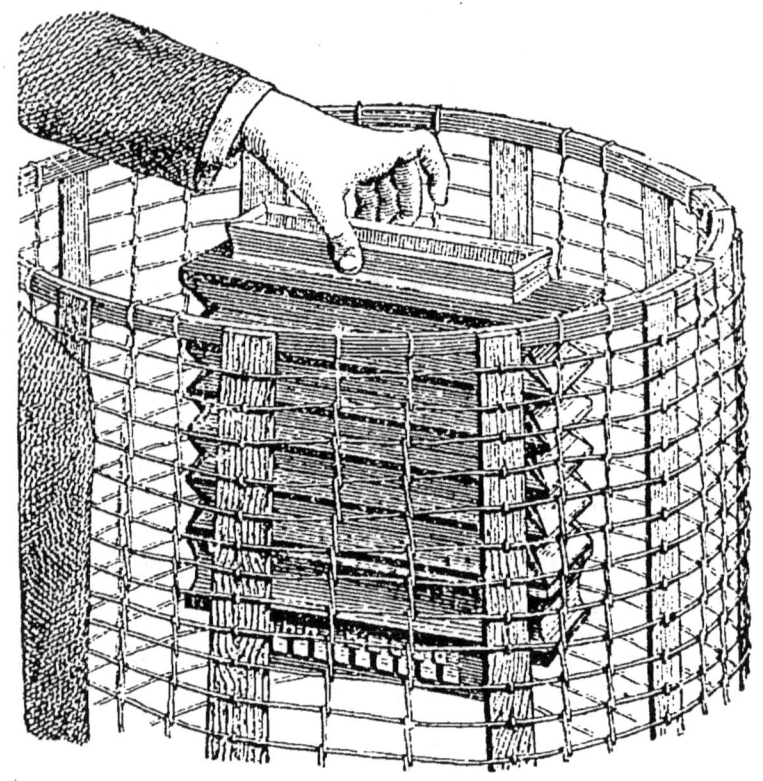

FIG. 1.

put le permettre, mais sans cacher sa main à ceux qui étaient près de lui (fig. 1). Bientôt ceux qui étaient de chaque côté virent l'accordéon se balancer d'une manière curieuse, puis des sons en sortirent, et enfin plusieurs notes furent jouées successivement; *mon aide se glissa sous la table et nous dit que l'accordéon s'allongeait et se fermait;* on constatait en même temps que la main de M. Home qui tenait l'accordéon était *tout à fait immobile et que l'autre reposait sur la table.*

Puis, ceux qui étaient de chaque côté de M. Home virent l'accordéon se mouvoir, osciller et tourner tout autour de la cage et jouer en même temps. Le docteur A. B...[1] regarda alors sous la table et dit que la main de M. Home semblait complètement immobile, pendant que l'accordéon se mouvait et faisait entendre des sons distincts.

M. Home tint encore l'accordéon dans la cage de la manière ordinaire [2] ; ses pieds tenus par ceux qui étaient près de lui, son autre main reposant sur la table, nous entendîmes des notes distinctes et séparées résonner successivement, et ensuite un air simple fut joué. Comme un tel résultat ne pouvait s'être produit que par les différentes clefs de l'instrument mises en action d'une manière harmonieuse, tous ceux qui étaient présents le considérèrent comme une expérience décisive. Mais ce qui suivit fut encore plus frappant : M. Home éloigna entièrement sa main de l'accordéon, la sortit tout à fait de la cage et la mit dans la main de la personne qui se trouvait près de lui. Alors l'instrument continua à jouer, personne ne le touchant et aucune main n'étant près de lui.

[1] Le Dr A. B. était le professeur Huggins. (Note de l'A.)

[2] C'est-à-dire à l'opposé des chefs qui se trouvaient en bas, comme on le voit sur la figure 2. (Note de l'A.)

Je voulus ensuite essayer quel effet on produirait en faisant passer le courant de la batterie autour du fil isolé de la cage. En conséquence, mon aide établit la communication avec les fils qui venaient des piles

FIG. 2.

de Grove. De nouveau, M. Home tint l'instrument dans la cage de la même façon que précédemment, et immédiatement il résonna et s'agita de côté et d'autre avec vigueur. Mais il m'est impossible de dire si le courant électrique qui passa autour de la cage vint en aide à la force qui se manifestait à l'intérieur.

L'accordéon fut alors repris sans aucun contact visible avec la main de M. Home. Il l'éloigna complètement de l'instrument et la plaça sur la table où elle fut saisie par la personne qui était près de lui ; tous ceux qui étaient présents virent bien que ses deux mains étaient là. Deux des assistants et moi nous aperçumes distinctement l'accordéon flotter çà et là dans l'intérieur de la cage sans aucun support visible. Après un court intervalle, ce fait se répéta une seconde fois.

Alors, M. Home remit sa main dans la cage et prit de nouveau l'accordéon, qui commença à jouer d'abord des accords et des arpèges et ensuite une douce et plaintive mélodie bien connue, qu'il exécuta parfaitement et d'une manière très belle. Pendant que cet air se jouait, je saisis le bras de M. Home au-dessous du coude et fis glisser doucement ma main jusqu'à ce qu'elle touchât le haut de l'accordéon. Pas un muscle ne bougeait. L'autre main de M. Home était sur la table, visible à tous les yeux, et ses pieds étaient sous les pieds de ceux qui étaient à côté de lui. »

Après avoir retourné dans tous les sens cette curieuse expérience de l'accordéon et s'être convaincu que cet instrument s'agitait bien sous l'effort d'une force invisible, M. Crookes construisit des appareils pour enregistrer certains faits d'augmentation de poids des corps qu'à cinq reprises différentes il avait constatés. « En cinq occasions différentes, dit M. Crookes, j'avais vu des objets, dont le poids variait de 25 à 100 livres, être momentanément influencés de telle manière que

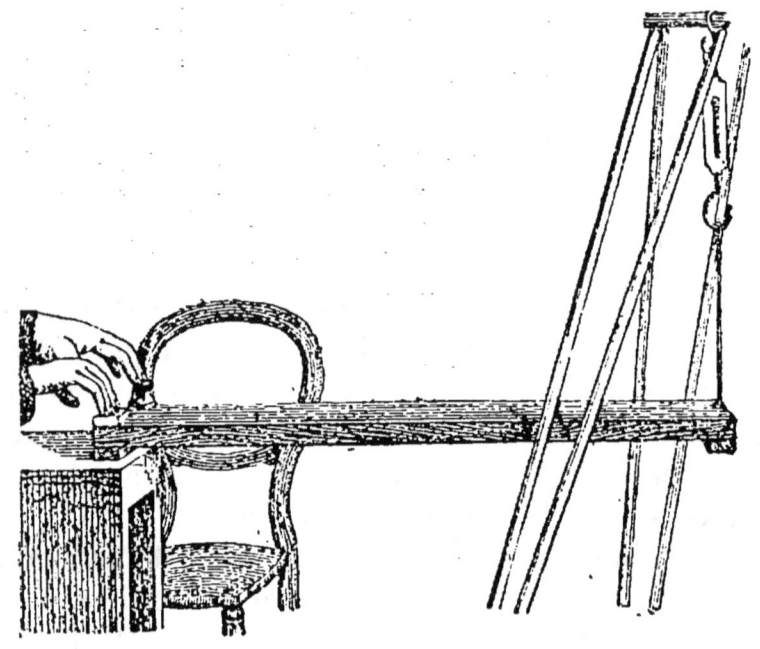

FIG. 3.

moi et d'autres personnes présentes, nous ne pouvions qu'avec difficulté les enlever au-dessus du plancher. »

Pour s'assurer que l'effet était bien réel et non produit par *suggestion* opérée sur son imagination, M. Crookes établit l'appareil dont les figures qui suivent donneront une idée.

Une planche d'acajou reposait sur l'extrémité d'une table par un bout, et par l'autre était réunie au crochet d'une balance à ressort, ainsi qu'on peut le voir sur la figure 3. Le médium posait l'extrémité de ses doigts sur des objets placés au bout de la planche d'acajou reposant sur la table

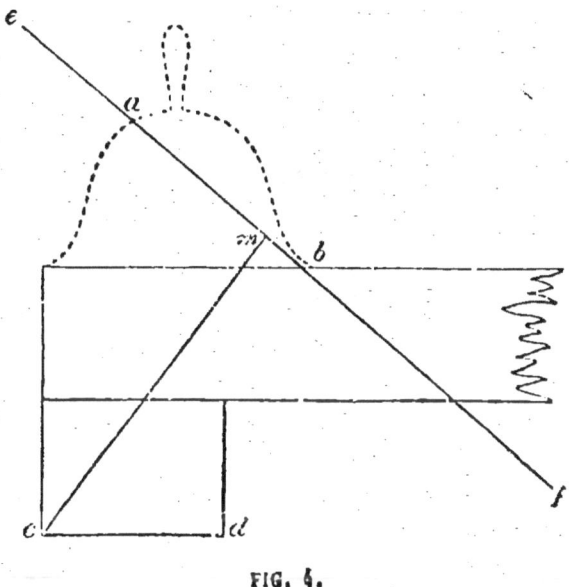

FIG. 4.

disposés comme dans la figure 3, dont le détail se trouve ci-contre (fig. 4).

Ou bien, au lieu de reposer directement sur des corps solides (boîte à allumettes en carton, sonnette), comme dans les fig. 3 et 4, l'extrémité des doigts de Home était plongée dans l'eau d'un vase isolé fixé dans un autre vase plein d'eau, de manière que la pression du liquide fût sans action sur l'appareil disposé comme dans les fig. 5 et 6.

Il est facile de comprendre, d'après la description et les figures, que la pression exercée par les doigts de Home (placés comme dans la fig. 3) ne pouvait avoir aucune action sur la balance située à l'autre extrémité de la planche.

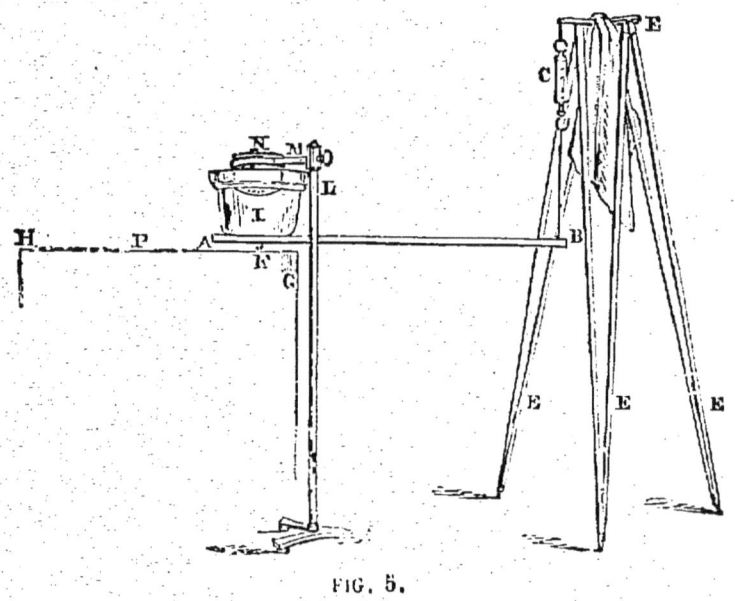

FIG. 5.

La figure 6 indique la disposition des vases pleins d'eau et communiquant entre eux au moyen de trous percés dans le fond du vase supérieur et dans lequel le médium plongeait ses doigts.

L'autre extrémité de la planche était suspendue

au crochet d'une balance à ressort, nous l'avons déjà dit, dont la disposition se trouve indiquée dans la figure d'ensemble (fig. n° 5) et en détail dans la figure 7 ci-contre.

Un curseur muni d'une aiguille permettait

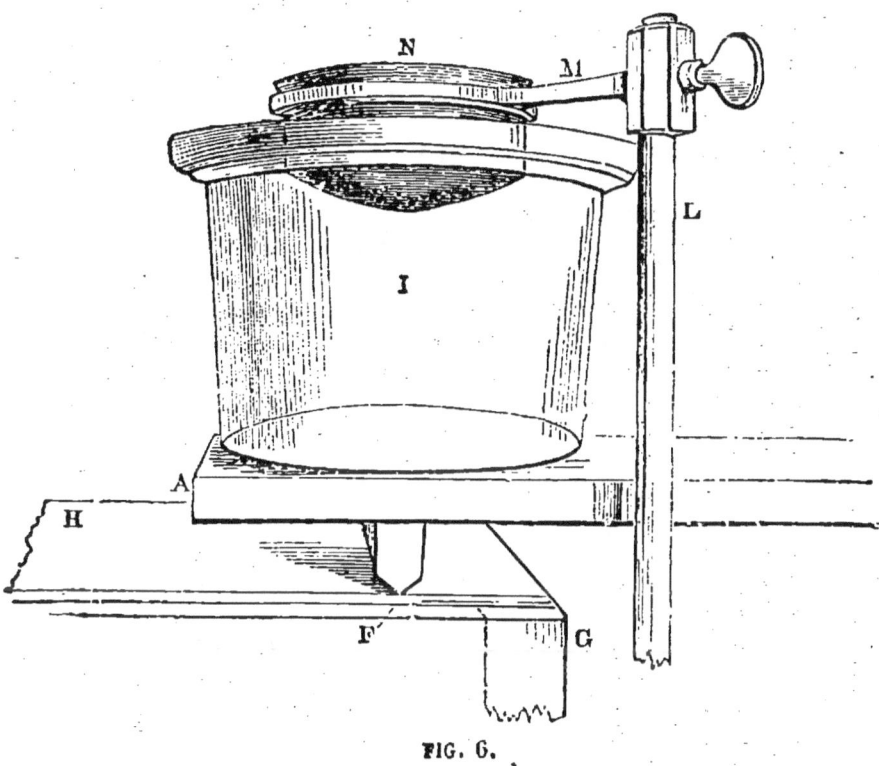

FIG. 6.

d'obtenir le tracé autographique des variations de poids qui pouvaient se produire sur une plaque de verre noircie à la fumée d'une lampe et mue horizontalement au moyen d'un mouvement d'horlogerie.

Lorsque les doigts de Home ne touchaient pas l'appareil, la plaque de verre mise en mouvement était marquée d'une ligne horizontale; mais, dès que les doigts étaient mis en contact avec l'instrument, de la manière signalée plus

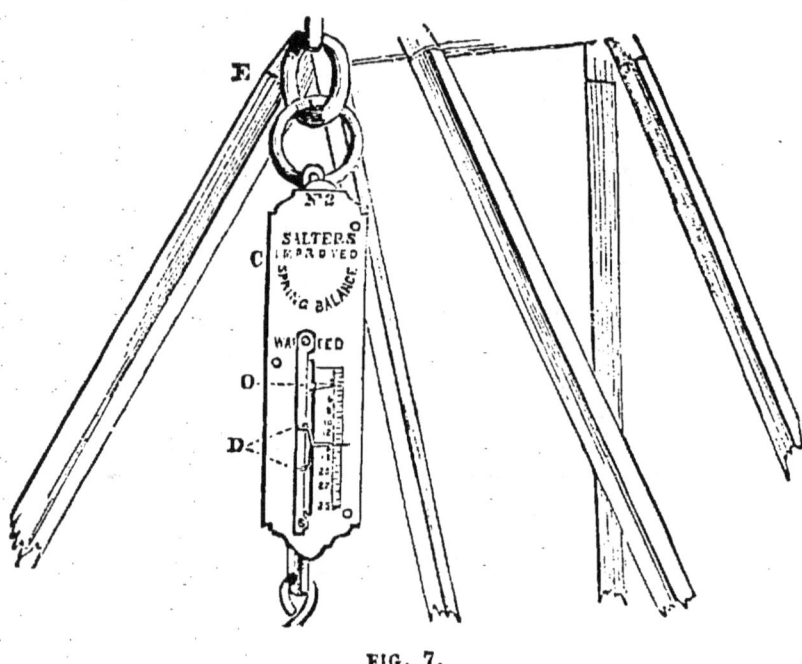

FIG. 7.

haut, l'index descendait jusqu'au point d'indiquer une augmentation de poids de 5,000 grains (325 grammes environ).

Dans une première expérience où la disposition de l'appareil était celle qu'on voit sur la figure 3, pendant que Home avait les doigts sur la sonnette et la petite boîte à allumettes en carton, le Dʳ Huggins, un savant bien connu, observait le curseur de la balance à ressort, et il constata, à plusieurs reprises, que le poids accusé était de six livres et demie et même de neuf livres. Or, le poids normal de la planche, disposée comme elle l'était, n'était que de trois livres : il y avait donc eu, à un moment donné, une augmentation de poids de 300 p. 100.

M. Crookes fit l'expérience comparative suivante : il monta sur la table et se tenant sur un pied, il s'appuya de tout son poids (140 livres) sur le point de la planche où Home avait tenu ses doigts *sans pression*. Le Dʳ Huggins qui observait l'index de la balance constata que le poids entier de M. Crookes ne le faisait fléchir que d'une livre et demie ou deux livres, et encore quand M. Crookes donnait une secousse.

MM. William Huggins et Ed.-W. Cox, deux notabilités scientifiques de l'Angleterre, qui assistèrent M. Crookes dans ces expériences, lui écrivirent chacun une lettre à l'occasion d'un mémoire qu'il leur avait soumis, où ces expériences étaient exposées.

Ces lettres méritent l'attention du lecteur impartial :

« *Uper Tulse Hill*, S. W., 9 *juin* 1871.

Mon cher monsieur Crookes,

Votre mémoire me semble un exposé fidèle de ce qui a eu lieu chez vous en ma présence. Ma position à la table ne m'a pas permis de voir la main de M. Home éloignée de l'accordéon, mais seulement que ce fait a été établi à ce moment par vous-même et par la personne assise de l'autre côté de M. Home.

Ces expériences me semblent montrer qu'il serait important de faire de nouvelles recherches, mais je désire qu'il soit bien compris que je n'exprime aucune opinion quant à la cause des phénomènes qui ont eu lieu.

A vous bien sincèrement,

WILLIAM HUGGINS. »

36, *Russell-Square*, 8 *juin* 1871.

Cher monsieur,

Etant présent, dans un but de recherches, aux expériences d'essai relatées dans votre article, j'apporte avec empressement mon témoignage en faveur de la parfaite exactitude de la description que vous en avez faite, et des précautions et du soin avec lesquels furent accomplies les différentes épreuves.

Les résultats me paraissent établir d'une manière concluante ce fait important : qu'il y a une force qui procède du système nerveux et qui est capable, dans la sphère de son influence, de donner aux corps solides du mouvement et du poids.

J'ai constaté que cette force était émise par pulsations intermittentes et non pas sous la forme d'une pression fixe et continue, car l'index montait et baissait incessamment pendant l'expérience. Ce fait me semble d'une grande importance, parce qu'il tend à confirmer l'opinion qui lui donne pour source l'organisation nerveuse, et il contribue beaucoup à asseoir l'importante découverte du docteur Richardson d'une atmosphère nerveuse d'intensité variable enveloppant le corps humain.

Vos expériences confirment entièrement la conclusion à laquelle est arrivé le Comité de recherches de la « Dialectical Society » après plus de quarante séances d'essais et d'épreuves.

Permettez-moi d'ajouter que je ne vois rien qui puisse même tendre à prouver que cette force est autre chose qu'une force émanant de l'organisation humaine, ou du moins s'y rattachant directement, et qu'en conséquence, comme toutes les autres forces de la nature, elle est pleinement du ressort de cette rigoureuse recherche scientifique à laquelle vous avez été le premier à la soumettre.

La psychologie est une branche de la science qui a été jusqu'ici presque entièrement inexplorée ; et cette négligence doit être probablement attribuée à ce fait qui semble étrange, que l'existence de cette force nerveuse soit demeurée si longtemps sans être étudiée, examinée et à peine constatée.

Maintenant qu'il est acquis, par les preuves données par des appareils, que c'est un fait de la nature (et si c'est un fait, il est impossible d'en exagérer l'importance au point de vue de la physiologie et de la lumière qu'il doit jeter sur les lois obscures de la vie, de l'esprit et de la science médicale), sa discussion, son examen immédiat et sérieux ne peuvent pas ne pas être faits par les physiologistes et par tous ceux qui ont à cœur la connaissance « de l'homme », connaissance qui a été nommée avec raison « la plus noble étude de l'humanité ».

Pour éviter l'apparence de toute conclusion prématurée, je recommanderais d'adopter pour cette force un nom qui lui soit propre, et je me hasarde à suggérer l'idée qu'on pourrait l'appeler force « psychique » ; que les personnes chez qui elle se manifeste avec une grande puissance s'appellent « psychistes », et que la science qui s'y rapporte se nomme « psychisme », comme étant une branche de la psychologie.

Permettez-moi aussi de proposer la prochaine formation d'une Société psychologique dans le but de faire marcher, par le moyen des expériences, des journaux et de la discussion, l'étude de cette science jusqu'ici négligée.

Je suis, etc.

Ed.-W. Cox.

A M. W. Crookes, F. R. S. »

§ IV

Les tracés représentés sur les figures qui suivent ont été recueillis suivant le procédé déjà

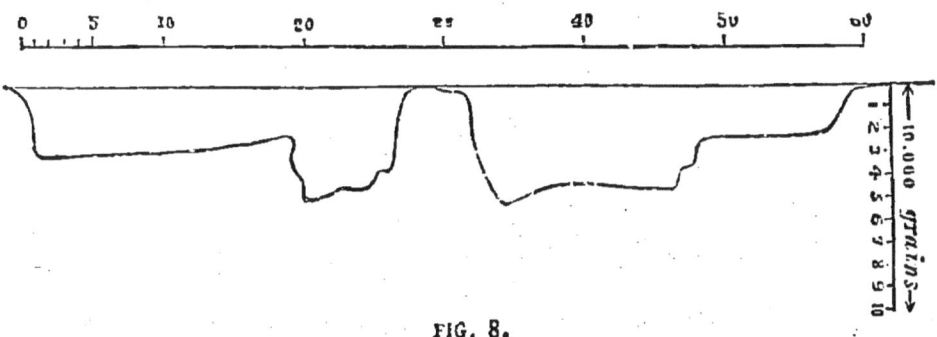

FIG. 8.

indiqué plus haut dans les expériences où la « force, le courant, le pouvoir ou l'influence »

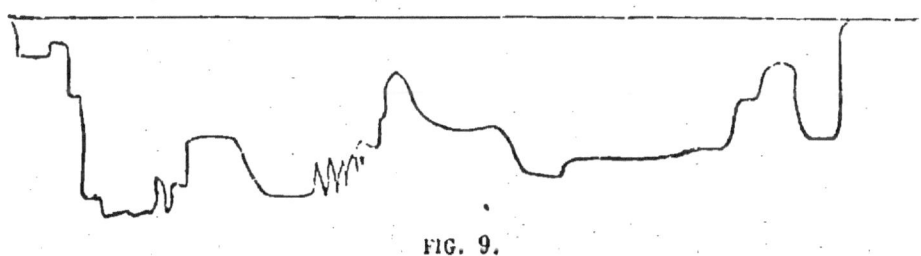

FIG. 9.

s'échappait des mains de Home et agissait à travers l'eau.

Il faut lire le livre de M. Crookes pour se faire une idée du luxe de précautions dont il s'est en-

touré dans ses expériences. Le pauvre Home
était soumis à des épreuves bien offensantes : on
lui tenait les pieds et les mains, il n'avait le droit
de faire aucun mouvement sans que plusieurs

FIG. 10.

paires d'yeux méfiants ne fussent braquées sur
lui.

Les expériences ci-dessus furent répétées avec
une autre personne douée d'un « pouvoir »
semblable à celui de M. Home, mais moins fort.
De plus, avec cette autre personne, que M. Crookes

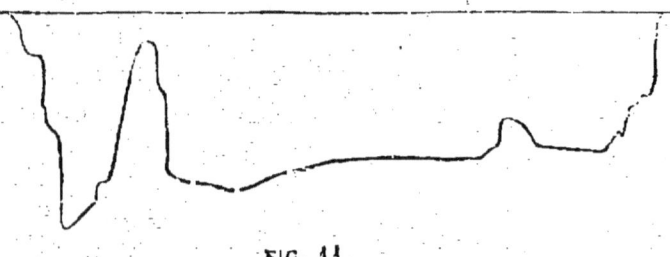

FIG. 11.

ne nomme pas parce que, dit-il, elle ne fait pas
profession de médium, il fit des expériences de
même nature, mais avec des instruments plus dé-
licats dont les figures 12 et 13 donneront une
idée suffisante, surtout aux personnes habituées

aux recherches graphiques à l'aide d'appareils enregistreurs.

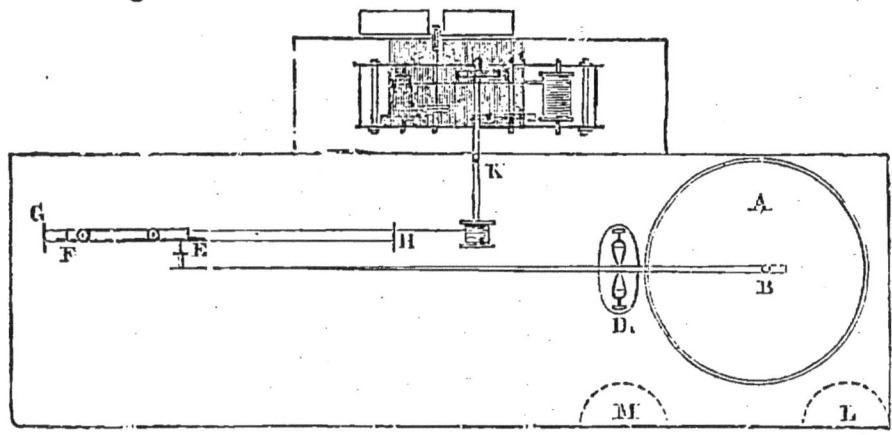

FIG. 12.

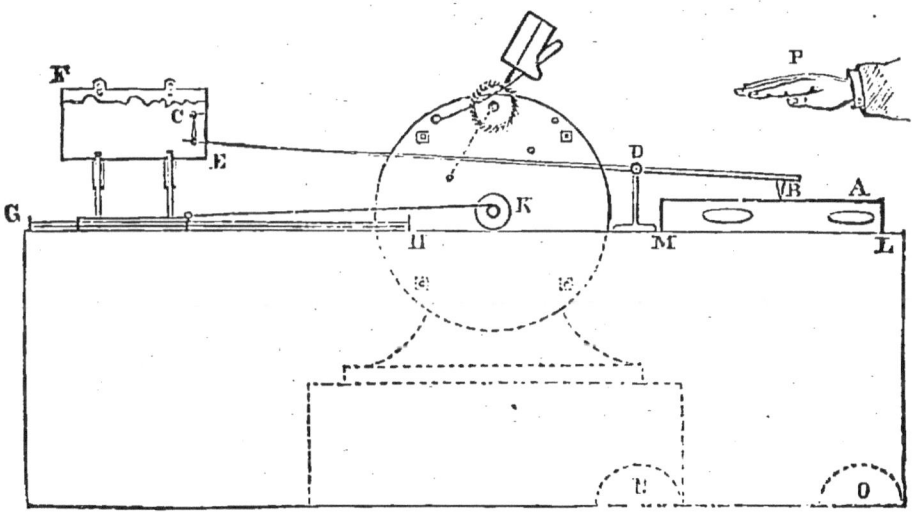

FIG. 13.

Des tracés ont été obtenus à l'aide de cet instrument dans lequel une membrane de parchemin tendue sur le cadre A devait servir, sans contact des mains, à faire mouvoir l'extrémité B du levier qui reposait sur elle.

Les effets bruyants obtenus par l'intermédiaire de la personne en question furent très remarquables : il semblait aux expérimentateurs qu'il tombait de la grêle sur la membrane de parchemin. Les tracés obtenus — M. Crookes tenant ses

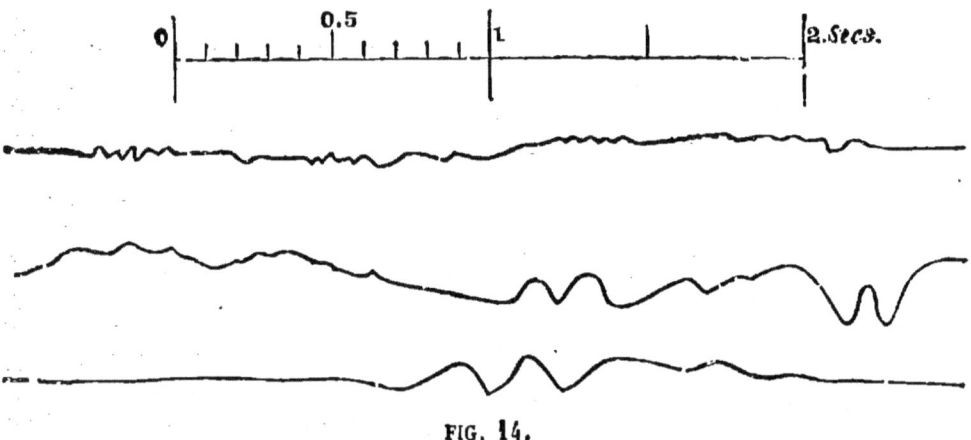

FIG. 14.

mains sur celles du médium qui restèrent complètement immobiles — sont reproduits dans la figure 14.

Les tracés obtenus avec M. Home à l'aide du même appareil sont plus accidentés et marquent une force plus considérable, bien qu'elle ait agi à une distance plus grande que dans le cas précédent. Les figures 15 et 16 ont été produites avec le *fluide* de Home.

272 LE SPIRITISME

Partant de ces expériences, M. Crookes conclut que l'existence d'une force associée à l'organisme humain doit être mise hors de doute. Cette force, « par laquelle un surcroît de poids peut être

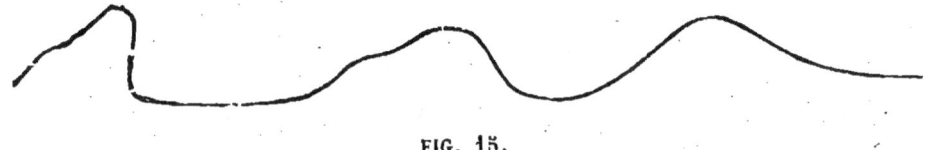

FIG. 15.

ajouté à des corps solides sans contact effectif », se rencontre chez un très petit nombre d'individus. Chez la même personne elle est très variable d'un instant à l'autre. Après avoir observé

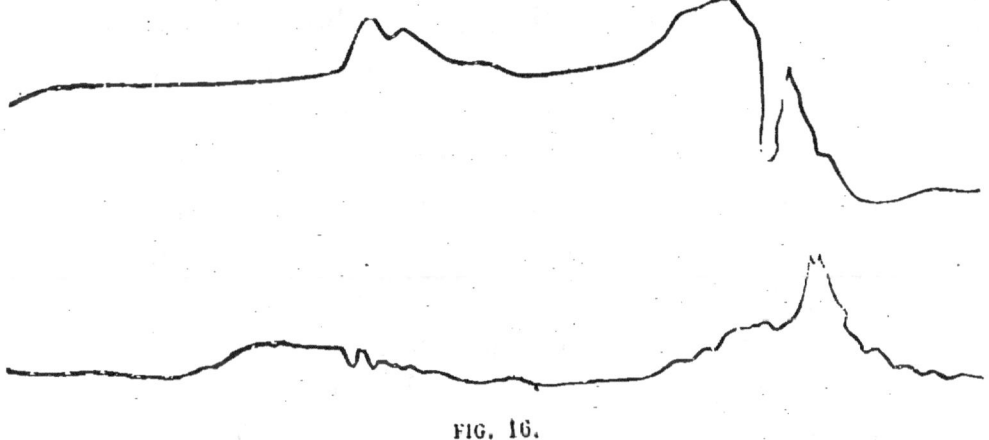

FIG. 16.

« l'état pénible de prostration nerveuse et corporelle dans laquelle quelques-unes de ces expériences ont laissé M. Home, après l'avoir vu dans un état de défaillance presque complète, étendu sur le plancher, pâle et sans voix », M. Crookes pense que cette influence procède du système nerveux et que cette *force psychique* est « accompagnée d'un épuisement correspondant de la force vitale [1] ».

Répétons que toutes ces expériences ont été faites dans la maison et dans le laboratoire de leur auteur, au moyen d'instruments à lui, et avec l'assistance de préparateurs qui sont des maîtres pour la plupart.

William Crookes avait fait connaître ses recherches, lorsque le professeur Boutlerow, professeur de chimie à l'université de Saint-Pétersbourg, lui écrivit qu'il venait de faire des expériences semblables avec Home, dont la force à ce moment était des plus considérables. Un appareil avait été disposé de telle façon que la pression des mains de Home à l'endroit où elles étaient appliquées eût diminué la tension si ce dernier avait fait le moindre effort. Le dynamomètre servant à l'expérience marquait une tension normale de 100 livres. Lorsque Home eut appliqué ses mains, la tension du dynamomètre fut portée à 150 livres.

---

[1] Home est mort d'une affection nerveuse ; c'est le sort de tous ceux qui, comme lui, se prêtent à ces expériences d'une manière continue. Les fakirs de l'Inde finissent généralement de la même manière.

L'auteur rappelle aussi dans son livre que le Dʳ Robert Hare [1], professeur émérite de chimie, avait obtenu des résultats identiques, ainsi que M. Thury, professeur à l'académie de Genève en 1855. Ce dernier savant repoussait l'intervention des « esprits », ne voulait voir dans ces phénomènes que l'effet d'une force nerveuse spéciale, analogue à l'éther des savants, qui transmet la lumière, et donnait à cette force le nom de *force ecténique* (de ἐκτένια, *extension*).

L'existence de cette force est donc incontestable. On ferait encore admettre cela facilement, mais voici que le Comité de recherches de la Société dialectique de Londres, tout en établissant sa réalité, après expériences, « constate que cette force est souvent dirigée par quelque intelligence ».

Dans son ouvrage sur la suggestion, le professeur Bernheim, de Nancy, n'admet pas l'action d'une force émanant du corps humain dans les manifestations magnétiques ou hypnotiques. Il nie l'existence de cette force; cependant M. le Dʳ Baréty, après Mesmer, en a constaté nettement les effets au moyen d'expériences très ingénieuses [2]. Le Dʳ Baréty a même démontré

---

[1] Robert Hare, *loc. cit.*

[2] Baréty. — *Force neurique rayonnante, vulgairement: magnétisme animal.* Paris, Doin, 1882.

que cette *force*, qu'il appelle *neurique rayonnante*, produit ses effets à travers différentes substances, même à travers un mur, mais qu'elle ne traverse pas l'eau, *dans laquelle elle s'accumule*. Cette force différerait donc de la *force psychique*, qui, elle, se transmet à travers l'eau, comme on l'a vu dans les expériences précitées.

Lorsque M. W. Crookes fit connaître ses recherches, elles furent fort mal accueillies; naturellement, la Société royale, dont notre expérimentateur fait partie, ne voulut pas d'une nouveauté aussi compromettante, et le professeur Balfour Steward poussa la facétie jusqu'à supposer que M. Crookes et les personnes qui l'avaient assisté avaient été fascinés par la grande puissance *électro-biologique*(?) de M. Home. « Possible ! répondit M. Crookes, que nous ayons été fascinés, mais nos instruments enregistreurs ont-ils été fascinés aussi ? »

Le savant anglais constata le *fait important* que voici : lorsque la « force » était faible, la lumière exerçait une action contraire sur quelques-uns des phénomènes. Mais avec Home, dont la *force* était considérable, on pouvait opérer en pleine lumière. Ceci lui a permis d'essayer l'action de différentes lumières sur cette force : lumière du soleil — lumière diffuse — clair de lune — gaz — lampe — bougie — lumière électrique — lumière jaune homogène, — etc., etc. Les rayons les moins favorables aux manifestations « semblent être ceux de l'extrémité du spectre ».

Jusqu'ici, dans les expériences de M. Crookes, rien, en apparence, pour un observateur superficiel, n'est par trop extraordinaire ; mais le savant « habitué aux recherches merveilleusement exactes » se dit que si, sans action d'une force connue, une plume se meut spontanément, il n'y a pas de raison pour qu'un homme ne s'élève également, et dans les mêmes conditions, au-dessus du sol. C'est pourquoi M. Crookes parle des phénomènes suivants d'une façon toute naturelle, le principe étant une fois admis; aussi se contente-t-il d'indiquer sommairement différents phénomènes qu'il a observés et qu'il réserve peut-être pour un travail de plus longue haleine. Il classe ainsi ces phénomènes :

Ire classe. — Mouvements de corps pesants avec contact, mais sans effort mécanique.

IIe classe. — Phénomènes de percussion et autres sons de même nature.

IIIe classe. — Altération du poids des corps.

IVᵉ classe. — Mouvements d'objets pesants placés à une certaine distance du médium.

Vᵉ classe. — Tables et chaises enlevées de terre sans l'attouchement de personne.

VIᵉ classe. — Enlèvement de corps humains. (Il a vu à trois reprises Home s'élever complètement au-dessus du plancher.)

VIIᵉ classe. — Mouvements de certains petits objets sans le contact de personne.

VIIIᵉ classe. — Apparitions lumineuses.

IXᵉ classe. — Apparitions de mains lumineuses par elles-mêmes ou visibles à la lumière ordinaire.

Xᵉ classe. — Ecriture directe.

XIᵉ classe. — Formes et figures de fantômes.

XIIᵉ classe. — Cas particuliers semblant indiquer l'action d'une intelligence extérieure.

XIIIᵉ classe. — Manifestations diverses d'un caractère composé.

Il faudrait pouvoir citer en entier le livre de M. Crookes ; aussi nous engageons tous ceux qui ne croient pas ces questions indignes de l'attention des hommes sérieux, à lire l'ouvrage dont nous venons d'analyser brièvement quelques chapitres[1] : ils y trouveront le tact scientifique d'un expérimentateur consommé et l'accent d'une haute sincérité qui impose. De plus, tout en relatant les séances les plus peuplées de fantômes, M. Crookes ne nous dit pas qu'il croit aux esprits : il paraît avoir mis cette question de côté.

Nous allons terminer l'examen de l'ouvrage du savant membre de la Société Royale, mais nous nous ferions un reproche de ne pas reproduire en entier les quelques pages qui le terminent. Ces pages contiennent le récit de faits tellement extraordinaires qu'on se prend la tête à deux mains pour se demander si l'on rêve.

On a besoin de se rappeler le nom et la qualité de celui qui a écrit ces récits pour ne pas jeter loin de soi le livre qui les renferme. Et quand on se dit qu'il n'y a plus à se fier à personne si M. Crookes n'a pas dit vrai, on se sent presque effrayé et on se demande malgré soi, dans son inquiétude : Où allons-nous ?

[1] *Nouvelle expérience sur la force psychique.* Librairie des sciences psychologiques, 5, rue des Petits-Champs.

§ V

Voici les lettres écrites par M. Crookes à différents journaux philosophiques de Londres ; on verra que les séances de « matérialisation d'esprits » dont l'auteur s'est fait le narrateur ne diffèrent pas essentiellement de celles que nous avons citées à titre de spécimens de la littérature spirite :

« .... La séance se tenait dans la maison de M. Luxmore, et le « cabinet » était un arrière-salon séparé par un rideau de la chambre de devant, dans laquelle se trouvait l'assistance.

La formalité ordinaire d'inspecter la chambre et d'examiner les fermetures ayant été effectuée, M{{lle}} Cook pénétra dans le cabinet.

Au bout de peu de temps, la forme de Katie apparut à côté du rideau, mais elle se retira bientôt en disant que son médium n'était pas bien et ne pouvait pas être mis dans un sommeil suffisamment profond pour qu'il fût sans danger pour elle de s'en éloigner.

J'étais placé à quelques pieds du rideau derrière lequel M{{lle}} Cook était assise, le touchant presque, et je pouvais fréquemment entendre ses plaintes et ses sanglots, comme si elle souffrait. Ce malaise continua par intervalles presque pendant toute la durée de la séance, *et une fois comme la forme de Katie était devant moi dans la chambre, j'entendis distinctement le son d'un sanglot plaintif, identique à ceux que Mlle Cook avait fait entendre par intervalles tout le temps de la séance et qui venait de derrière le rideau où elle devait être assise.*

J'avoue que la figure était frappante d'apparence de vie et de réalité, et autant que je pouvais voir à la lumière un peu indécise, ses traits ressemblaient à ceux de Mlle Cook, mais cependant la preuve positive donnée par un de mes sens, que le soupir venait de Mlle Cook, dans le cabinet, tandis que la figure était au dehors, cette preuve, dis-je, est trop forte pour être renversée par une simple supposition du contraire, même bien soutenue.

Vos lecteurs, Messieurs, me connaissent et voudront bien croire, j'espère, que je n'adopterai pas précipitamment une opinion, ni que je ne leur demanderai pas d'être d'accord avec moi, d'après une preuve insuffisante. C'est peut-être trop espérer que de penser que le petit incident que j'ai mentionné aura pour eux le même poids que celui qu'il a eu pour moi. Mais je leur demanderai ceci : « que ceux qui inclinent à juger durement Mlle Cook suspendent leur jugement jusqu'à ce que j'apporte une preuve certaine, qui, je le crois, sera suffisante pour résoudre la question.

En ce moment, Mlle Cook se consacre exclusivement à une série de séances privées auxquelles n'assistent qu'un ou deux de mes amis et moi. Ces séances se prolongeront probablement pendant quelques mois, et j'ai la promesse que toute preuve que je désirerai me sera donnée. Ces séances n'ont pas eu lieu depuis quelques semaines, mais il y en a eu assez pour me convaincre pleinement de la sincérité et de l'honnêteté parfaites de Mlle Cook et pour me donner tout lieu de croire que les promesses que Katie m'a faites si librement seront tenues.

Maintenant, tout ce que je demande, c'est que vos lecteurs ne présument pas à la hâte que tout ce qui, à première vue, paraît douteux implique nécessairement déception, et qu'ils veuillent bien suspendre leur jugement jusqu'à ce que je leur parle de nouveau de ces phénomènes.

Je suis, etc.

WILLIAM CROOKES.

20, Mornington Road, London, 3 février 1874. »

« Dans une lettre que j'ai écrite à ce journal au commencement de février dernier, je parlais des phénomènes de formes d'esprits qui s'étaient manifestées par la médiumnité de Mlle Cook, et je disais : « Que ceux qui inclinent à juger durement Mlle Cook, suspendent leur jugement jusqu'à ce que j'apporte une preuve certaine qui, je le crois, sera suffisante pour résoudre la question.

« En ce moment, Mlle Cook se consacre exclusivement à une série de séances privées auxquelles n'assistent qu'un ou deux de mes amis et moi... J'en ai vu assez pour me convaincre pleinement de la sincérité et de l'honnêteté parfaites de Mlle Cook et pour me donner tout lieu de croire que les promesses que Katie m'a faites si librement seront tenues ».

Dans cette lettre, je décrivais un incident qui, selon moi, était propre à me convaincre que Katie et Mlle Cook étaient deux êtres matériels distincts. Lorsque Katie était hors du cabinet, debout devant moi, j'entendis un son plaintif venant de Mlle Cook qui était dans le cabinet. Je suis heureux de dire que j'ai enfin obtenu « la *preuve absolue* », dont je parlais dans la lettre ci-dessus mentionnée.

Pour le moment, je ne parlerai pas de la plupart des preuves que Katie m'a données dans les nombreuses occasions où Mlle Cook m'a favorisé de séances chez moi, et je n'en décrirai qu'une ou deux qui ont eu lieu récemment. Depuis quelque temps, j'expérimentais avec une lampe à phosphore, consistant en une bouteille de 6 à 8 onces, qui contenait un peu d'huile phosphorée et qui était solidement bouchée. J'avais des raisons pour espérer qu'à la lumière de cette lampe quelques-uns des mystérieux phénomènes du cabinet pourraient se rendre visibles, et Katie espérait, elle aussi, obtenir le même résultat.

Le 12 mars, pendant une séance chez moi, et après que Katie eût marché au milieu de nous, qu'elle nous eût parlé pendant quelque temps, elle se retira derrière le rideau qui séparait mon laboratoire, où l'assistance était assise, de ma bibliothèque qui, temporairement, faisait l'office de cabinet. Au bout d'un moment, elle revint au rideau et m'appela à elle en disant : « Entrez dans la chambre et soulevez la tête de mon médium, elle a glissé à terre ». Katie était alors debout devant moi, vêtue de sa robe blanche habituelle et coiffée de son turban. Immédiatement, je me dirigeai vers la bibliothèque pour relever Mlle Cook, et Katie fit quelques pas de côté pour me laisser passer. En effet, Mlle Cook avait glissé en partie de dessus le canapé, et sa tête penchait dans une situation très pénible. Je la remis sur le canapé, et, en faisant cela, j'eus, malgré l'obscurité, la vive satisfaction de constater que Mlle Cook n'était pas revêtue du costume de Katie, mais qu'elle portait son vêtement ordinaire de velours noir et se trouvait dans une profonde léthargie. Il ne s'était pas écoulé plus de trois secondes entre le moment où je vis Katie en robe blanche devant moi et celui où je relevai Mlle Cook sur le canapé en la tirant de la position où elle se trouvait.

En retournant à mon poste d'observation, Katie apparut de nouveau et dit qu'elle pensait qu'elle pourrait se montrer à moi en même temps que son médium. Le gaz fut baissé, et elle me demanda ma lampe à phosphore. Après s'être montrée à sa lueur pendant quelques secondes, elle me la remit dans les mains en disant : « Maintenant, entrez, et venez voir mon médium ». Je la suivis de près dans ma bibliothèque et, à la lueur de ma lampe, je vis Mlle Cook reposant sur le sofa exactement comme je l'y avais laissée. Je regardai autour de moi pour voir Katie, mais elle avait disparu. Je l'appelai, mais je ne reçus pas de réponse.

Je repris ma place, et Katie réapparut bientôt et me dit que tout le temps elle avait été debout auprès de Mlle Cook. Elle demanda alors si elle ne pourrait pas elle-même essayer une expérience, et prenant de mes mains la lampe à phosphore, elle passa derrière le rideau, me priant de ne pas regarder dans le cabinet pour le moment. Au bout de quelques minutes, elle me rendit la lampe en me disant qu'elle n'avait pas pu réussir, qu'elle avait épuisé tout le fluide du médium, mais qu'elle essayerait de nouveau une autre fois. Mon fils aîné, un garçon de quatorze ans, qui était assis en face de moi, dans une position telle qu'il pouvait voir derrière le rideau, me dit qu'il avait vu distinctement la lampe à phosphore paraissant flotter dans l'espace au-dessus de Mlle Cook et l'éclairant pendant qu'elle était étendue sans mouvement sur le sofa, mais qu'il n'avait pu voir personne tenir la lampe.

Je passe maintenant à la séance tenue hier soir à Hackney. Jamais Katie n'est apparue avec une aussi grande perfection ; pendant près de deux heures, elle s'est promenée dans la chambre en causant familièrement avec ceux qui étaient présents. Plusieurs fois elle prit mon bras en marchant, et l'impression ressentie par mon esprit que c'était une femme vivante qui se trouvait à mon côté et non pas un visiteur de l'autre monde, cette impression, dis-je, fut si forte, que la tentation de répéter une récente et curieuse expérience devint presque irrésistible.

Pensant donc que si je n'avais pas un esprit près de moi, il y avait tout au moins une dame, je lui demandai la permission de la prendre dans mes bras, afin de me permettre de vérifier les intéressantes observations qu'un expérimentateur hardi avait récemment fait connaître d'une manière tant soit peu prolixe. Cette permission me fut gracieusement donnée, et, en conséquence, j'en usai — convenablement — comme tout homme bien élevé l'eût fait dans ces circonstances. M. Volckman sera charmé de savoir que je puis corroborer son assertion que le « fantôme » (qui, du reste, ne fit aucune résistance) était un être aussi matériel que Mlle Cook elle-même. Mais la suite montrera combien un expérimentateur a tort, quelque soignées que ses observations puissent être, de se hasarder à formuler une importante conclusion quand les preuves ne sont pas en quantité suffisante.

Katie dit alors que cette fois elle se croyait capable de se montrer en même temps que Mlle Cook. Je baissai le gaz, et ensuite, avec ma lampe à phosphore, je pénétrai dans la chambre qui servait de cabinet. Mais préalablement, j'avais prié un de mes amis, qui est habile sténographe, de noter toute observation que je pourrais faire pendant que je serais dans ce cabinet, car je connais l'importance qui s'attache aux premières impressions, et je ne voulais pas me confier à ma mémoire plus qu'il n'était nécessaire. Ces notes sont en ce moment devant moi.

J'entrai dans la chambre avec précaution; il y faisait noir, et ce fût à tâtons que je cherchai Mlle Cook. Je la trouvai accroupie sur le plancher.

M'agenouillant, je laissai l'air entrer dans ma lampe, et à sa lueur, je vis cette jeune dame vêtue de velours noir, comme elle l'était au début de la séance et ayant toute l'apparence d'être complètement insensible. Elle ne bougea pas lorsque je pris sa main et tint la lampe tout à fait près de son visage ; mais elle continua à respirer paisiblement.

Elevant la lampe, je regardai autour de moi et je vis Katie qui se tenait debout tout près de Mlle Cook et derrière elle. Elle était vêtue d'une draperie blanche et flottante comme nous l'avions déjà vue pendant la séance. Tenant une des mains de Mlle Cook dans la mienne, et m'agenouillant encore, j'élevai et j'abaissai la lampe, tant pour éclairer la figure entière de Katie, que pour pleinement me convaincre que je voyais bien réellement la vraie Katie que j'avais pressée dans mes bras quelques minutes auparavant, et non pas le fantôme d'un cerveau malade. Elle ne parla pas, mais elle remua la tête en signe de reconnaissance. Par trois fois différentes, j'examinai soigneusement Mlle Cook accroupie devant moi, pour m'assurer que la main que je tenais était bien celle d'une femme vivante et, à trois reprises différentes, je tournai ma lampe vers Katie pour l'examiner avec une attention soutenue, jusqu'à ce que je n'eusse plus le moindre doute qu'elle était bien là devant moi. A la fin, Mlle Cook fit un léger mouvement, et aussitôt Katie me fit signe de m'en aller. Je me retirai dans une autre partie du cabinet et cessai alors de voir Katie, mais je ne quittai pas la chambre jusqu'à ce que M¹¹ᵉ Cook se fût éveillée et que deux des assistants eussent pénétré avec de la lumière.

Avant de terminer cet article, je désire faire connaître quelques-unes des différences que j'ai observées entre M¹¹ᵉ Cook et Katie. La taille de Katie est variable ; chez moi je l'ai vue plus grande de six pouces que M¹¹ᵉ Cook. Hier soir, ayant les pieds nus et ne se tenant pas sur la pointe des pieds, elle avait quatre pouces et demi de plus que M¹¹ᵉ Cook. Hier soir, Katie avait le cou découvert, la peau était parfaitement douce au toucher et à la vue, tandis que M¹¹ᵉ Cook a au cou une cicatrice qui, dans des circonstances semblables, se voit distinctement et est rude au toucher. Les oreilles de Katie ne sont pas percées, tandis que M¹¹ᵉ Cook porte ordinairement des boucles d'oreilles. Le teint de Katie est très blanc, tandis que celui de M¹¹ᵉ Cook est très brun. Les doigts de Katie sont beaucoup plus longs que ceux de M¹¹ᵉ Cook et son visage est aussi plus grand. Dans les façons et manières de s'exprimer, il y a aussi bien des différences marquées.

La santé de M¹¹ᵉ Cook n'est pas assez bonne pour lui permettre de donner, avant quelques semaines, d'autres séances expérimentales comme celles-ci, et nous l'avons en conséquence fortement engagée à prendre un repos complet avant de recommencer la campagne d'expériences dont, à cause d'elle, j'ai

288 LE SPIRITISME

donné un aperçu, et dans un temps prochain, j'espère que je pourrai en faire connaitre les résultats.

DERNIÈRE APPARITION DE KATIE KING
SA PHOTOGRAPHIE A L'AIDE DE LA LUMIÈRE ÉLECTRIQUE

Ayant pris une part active aux dernières séances de M{}^{lle} Cook, et ayant très bien réussi à prendre de nombreuses photographies de Katie King à l'aide de la lumière électrique, j'ai pensé que la publication de quelques détails serait intéressante pour les spiritualistes.

Durant la semaine qui a précédé le départ de Katie, elle a donné des séances chez moi, presque tous les soirs, afin de me permettre de la photographier à la lumière artificielle. Cinq appareils complets de photographie furent donc préparés à cet effet. Ils consistaient en cinq chambres noires, une de la grandeur de plaque entière, une de demi-plaque, une de quart, et de deux chambres stéréoscopiques binoculaires, qui devaient toutes être dirigées sur Katie en même temps chaque fois qu'elle poserait pour obtenir son portrait. Cinq bains sensibilisateurs et fixateurs furent employés et nombre de glaces furent nettoyées à l'avance, prêtes à servir, afin qu'il n'y eût ni hésitation ni retard pendant les opérations photographiques que j'exécutai moi-même, assisté d'un aide.

Ma bibliothèque servit de cabinet noir : elle avait une porte à deux battants qui s'ouvrait sur le laboratoire, un de ces battants fut enlevé de ses gonds et un rideau fut suspendu à sa place pour permettre à Katie d'entrer et de sortir facilement. Ceux de nos amis qui étaient présents étaient assis dans le laboratoire en face du rideau, et les chambres noires étaient placées un peu derrière eux, prêtes à photographier Katie quand elle sortirait et à prendre également l'intérieur du cabinet, chaque fois que le rideau serait soulevé dans ce but. Chaque soir il y avait trois ou quatre expositions de glaces dans les cinq chambres noires, ce qui donnait au moins quinze épreuves par séance. Quelques-unes se gâtèrent au développement, d'autres en réglant la lumière. Malgré tout, j'ai quarante-quatre négatifs, quelques-uns médiocres, quelques-uns ni bons ni mauvais, et d'autres excellents.

Katie donna pour instruction à tous les assistants de rester assis et d'observer cette condition ; seul, je ne fus pas compris dans cette mesure, car, depuis quelque temps, elle m'avait donné la permission de faire ce que je voudrais, de la toucher, d'entrer dans le cabinet et d'en sortir, presque chaque fois qu'il me plairait. Je l'ai souvent suivie dans le cabinet et l'ai vue quelquefois, elle et son médium, en même temps ; mais le plus généralement, je ne trouvais que le médium en léthargie et reposant sur le parquet ; Katie et son costume blanc avaient instantanément disparu.

Durant ces six derniers mois, Mlle Cook a fait chez

moi de nombreuses visites, et y est demeurée quelquefois une semaine entière. Elle n'apportait avec elle qu'un petit sac de nuit ne fermant pas à clef; pendant le jour elle était constamment en compagnie de Mme Crookes, de moi-même, ou de quelque autre membre de ma famille, et ne dormant pas seule, il y a eu manque absolu d'occasions de rien préparer, même d'un caractère moins achevé, qui fût apte à jouer le rôle de Katie King. J'ai préparé et disposé moi-même ma bibliothèque ainsi que le cabinet noir, et d'habitude, après que Mlle Cook avait dîné et causé avec nous, elle se dirigeait droit au cabinet, et à sa demande je fermais à clef la seconde porte, gardant la clef sur moi pendant toute la séance : alors on baissait le gaz et on laissait Mlle Cook dans l'obscurité.

En entrant dans le cabinet, Mlle Cook s'étendait sur le plancher, sa tête sur un coussin, et bientôt elle était en léthargie. Pendant les séances photographiques, Katie enveloppait la tête de son médium avec un châle, pour empêcher que la lumière ne tombât sur son visage. Fréquemment, j'ai soulevé un côté du rideau lorsque Katie était debout tout auprès, et alors il n'était pas rare que les sept ou huit personnes qui étaient dans le laboratoire pussent voir en même temps Mlle Cook et Katie, sous le plein éclat de la lumière électrique. Nous ne pouvions pas, alors, voir le visage du médium à cause du châle, mais nous apercevions ses mains et ses pieds ; nous la voyions se remuer péniblement sous l'influence de cette lumière intense, et par moments nous entendions ses plaintes. J'ai une épreuve de Katie et de son médium photographiés ensemble; mais Katie est placée devant la tête de Mlle Cook.

Pendant que je prenais une part active à ces séances, la confiance qu'avait en moi Katie s'accroissait graduellement, au point qu'elle ne voulait plus donner de séance à moins que je ne me chargeasse des dispositions à prendre, disant qu'elle voulait toujours m'avoir près d'elle et près du cabinet. Dès que cette confiance fut établie, et quand elle eut la satisfaction d'être sûre que je tiendrais les promesses que je pouvais lui faire, les phénomènes augmentèrent beaucoup en puissance, et des preuves me furent données qu'il m'eût été impossible d'obtenir si je m'étais approché du sujet d'une manière différente.

Elle m'interrogeait souvent au sujet des personnes présentes aux séances et sur la manière dont elles seraient placées, car, dans les derniers temps, elle était devenue très nerveuse à la suite de certaines suggestions malavisées, qui conseillaient d'employer la force pour aider à des modes de recherches plus scientifiques.

Une des photographies les plus intéressantes est celle où je suis debout à côté de Katie; elle a son pied nu sur un point particulier du plancher. J'habillai ensuite Mlle Cook comme Katie; elle et moi nous plaçâmes dans la même position et nous fûmes photographiés par les mêmes objectifs placés absolument comme dans l'autre expérience et éclairés par la même lumière. Lorsque ces deux dessins sont placés l'un sur l'autre, les deux photographies de moi coïncident parfaitement quant à la taille, etc., mais Katie est plus grande d'une demi-tête que Mlle Cook, et auprès d'elle elle semble une grosse femme. Dans beaucoup d'épreuves, la largeur de son visage et la grosseur de son corps diffèrent essentiellement de son médium et les photographies font voir plusieurs autres points de dissemblance.

Mais la photographie est aussi impuissante à dépeindre la beauté parfaite du visage de Katie, que les mots le sont eux-mêmes à décrire le charme de ses manières. La photographie peut, il est vrai, donner un dessin de sa pose ; mais comment pourrait-elle reproduire la pureté brillante de son teint, ou l'expression sans cesse changeante de ses traits si mobiles, tantôt voilés de tristesse lorsqu'elle racontait quelque amer événement de sa vie passée, tantôt souriants avec toute l'innocence d'une jeune fille lorsqu'elle avait réuni mes enfants autour d'elle et qu'elle les amusait en leur racontant des épisodes de ses aventures dans l'Inde.

J'ai si bien vu Katie récemment, lorsqu'elle était éclairée par la lumière électrique, qu'il m'est possible d'ajouter quelques traits aux différences que, dans un précédent article, j'ai établies entre elle et son médium. J'ai la certitude la plus absolue que Mlle Cook et Katie sont deux individualités distinctes, du moins en ce qui concerne leurs corps. Plusieurs petites marques qui se trouvent sur le visage de Mlle Cook.

font défaut sur celui de Katie. La chevelure de Mlle Cook est d'un brun si foncé qu'elle paraît presque noire ; une boucle de celle de Katie, qui est là sous mes yeux et qu'elle m'avait permis de couper au milieu de ses tresses luxuriantes après l'avoir suivie de mes propres doigts jusque sur le haut de sa tête et m'être assuré qu'elle y avait bien poussé, est d'un riche châtain doré.

Un soir, je comptai les pulsations de Katie : son pouls battait régulièrement 75, tandis que celui de Mlle Cook peu d'instants après atteignait 90, son chiffre habituel. En appuyant mon oreille sur la poitrine de Katie, je pouvais entendre un cœur battre à l'intérieur, et ses pulsations étaient encore plus régulières que celles du cœur de Mlle Cook, lorsque après la séance elle me permettait la même expérience. Eprouvés de la même manière, les poumons de Katie se montrèrent plus sains que ceux de son médium, car, au moment où je fis mon expérience, Mlle Cook suivait un traitement médical pour un gros rhume.

Vos lecteurs trouveront sans doute intéressant qu'à vos récits et à ceux de M. Ross Church, au sujet de la dernière apparition de Katie, viennent s'ajouter les miens, du moins ceux que je puis publier. Lorsque le moment de nous dire adieu fut arrivé pour Katie, je lui demandai la faveur d'être le dernier à la voir. En conséquence, quand elle eut appelé à elle chaque personne de la société et qu'elle leur eut dit quelques mots en particulier, elle donna des instructions générales pour notre direction future et la protection à donner à Mlle Cook. De ces instructions qui furent sténographiées, je cite la suivante : « M. Crookes a très bien agi constamment, et c'est avec la plus grande confiance que je laisse Florence entre ses mains, parfaitement sûre que je sais qu'il ne trompera pas la foi que j'ai en lui. Dans toutes les circonstances imprévues, il pourra faire mieux que moi-même, car il a plus de force ».

Ayant terminé ses instructions, Katie m'engagea à entrer dans le cabinet avec elle, et me permit d'y demeurer jusqu'à la fin.

Après avoir fermé le rideau, elle causa avec moi pendant quelque temps, puis elle traversa la chambre pour aller à Mlle Cook, qui gisait inanimée sur le plancher. Se penchant sur elle, Katie la toucha et lui dit : « Eveillez-vous, Florence, éveillez-vous ! Il faut que je vous quitte maintenant ! »

Mlle Cook s'éveilla tout en larmes, elle supplia Katie de rester quelque temps encore. « Ma chère, je ne le puis pas ; ma mission est accomplie. Que Dieu vous bénisse ! » répondit Katie, et elle continua à parler à Mlle Cook. Pendant quelques minutes, elles causèrent ensemble, jusqu'à ce qu'enfin les larmes de Mlle Cook l'empêchèrent de parler. Suivant les instructions de Katie, je m'élançai pour soutenir Mlle Cook qui allait tomber sur le plancher et qui sanglotait convulsivement. Je regardai autour de moi, mais Katie et sa robe blanche avaient disparu. Dès que Mlle Cook fut assez calmée, on apporta une lumière, et je la conduisis hors du cabinet.

Les séances presque journalières dont Mlle Cook m'a favorisé dernièrement ont beaucoup éprouvé ses forces, et je désire faire connaître le plus possible les obligations que je lui dois pour son empressement à m'assister dans mes expériences. Quelque épreuve que j'aie proposée, elle a accepté de s'y soumettre avec la plus grande bonne volonté ; sa parole est franche et va droit au but, et je n'ai jamais rien vu qui pût en rien ressembler à la plus légère apparence du désir de tromper. Vraiment, je ne crois pas qu'elle pût mener une fraude à bonne fin, si elle venait à l'essayer ; et si elle le tentait, elle serait très promptement découverte, car une telle manière de faire est tout à fait étrangère à sa nature. Et quant à imaginer qu'une innocente écolière de quinze ans ait été capable de concevoir et de mener pendant trois ans avec un plein succès une aussi gigantesque imposture que celle-ci, et que, pendant ce temps, elle se soit soumise à toutes les conditions qu'on a exigées d'elle ; qu'elle ait supporté les recherches les plus minutieuses ; qu'elle ait voulu être inspectée à n'importe quel moment, soit avant, soit après les séances ; qu'elle ait obtenu encore plus de succès dans ma propre maison que chez ses parents, sachant qu'elle y venait expressément pour se soumettre à de rigoureux essais scientifiques, quant à imaginer, dis-je, que la Katie King des trois dernières années est le résultat d'une imposture, cela fait plus de violence à la raison et au bon sens que de croire qu'elle est ce qu'elle affirme elle-même.

Il ne serait pas convenable à moi de clore cet article sans remercier également M. et Mme Cook pour les grandes facilités qu'ils m'ont données de poursuivre mes observations et mes expériences.

Mes remerciements et ceux de tous les spiritualistes sont dus aussi à M. Charles Blackburn pour sa générosité, qui a permis à Mlle Cook de consacrer tout son temps au développement de ces manifestations, et, en dernier lieu, à leur examen scientifique.

Les photogravures qui suivent ont été faites sans aucune retouche manuelle d'après les photographies de Katie King obtenues par M. Crookes — au moins celles représentées dans les figures 17 et 18. La figure 19 représente, suivant l'honorable M. William Crookes, de qui nous tenons personnellement ce renseignement, le Dr Gully tenant « Katie King » par la main. Cette photographie a été faite par M. Harrison. Quant aux deux dernières (fig. 20 et 21), M. Crookes dit, à leur sujet, que l'une est trop peu distincte (fig. 20), et que l'autre, bien qu'elle porte le visage ressemblant de Katie, n'est pas restée dans son souvenir. Mais, dans la lettre dont il a bien voulu nous honorer, l'affirmation de M. William Crookes en ce qui a trait aux deux premières photographies (fig. 17 et 18) est absolue : c'est bien lui qui les a obtenues, et la personne qu'elles représentent est bien Katie King, c'est-à-dire un personnage qui se formait de toutes

FIG. 17.

Photographie de Katie King (à la lumière électrique).
Reproduction par la photogravure sans aucune retouche manuelle.

Cette photographie a été obtenue dans le laboratoire de M. William Crookes, membre de la Société royale de Londres ; elle représente une personne qui s'est formée de toutes pièces devant le savant expérimentateur. Suivant l'expression des spirites, Katie King serait un *esprit matérialisé* momentanément.

pièces devant ses yeux et disparaissait avec autant de facilité !

298   LE SPIRITISME

Dans le fond de la figure 17, on remarque trois

FIG. 18.
Photographie de Katie King obtenue par M. William Crookes.

rangées de flacons, dont l'une très apparente ;

FIG. 19.
Photographie de Katie King obtenue par M. Harrison. La figure de droite représente M. le Dr Gully, de Londres.

cette épreuve a été prise chez M. Crookes et ces flacons sont ceux de son laboratoire de photographie.

La photographie, reproduite au moyen de la photogravure sur la figure 19, se vend en Angleterre et en Amérique dans les librairies spéciales. L'exemplaire que nous avons sous les yeux porte au verso la mention suivante, que nous traduisons littéralement :

PHOTOGRAPHIE

DE L'ESPRIT MATÉRIALISÉ

« KATIE KING »

Lire l'observation fidèle qui suit :

Cette photographie, qui est une copie agrandie de l'original pris à Londres au moyen de la lumière au magnésium, représente la forme de l'esprit matérialisé, Katie King, *alias* : Annie Morgan, qui, pendant trois ans, fin de mai 1874, vint en présence de plusieurs assistants, par l'intermédiaire de la médiumnité de miss Florence Cook. Le gentleman qui tient sa main est le Dr J.-M. Gully, bien connu des Américains qui ont visité l'établissement hydrothérapique de Great-Malvern. En mars 1874, M. C.-F. Varley, F.-R. S...[1], ingénieur en chef de la Cie du câble transatlantique, et le professeur Crookes, F.-R. S..., illustre chimiste, ont prouvé par

[1] Fellow-Royal-Society. C'est-à-dire membre de la Société royale de Londres.

FIG. 20.
Photographie de Katie King voilée.

une épreuve électrique que miss Cook était dans l'intérieur du cabinet (de M. Crookes) tout le temps que l'esprit Katie était au dehors (dans une autre salle), se promenant au milieu des assistants et s'entretenant avec

FIG. 21.

M. William Crookes, à qui nous avons soumis ces photogravures, nous a fait savoir que, bien que la figure de droite ressemblât à Katie King, il ne se souvenait pas de l'avoir prise.

eux. Le 12 mars 1874, le professeur Crookes, au moyen d'une lampe à phosphore, vit Katie se tenant dans son cabinet tout près de miss Cook et il se convainquit de la réalité objective distincte des deux personnes. Le 7 mai 1874, Benjamin Coleman Esq. (à qui nous sommes redevables de cette photographie) était présent à une séance au sujet de laquelle il écrit : « M. Crookes souleva le rideau et *lui et moi et quatre autres assistants* qui étaient auprès de moi vîmes ensemble et en même temp la forme de Katie vêtue de sa robe blanche et à côté la forme du médium couché, dont la robe était bleue et qui avait un châle rouge sur la tête ». Messieurs. Florence Marryat Ross-Church, qui était présente à trois séances, les 9, 13 et 21 mai 1874, atteste qu'elle a vu le médium et Katie ensemble et qu'elle a senti son corps nu sous son vêtement, ainsi que son cœur battre rapidement et qu'elle peut certifier que « si c'est une *force psychique*, la force psychique est vraiment une femme ». Elle ajoute : « Je ne dois pas oublier de dire que quand Katie coupa, devant nos yeux, douze ou quinze morceaux d'étoffe différents, sur le devant de sa tunique blanche pour laisser en souvenir à ses amis, l'examen le plus minutieux ne pouvait faire voir de trous (à la place où les morceaux avaient été coupés). C'était la même chose avec son voile, et je lui ai vu faire la même chose plusieurs fois ». La disparition de l'esprit matérialisé après son entrée dans le cabinet était le plus souvent instantanée.

Ces photographies se vendent au vu et au su des personnes dont le nom, des plus honorables, figure dans la description qui précède. Comment se fait-il qu'aucune d'elles n'ait protesté contre cet abus de leur nom, si abus il y avait ?

CHAPITRE III

EXPÉRIENCES DE ZOELLNER.

§ I

Après les extraits que nous venons de mettre sous les yeux du lecteur, nous pourrions aborder la troisième partie de notre travail, celle où nous exposons les expériences qui nous sont personnelles; mais il nous reste encore à faire connaître les diverses théories émises par ceux qui ont constaté la réalité des phénomènes dits spiritualistes.

De plus, bien que cet ouvrage soit forcément incomplet — car nous ne citons pas toutes les expériences faites par les savants ou par les hommes les plus respectables, — nous ne pouvons passer sous silence les expériences que Zœllner a fait connaître il y a peu de temps encore[1]. Zœllner, dont la science regrette la perte récente, était un astronome fort distingué, professeur à l'université de Leipzig, membre correspondant de l'Institut de France, etc. Les expériences de Zœllner ont été faites avec un médium que nous connaissons et avec qui nous avons fait une grande partie de nos propres expériences : M. Slade, médium américain. Dans la plupart de ses expériences, Zœllner a été assisté de savants tels que les professeurs Fechner, Braune, Weber, Scheibner et Thiersch, l'illustre chirurgien, dont nous avons pu apprécier le talent au moment de notre séjour en Allemagne, au cours d'une mission scientifique que nous avait confiée M. le ministre de l'instruction publique.

Nous n'ignorons pas que M. Wundt, professeur de philosophie, à la suite d'une séance à laquelle il a assisté chez M. Zœllner, a cru devoir faire une critique très vive des phénomènes produits, critique basée principalement sur ce fait que dans l'expérience à laquelle il était présent, on avait négligé d'examiner les manches de Slade, où devait être cachée une machine à écrire quelconque. Nous n'ignorions pas non plus, avant de commencer nos expériences avec Slade, tout le

---

[1] Zœllner. — *Wissenschaftliche Abhandlungen* 1877-81 Leipzig (4 vol. in-8°). Voir aussi *Naturwissenschaft und, christliche Offenbarung*, Leipzig, 1881.

mal qu'on avait dit de lui ni celui qu'on a tâché de lui faire, mais nous étions bien résolu, malgré la grandissime défiance que ces insinuations malveillantes nous avaient inspirée, et aussi à cause d'elle, à nous en rapporter d'abord et seulement à ce que nous observerions. Les critiques de M. Wundt ne nous ont pas paru avoir été inspirées par un esprit vraiment scientifique : on sent que M. Wundt n'est pas un homme à qui l'expérimentation soit chose familière ; à force de craindre la mystification, il s'est sans doute mystifié lui-même : la crainte de la supercherie l'aura fait tomber dans l'erreur. C'est un phénomène, connu de toute antiquité, que les anciens ont figuré dans la fable de Charybde et Scylla.

Les phénomènes produits par Slade dans la maison de Zœllner sont les suivants :

1° Mouvement par la seule « force » de Slade de l'aiguille aimantée renfermée dans la boîte d'une boussole ;

2° Coups frappés dans une table ; couteau projeté sans contact à la hauteur d'un pied ;

3° Mouvement d'objets lourds, le lit de M. Zœllner transporté à deux pieds du mur, Slade étant assis le dos tourné au lit, les jambes croisées et bien en vue ;

4° Un écran est brisé avec fracas sans contact

avec le médium, et les morceaux sont projetés à cinq pieds de lui;

5° Ecriture produite à plusieurs reprises entre deux ardoises appartenant à Zœllner et tenues bien en vue. C'est ce phénomène que nous avons surtout analysé avec Slade;

6° Aimantation d'une aiguille d'acier;

7° Réaction acide donnée à des substances neutres;

8° Empreintes de mains et de pieds nus sur du noir de fumée ou de la farine ne correspondant pas à l'empreinte des mains ou des pieds du médium, qui, du reste, demeurèrent en vue pendant toute la durée de l'expérience. Au surplus, les pieds de Slade étaient restés chaussés;

9° Nœuds produits dans des bandes de cuir scellées aux deux bouts et tenues sous les mains de Slade et de Zœllner, etc... Zœllner a donné dans son ouvrage les détails les plus complets sur ces expériences, et les conclusions qu'on peut en tirer sont les mêmes que pour celles de M. Crookes : ou bien cet illustre savant, arrivé à la fin d'une glorieuse carrière scientifique, fut un imposteur, car il n'a pu être trompé avec les précautions qu'il a prises, ou bien il a dit vrai. Pour notre part, nous croyons fermement qu'il a dit vrai.

CHAPITRE IV

THÉORIES ÉMISES POUR EXPLIQUER LES PHÉNOMÈNES
DITS SPIRITUALISTES.

Nous supposons admise l'existence de ces phénomènes, car bien qu'en réalité la fraude ait été la cause efficace d'un certain nombre de faits donnés comme d'origine spiritualiste, l'hypothèse de la constance de cette cause est inadmissible, et nous affirmons, au contraire, que les phénomènes sont. *Nous l'affirmons,* non pas parce que *nous croyons* qu'il en est ainsi, mais parce que *nous en sommes scientifiquement sûr.*

L'hypothèse de l'*hallucination* individuelle ou collective est réduite à néant par l'enregistrement des phénomènes au moyen des appareils graphiques et de la photographie, ainsi que par les traces permanentes (écriture, empreintes, etc.)[1].

---

[1] Il en est de même de l'hypothèse des mouvements inconscients sur laquelle Faraday, Babinet et M. Chevreul ont voulu appuyer leurs théories. N'en déplaise à ceux qui veulent tout rejeter sans examen, discuter ces théories serait aujourd'hui commettre une sorte d'archaïsme.

Donc, les phénomènes existent; mais quelle explication pouvons-nous en donner? C'est ici le lieu de parler des théories émises à ce sujet.

1re Théorie. — Un fluide spécial se dégage de la personne du médium, se combine avec le fluide des personnes présentes pour constituer un personnage, nouveau, temporaire, indépendant dans une certaine mesure, et produisant les phénomènes connus. Cette théorie pourrait s'appeler : *théorie de l'être collectif*.

2e Théorie. — Tout est produit par le diable ou ses suppôts. C'était la théorie de de Mirville, c'est celle de toutes les Églises chrétiennes. — *Théorie démoniaque.*

3e Théorie. — Il existe une catégorie d'êtres, un monde immatériel, vivant à côté de nous et manifestant sa présence dans certaines conditions. Ce sont ces êtres qu'on a connus de tout temps sous le nom de génies, fées, sylvains, lutins, gnômes, farfadets, etc. A cette théorie se rattache celle des bouddhistes de l'Inde et d'Europe (théosophes), qui met les phénomènes sur le compte d'esprits vitaux incomplets, d'êtres non finis appelés *Elémentals*. — *Théorie « gnômique ».*

4ᵉ Théorie. — Toutes ces manifestations sont dues aux esprits ou âmes des morts, qui se mettent en rapport avec les vivants, en manifestant leurs qualités ou leurs défauts, leur supériorité ou, au contraire, leur infériorité, tout comme s'ils vivaient encore. — *Théorie spirite*.

Telles sont les principales théories émises par ceux qui ont étudié les phénomènes dits spiritualistes. Tous admettent l'existence de certaines propriétés inhérentes à quelques personnes dont la présence est nécessaire pour l'obtention de ces phénomènes. Les partisans entêtés du mécanicisme vital, qui ont vu la série complète de ces manifestations, se sont tus, ou bien ont jeté leurs théories aux orties; ceux qui n'en ont vu que la partie la plus simple ont admis — malgré eux — l'existence d'un fluide nerveux matériel pouvant agir *au dehors* de quelques individus, comme il agit *au dedans* de tout le monde. Mais les spiritualistes leur ont fait remarquer que si ce fluide se manifeste aussi puissamment au dehors de la matière vivante, il n'est pas déraisonnable d'admettre qu'il puisse exister individuellement, la matière une fois morte. Les matérialistes ont répliqué... ils discutent encore.

Et vous, nous demandera-t-on, à quelle théorie

vous ralliez-vous ? En avez-vous une nouvelle à nous proposer ?

Nous ? Nous n'avons pas de théorie.

Nous cherchons.

TROISIÈME PARTIE

PARTIE EXPÉRIMENTALE

CHAPITRE PREMIER

§ I

Par l'exposé que nous venons de tracer, le lecteur a pu se faire une idée de l'état de la question spirite. Peut-être, nous sommes-nous montré un peu trop partial à l'égard des savants qui ont consenti à étudier sans parti pris les phénomènes, que nous-même avons entrepris de soumettre à l'expérimentation. Eh bien! admettons que nous n'avons rien dit; nous ne nous considérons, en aucune façon, comme responsable de ce que d'autres ont écrit; nous prions simplement le lecteur de suspendre son jugement. Mais, pour la présente partie de ce travail, où sont consignés les résultats de nos investigations, nous revendiquons entièrement la responsabilité des faits qui s'y trouvent exposés.

Nous demandons la permission de rappeler que lorsque nous avons commencé ces études psychologiques, nous n'avions aucune idée sur cette question. Que, cependant, après en avoir entendu parler avec conviction par d'honnêtes gens, nous pensions avoir à enlever à ceux-ci des illusions que nous jugions pernicieuses. Aujourd'hui, si nous ne partageons pas la manière de voir des spirites de notre connaissance, nous convenons cependant qu'elle est basée sur des faits qui leur donnent raison en apparence. Nous persistons donc dans notre idée que la Science a le devoir de ne pas fuir plus longtemps devant l'examen de ces faits. Elle le voudrait, du reste, qu'elle ne le pourrait plus à présent : le débat est engagé, à l'étranger tout au moins. Nous avons l'espoir que l'effort tenté par nous ici ne restera pas vain et qu'en France, nous aurons le mérite d'avoir nettement soulevé la question. Sera-t-elle résolue? *Chi lo sa?*

Nous allons soumettre à l'examen du lecteur un certain nombre d'expériences que nous avons faites avec plusieurs « sujets » doués de cette force particulière (psychique, odique, ecténique, électro-biologique, etc.) se reconnaissant, à ceci que les individus qui en sont doués, sont capables de produire, par leur intervention, ce que le commun des hommes ne peut faire, c'est-à-dire les phénomènes appelés psychiques. Quant à dire comment on peut faire naître cet agent : on ne le saurait encore ; mais il est certain que les brahmes hindous, dont nous avons eu l'occasion de parler, possèdent l'art de le développer chez leurs fakirs à un degré bien supérieur à tout ce que nous connaissons.

Nous avons déjà dit que nous avions fait différents essais pour obtenir *de visu* un certain nombre de phénomènes dits psychiques. Nous avons cité un résultat assez frappant, obtenu dans une réunion (voir notre Introduction). Nous ne chercherons cependant pas à tirer parti de ces expériences faites avec des tables et à l'aide de différentes personnes, qui ne font pas métier de leurs propriétés « neuro-biologiques ». Elles sont déjà bien curieuses, ces expériences, mais nous avons mieux, et, dans cet ouvrage qui ne doit pas s'allonger outre mesure, nous n'exposerons pas tout ce que nous avons observé. Contentons-nous seulement d'affirmer que lorsque la table remue et frappe, c'est bien en dehors de l'intervention *musculaire* des personnes présentes, lorsque l'expérience est tentée sincèrement. S'il nous est prouvé qu'il soit nécessaire de faire la démonstration de cette assertion, nous la ferons un jour, mais nous préférons passer de suite à des faits d'un ordre plus élevé. Qui peut le plus, peut le moins.

Nous ne voulons citer qu'un seul fait, assez amusant. Un soir de l'hiver dernier, nous étions chez M. B..., un professeur distingué qui possède la propriété de « faire parler » la table, comme on dit. On proposa de porter un nouveau coup à notre scepticisme à l'égard des esprits en nous donnant une « séance de table ». M. et Mme B... placent leurs mains sur la table de leur salle à manger, et nous invitent à faire comme eux : nous nous laissons aller. Bientôt la table se meut, et, par coups frappés désignant les lettres de l'alphabet, elle nous débite quelques facéties d'un goût douteux, à tel point que la jeune femme de M. B... en devient toute rouge. M. B... nous dit : « Je sais qui c'est : c'est un esprit inférieur, plutôt mauvais que bon, dont nous ne pouvons nous défaire ». Mais voilà que la « communication » change de ton, et une phrase fort belle nous est dictée. Le style différait complètement des épellations données jusqu'alors, et nous dîmes, en riant, que l'esprit se communiquant ne devait pas être le même que tout à l'heure. La table protesta : « C'est le même ». Alors, répondîmes-nous, tu n'es pas l'auteur de cette phrase. Réponse : « Non ». Nous demandâmes donc le nom du livre où se trouvait la phrase en question, et ce nom nous fut donné (l'ouvrage se trouvait par hasard dans la bibliothèque de M. B...) ainsi que le numéro du chapitre, où se trouvait le passage. Néanmoins, le numéro exact du chapitre ne fut donné qu'à la troisième reprise après qu'on eût rapidement feuilleté le livre çà et là. La phrase fut retrouvée et correspondait à peu près textuellement à celle donnée par la table. En terminant, on demande à l'« esprit » de se faire connaître, et il nous dicte en quelques minutes le quatrain suivant :

« Je suis au paradis ainsi qu'un déclassé,
« Je me mêle, démon, à la foule des anges,
« Je souille leurs blancheurs au contact de mes fanges;
« Près des amphores d'or, je suis un pot cassé ! »

« Satan. »

Oh! oh! dit-on aussitôt, messire Satan, nous te soupçonnons encore d'avoir chipé cela à quelqu'un.

Satan fut, du reste, très bon garçon : il nous dit qu'il était le Satan dont parle Victor Hugo[1] et qu'il devait bientôt reprendre son rang au

[1] *La fin de Satan.* Œuvres posthumes.

séjour des élus; puis il nous dit bonsoir, diaboliquement, en faisant faire à la table une gracieuse révérence pour chacun de nous.

Telles sont, à peu près, la plupart des séances données par les tables; on comprend après cela que les plus acharnés des premiers jours aient renoncé à cet exercice — car il n'apprend pas grand'chose de nouveau, — on comprend aussi que les bouddhistes et les théosophes réprouvent les « évocations » de cette nature, car, disent-ils, les esprits inférieurs seuls consentent à se manifester, et leur contact est impur...

Pour nous, nous confirmons l'avis de la Société dialectique de Londres, concluant, de ses propres expériences, que « si les communications sont en grande partie d'un caractère banal, elles donnent souvent des renseignements qui ne sont connus que d'une personne présente ». Lorsqu'un renseignement n'est connu justement que de la personne sceptique qui expérimente, toute idée de simulation ou de supercherie doit être écartée. Ce qu'il fallait démontrer.

L'expérience de la table est rudimentaire, peu décisive pour le vulgaire, mais pour l'observateur sérieux pouvant se convaincre de sa réalité, son importance est considérable. En tout cas, c'est la plus facile à exécuter, puisque trois ou quatre personnes prises au hasard peuvent, par la simple imposition des mains, réussir sept fois sur dix à la faire mouvoir et à en obtenir des communications intelligentes au bout d'un temps variable.

§ II

EXPÉRIENCES AVEC M. SLADE

Avant d'exposer les expériences que nous avons faites avec M. Slade, il ne sera sans doute pas sans intérêt de dire, en quelques lignes, ce qu'est celui qu'on appelle en ce moment, dans les journaux, « le fameux médium américain ».
D'après les documents qu'il nous a communiqués, M. Slade est né, en 1836, à Shatynia, comté de Fradonia (Amérique du Nord); il a, par conséquent, cinquante ans. Dès sa naissance, sa propriété *neuro-psychique* se serait manifestée. « Étant enfant, pendant mon séjour à l'école, nous écrit Slade, les « raps » se faisaient entendre de tous côtés et jusque dans mon pupitre, ce qui souvent m'attirait de sévères punitions, parce que j'étais accusé de faire le bruit avec mes pieds, chose dont on m'accuse encore aujourd'hui ! »
Il n'obtint *l'écriture directe* que vers 1860. Depuis

ce temps, il a parcouru l'Amérique, l'Europe et l'Australie. A Londres, en 1876, il a failli être condamné pour ses expériences, qui étaient qualifiées de magie, en vertu d'une vieille loi non abrogée; il fut même emprisonné préventivement; mais, en fin de compte, il fut acquitté.

En avril 1878, il fit ses expériences avec Zöllner, à Leipzig, au retour de Saint-Pétersbourg, puis il alla à Sydney (Australie). « Partout, dit-il lui-même, j'ai trouvé des gens qui m'accusèrent d'imposture, et ceci eut pour résultat de provoquer l'examen de personnes sérieuses. ».

En quittant l'Australie, au commencement de 1879, M. Slade eut une attaque d'apoplexie. Cette attaque lui laissa une hémiplégie droite, qui demeura complète pendant plusieurs mois. En 1881, la paralysie avait disparu, lorsqu'une deuxième attaque amena une nouvelle paralysie dont le « sujet » n'est pas encore remis aujourd'hui. En effet, nous avons pu observer M. Slade un grand nombre de fois, et il traîne légèrement la jambe droite en *fauchant*. Quant à son membre supérieur droit, il s'en sert assez maladroitement, et nous ne doutons pas que s'il voulait « tricher » dans ses expériences, on ne s'en aperçût tout de suite, car il est mal organisé pour faire de la prestidigitation.

Nous avons examiné, comparativement, la

force musculaire de ses deux bras à l'aide du *dynamomètre* de la maison Colin et Charrière, et cet examen nous a donné les résultats suivants :

Main droite : 27 k^{os} de pression ;
Main gauche : 35 k^{os} —

Comme l'a écrit Zöllner, « l'impression personnelle de Slade est favorable, son maintien est modeste »; il est de haute taille et a plutôt l'air d'un Français que d'un Anglo-Saxon. Du reste, sa mère était d'origine française. Il ne parle et ne comprend d'autre langue que l'anglaise.

C'est principalement à titre de médecin que nous avons fait la connaissance de Slade : nous l'avons vu, dans un cas, en proie à une sorte de prostration nerveuse accompagnée de délire ; cet état dura près de cinq jours.

Par suite de son habitus nerveux spécial et aussi, sans doute, en raison de son hémiplégie, Slade est soumis à des mouvements réflexes, à des gestes involontaires assez fréquents, qui donnent peut-être la raison des accusations dont il a été l'objet. Nous devons dire, tout d'abord, que, connaissant ces accusations, nous avons toujours été, mais surtout au début, très circonspect, disons le mot, très méfiant à son égard, mais que, malgré notre attention soutenue, nos précautions infinies et soupçonneuses et le bon état de nos sens d'observation, nous n'avons pu surprendre chez Slade rien qui ressemblât à des velléités de fraude. En ce qui nous concerne, nous n'avons qu'à nous louer de la bonne volonté qu'il a mise à se prêter à tous les examens que nous avons voulu faire lorsqu'il eût su le but de nos investigations. Dans les principales expériences que nous avons faites avec lui, nous avons commencé par examiner la pièce où elles avaient lieu (quand ce n'était pas dans notre propre appartement). Nous lui faisions quitter ses souliers pour les examiner comme nous examinions ses pieds. Nous visitions l'intérieur de ses manches et le dessous de son habit, etc. C'est à tel point qu'aujourd'hui, nous sommes tenté de lui présenter nos excuses pour tant d'injurieux examens.

A part quelques séances qui eurent lieu dans la salle à manger ou dans le salon de notre appartement, les expériences principales se firent dans le jour, en pleine lumière, devant une fenêtre donnant sur une grande avenue du quartier de l'Étoile, et sur une table en bois noirci, simple, et que nous avons retournée et examinée, chaque fois, dans tous les sens. Cette table mesure 0^m74 de hauteur et 1^m08 sur 1^m02 de superficie.

Dans la description que nous allons faire, nous

diviserons nos expériences en deux catégories distinctes :

1° Les *phénomènes divers;* 2° *l'écriture directe.*

Ces deux sortes de phénomènes ont été obtenus souvent dans la même séance, mais nous désirons consacrer une attention spéciale à l'écriture directe, en raison des précautions particulières dont nous avons pu nous entourer pour l'observer. Et puis il nous faut un certain ordre pour empêcher toute confusion.

Pour éviter d'allonger outre mesure ce chapitre par des répétitions inutiles, nous devons donner quelques renseignements généraux sur les conditions dans lesquelles se sont faites nos recherches; nous en avons indiqué plus haut un certain nombre, il nous reste à dire que nous avons eu avec Slade trente-trois séances dont trois dans notre maison même; que sur ces trente-trois séances plus de la moitié ont été presque nulles, et que deux n'ont même donné aucun résultat. Aussi bien, nous ne citerons que les principales.

Les personnes qui ont assisté à nos séances avec Slade nous sont connues : l'idée de compérage doit donc être éliminée; nous avons été parfois quatre et même cinq personnes, y compris le médium, mais nous n'avons jamais été moins de trois dans toutes circonstances. Après chaque séance, nous en avons mis au net l'observation à l'aide des notes sténographiées que nous prenions pendant l'expérience.

Nous pouvons affirmer, après examen, qu'aucun mécanisme n'existait dans les meubles qui nous ont servi. Nous avons une certaine compétence sur ce point et nous pouvons garantir ce que nous avançons.

§ III

EXPÉRIENCES

DE LA PREMIÈRE CATÉGORIE

PHÉNOMÈNES DIVERS

Ire CLASSE

PHÉNOMÈNES DE PERCUSSION. — COUPS FRAPPÉS.
SONS DIVERS

Dans la plupart des expériences que nous avons faites avec différents médiums, nous avons entendu, dans le meuble même sur lequel on apposait les mains, de légers craquements ou des petits coups secs obtenus parfois sur notre demande, mais avec Slade ces phénomènes de percussion s'entendaient distinctement et étaient, dans quelques cas, très forts. Aujourd'hui, il serait enfantin de dire que les muscles péroniers de Slade ne sont pour rien dans ces bruits; passons.

Lorsque nos mains étaient placées sur la table, on entendait, en même temps qu'on sentait, des coups sourds dans cette table. Ces coups s'entendaient souvent dans la chaise de Slade, et nous les avons sentis maintes fois dans notre propre siége, comme si quelqu'un avait donné des coups de poings sur le dossier. Nous nous sommes assuré, à chaque fois, qu'aucun contact n'existait entre nous et le médium ni aucune personne. Ces coups ont été obtenus souvent sur notre demande. Ainsi, dans la séance du 11 mai 1886, à 10 heures et demie du matin, chez Slade, un coup violent fut ainsi frappé sur le milieu de la table et suivi bientôt, sur notre demande, d'un coup encore plus violent, comme si on eût frappé à l'aide d'un marteau avec l'intention de briser le meuble. Pendant ce temps les mains et les pieds du médium étaient en vue et nous n'avons perçu aucun mouvement de sa part.

Le même jour, sur notre demande encore, on entendit imiter le bruit d'un crayon écrivant sous la table.

Le 27 mai, dans notre salle à manger, où Slade entrait pour la première fois, les phénomènes de percussion furent des plus curieux. On eût dit qu'autour du médium, assis et isolé en pleine clarté de deux fortes lampes à lumière intensive, se trouvait un groupe de poules « picotant » sur le plancher. Des coups furent sentis par les personnes de notre famille et par nous-même sous la semelle de nos souliers ; l'effet ressenti n'était pas des plus agréables.

IIe CLASSE

MOUVEMENT DE CORPS AVEC CONTACT DU MÉDIUM

Le plus curieux effet, dans ce sens, obtenu devant nous par Slade, et à plusieurs reprises, a été la « lévitation » complète de la table qui sert à ses expériences (sans mécanisme, bien entendu). Par la simple apposition des mains, la table se soulevait, se retournait et elle allait toucher le plafond de ses quatre pieds au-dessus de nos têtes ; cela en moins de temps qu'il n'en faut pour le dire. Sans faire parade de force ni d'adresse, nous pouvons dire que, supérieur au médium sous ces deux rapports, il nous a été impossible d'imiter le même phénomène.

IIIᵉ CLASSE

MOUVEMENT DE CORPS PLUS OU MOINS LOURDS SANS CONTACT AVEC LE MÉDIUM

Nous avons assisté souvent à ce phénomène bien remarquable ; citons quelques exemples.

— Le 29 avril 1886, dans une séance de jour, Slade était assis en face de la fenêtre, ses pieds tournés de notre côté — quand il faisait face à la table, nous étions à sa droite. Tout à coup, une chaise placée à un mètre vingt centimètres (nous avons mesuré exactement à l'aide d'un mètre double en ruban) fit un demi-tour sur elle-même et vint se jeter contre la table, comme attirée par un aimant.

— Le 11 mai 1886, Slade, dans la position ordinaire (comme ci-dessus), en plein jour, 3 heures et demie de l'après-midi, un bahut, placé à 75 centimètres de la chaise de Slade, se mit en mouvement assez lentement d'abord, en quittant le mur où il était appuyé, pour qu'on pût s'assurer qu'aucun contact n'existait entre ce meuble et les objets qui l'entouraient. Puis il vint frapper violemment contre la table que nous entourions : Slade tournait le dos au bahut, M. A... et nous-même lui faisions face. Nous ne pouvons dire l'effet produit par ce meuble massif, semblant s'animer pour un instant d'une vie propre.

Le même jour, une chaise placée à côté du meuble en question fut renversée, quelques instants plus tard, à près de deux mètres du médium.

Le 12 mai, sur notre demande, une chaise fut comme mue par un ressort et s'élança à 1^m 50 de hauteur.

Aussitôt après chaque mouvement semblable aux précédents, nous nous sommes assuré, par l'examen du plancher, des murs et des meubles, qu'aucune hypothèse physique ou mécanique ne pouvait expliquer, d'une manière satisfaisante, les projections auxquelles nous venions d'assister.

Dans plusieurs séances, une ardoise sur laquelle reposait un crayon, étant tenue par Slade sous la table, nous avons vu le crayon décrire une ligne courbe demi-circulaire pour venir de *dessous* le milieu de la table et tomber *sur* le milieu d' « icelle ». Le fait s'est produit notamment en présence de Mme de B..., qui assistait à la séance du 24 juillet 1886.

Plusieurs fois également, nous avons vu une ardoise encadrée (modèle Faber n° 7) quitter la main de Slade, passer sous la table, la traverser dans toute sa largeur (1^m 08), pour se placer doucement dans notre main, et lorsque nous la prenions, nous avions la sensation d'une résistance produite par une autre main qui aurait tenu l'ardoise. Pendant ce temps, nous n'avions pas perdu de vue les mains du médium et nous apercevions ses deux genoux qu'il tenait en dehors de la table. Une expérience pareille à celle-ci fut faite en notre présence et en même temps devant un de nos amis, M. L..., rédacteur en chef d'un journal politique de Paris.

Une fois, le même phénomène s'est produit pour Mme de B... (le 24 juillet) et nous étions à droite de Slade dont pas un mouvement ne nous échappait : l'ardoise chemina sous la table, fit un trajet de plus d'un mètre, après avoir effleuré nos genoux, et vint se placer dans la main que Mme de B... tenait sous le bord de la table ; mais ce fut à la troisième reprise seulement que l'ardoise parvint à destination.

Dans plusieurs circonstances, nous avons vu l'ardoise, avant d'aller se placer directement dans la main de la personne qui faisait face à Slade, se montrer d'abord à l'extrémité de la table à laquelle Slade tournait le dos, frapper le bord de la table de plusieurs coups comme pour appeler l'attention, et avec son bout inférieur, de telle sorte qu'on eût dit qu'une main invisible la tenait par en haut. Elle repassait ensuite se placer dans la main d'un des assistants ou de Slade lui-même.

Dans ces différentes expériences, nous n'avons saisi aucun mouvement suspect de Slade, qui cherchait, au contraire, en notre présence, à réprimer les mouvements réflexes auxquels il est sujet au moindre bruit. Nous avons toujours regardé sous la table aussitôt après le passage de l'ardoise, mais nous n'avons rien vu d'insolite.

Dans le genre de phénomènes auxquels nous consacrons cet article, on peut classer le fait suivant que nous avons observé avec toutes sortes de précautions : après avoir passé une fois la main au-dessus d'une aiguille aimantée enfermée dans un boîtier vitré de la grandeur d'une montre sans la faire sortir de l'immobilité, Slade fit mouvoir une deuxième fois sa main droite de la même manière : l'aiguille fut agitée violemment et fit plusieurs tours sur son pivot quand le médium prononça ces paroles en anglais : « Voulez-vous, je vous prie, faire tourner cette aiguille ? »

Nous avions nos jambes sous la table au niveau du point où se trouvait la boussole et les yeux fixés sur celles de Slade. La pièce de l'appartement où se faisait l'expérience est située à l'entresol et juste au-dessus du vestibule : nous n'y avons vu aucune installation de machine électrique. Nous savons en outre que les appartements situés au-dessus de celui où se faisait l'expérience ne sont pas loués par le « médium ». Enfin, Slade ne s'attendait pas ce jour-là à ce que nous lui demandions cette épreuve.

La même expérience fut tentée deux autres fois, mais sans succès.

IVe CLASSE

OBJETS BRISÉS PAR SIMPLE CONTACT DU MÉDIUM

Nous avons vu, à six reprises différentes, l'ardoise présentée sous la table où Slade l'appliquait pour obtenir de l'écriture, brisée en plusieurs morceaux comme si une machine l'avait broyée. Ce phénomène était précédé d'un sentiment de douleur dans le bras correspondant à la main qui tenait l'ardoise; il s'est produit sous notre propre table avec une ardoise solidement encadrée de bois dur. Nous avons en ce moment sous les yeux quatre de ces ardoises broyées, ainsi que leurs cadres. Nous avons essayé plusieurs fois de briser des ardoises semblables, en les tordant ou en les frappant sous la table, mais nous n'avons pas même réussi à les fendre ou à les fêler.

Vᵉ CLASSE

CORPS TRANSPORTÉS SANS CONTACT APPARENT

Dans deux expériences différentes un objet fut placé sous la table sur une ardoise tenue par une seule main, l'autre main du médium reposant sur la table; cet objet disparut et fut retrouvé une première fois dans une jardinière placée au-dessus de nos têtes. L'indication de sa nouvelle position nous fut donnée par l'écriture sur l'ardoise. Nous dirons plus loin comment s'obtient cette écriture. Une deuxième fois — il s'agissait d'un volume *in-8°* — l'objet disparut de la même manière et malgré nos investigations ne fut trouvé ni sous la table ni sur Slade. A peine l'ardoise fut-elle remise sous la table que nous entendîmes le frôlement du livre venant se poser dessus.

Nous n'insistons pas sur les détails de ces expériences car elles nous paraissent relativement peu importantes et susceptibles de laisser bien des doutes dans l'esprit. Nous considérons le phénomène de l'écriture comme étant beaucoup plus intéressant.

VIe CLASSE

PHÉNOMÈNES D'EXTASE

Nous avons dit, en parlant des médiums, que certains d'entre eux prétendent céder momentanément leurs organes à un « esprit » qui parle par leur bouche, agit par eux, en se substituant à leur propre esprit. Nous avons rapporté aussi l'observation du garçon de comptoir dont parle le professeur Russel Wallace. Que doit-on penser de tout cela ? Il est certain que dans les expériences de catalepsie, de suggestion que pratiquent les médecins, et aussi, il faut bien le dire, hélas ! les pirates de la médecine, un *élément étranger* paraît quelquefois s'introduire sur la scène ; mais, jusqu'ici, lorsque cette *inconnue* se présentait on interrompait l'expérience parce que, dans ce cas, suivant le mot du professeur Lasègue « on ne sait pas où l'on va ». Aujourd'hui, sans savoir davantage « où l'on va », n'a-t-on pas le droit d'être un peu plus hardi, et tout en restant dans les limites d'une sage prudence, ne peut-on pas enregistrer les observations qui se présentent pour les classer, les cataloguer méthodiquement en temps propice ?

Donc, voici ce que nous avons observé avec Slade :

La première fois que nous l'avons vu dans cet état d'extase tout spécial (et qui n'a rien de religieux, hâtons-nous de le dire) l'accès débuta ainsi : d'abord une légère rougeur colora la face et une sorte de rictus fit contracter les muscles du visage ; les yeux se convulsèrent en haut, et, après quelques mouvements nystagmiques des globes oculaires, les paupières se fermèrent énergiquement, un grincement de dents se fit entendre et une secousse convulsive de tout le corps annonça le début de la « possession ». Après cette courte phase pénible à voir, le visage du sujet s'anima d'un sourire et, la voix complètement modifiée ainsi que l'attitude, le personnage nouveau, Slade transformé, nous salua gracieusement ainsi que chacun des assistants. Dans cet état de *transe*[1] comme disent les anglais ou *d'incarnation* suivant le langage des spirites français, Slade est remplacé (d'après ce que disent ceux qui le connaissent et d'après ce qu'il dit lui-même), remplacé *animiquement* par *l'esprit* d'un Indien nommé Owasso ; dans ce cas il est assez gai. D'autres fois Owasso céderait la place

---

[1] Mot anglais qui correspond à extase, ravissement, incarnation. (V. la note de la page 173.)

à l'esprit d'un grand chef Peau-Rouge de sa tribu; mais celui-ci ne sait pas un mot d'anglais; et alors on voit Slade se dresser, marcher à grands pas et déclamer dans une langue sonore qui paraît-il — toujours — est celle des Indiens caraïbes.

Un « esprit » auquel Owasso cède encore volontiers la place c'est à *celui* d'un docteur écossais qui par la bouche de Slade donne sur un ton grave des conseils thérapeutiques à ceux qu'il honore de sa visite. Tout ce qui précède, nous l'avons vu et entendu, mais on remarquera que nous n'apprécions pas.

Nous avons entendu Slade raconter qu'il lui arrive parfois, lorsqu'il est dans cette situation, de parler français ou toute autre langue aussi inconnue de lui. Mais nous n'avons pas contrôlé ce phénomène.

Nous avons eu une opération à faire à Slade pour un kyste sébacé du cuir chevelu. Comme il est très sensible à la douleur, et au surplus tout à fait pusillanime, il ne fallut pas songer à pratiquer l'opération par le bistouri. Nous eûmes donc recours aux caustiques sous forme de pâte à base d'oxyde de potassium. L'application de cette pâte était, dès le début, très douloureuse pour Slade, et, après quelques minutes, la souffrance parut complètement intolérable : le patient suait à grosses gouttes, tous ses membres étaient agités de tremblement. Nous lui suggérâmes l'idée de faire appel à « Owasso » qui ne se fit pas prier, c'est-à-dire que Slade tomba bientôt en état d'extase, de transe, et avec la voix modifiée dont nous avons parlé, il s'entretint gaiement avec nous et M. A. F. qui assistait à l'opération dans notre cabinet de travail. La douleur devait devenir de plus en plus intense car la potasse mordait dans les couches sensibles du derme, mais Slade ne paraissait pas plus s'en préoccuper que s'il se fut agi d'un autre. Au commencement de l'opération le pouls était à 85 pulsations à la minute ; trois minutes après il était à 60 ; la peau, qui était chaude tout à l'heure, était devenue froide presque subitement et Slade-Owasso riait et causait toujours avec nous.

Nous lui avons pincé violemment la partie dorsale de la main et le patient, qui sursaute au moindre contact tant son hyperesthésie est grande à l'état normal, ne parut pas, dans ce moment, s'apercevoir de la petite torture que nous lui faisions subir.

Au bout d'un quart d'heure, le caustique fut enlevé, Slade eut une nouvelle convulsion et revint à l'état normal après nous avoir serré la main et dit *good bye* comme au moment d'un départ. La douleur se fit de nouveau sentir, mais très supportable et Slade se plaignit plutôt de souffrir où nous l'avions pincé.

Il faut avouer que tout cela est bien étrange. Objectera-t-on que tout est simulé ? Comment expliquer alors les modifications de la température et des battements du cœur ? Cela ne se simule pas.

Encore une nouvelle observation sur ce point. Nous avons dit plus haut que Slade avait eu deux attaques d'hémiplégie dont il n'est pas guéri actuellement. Nous avons essayé comparativement sa force au dynamomètre sans lui dire ce que nous avions le dessein de faire dans la suite. Après avoir constaté que dans ses mains le dynamomètre marquait :

27 kilos à droite,
35 — à gauche,

Nous avons profité d'un accès de *transe* qui survint un peu après les efforts qu'il avait fait en serrant l'instrument et nous avons constaté une première fois que le dynamomètre marquait :

à droite 55 kilos (au lieu de 27 kilos),
à gauche 60 — (au lieu de 35 kilos),

et une deuxième fois

à droite 63 kilos (au lieu de 27 kilos),
à gauche 50 kilos (au lieu de 35 kilos).

Aucune des trois autres personnes qui se trouvaient présentes ne put porter à ce chiffre l'aiguille dynamoscopique.

Sans vouloir préjuger rien sur la véritable nature de l'état nerveux dont nous venons de tracer la symptomatologie, nous ne croyons pas néanmoins qu'on puisse faire intervenir l'idée de simulation, dans la dernière expérience tout au moins, car nous n'avions pas prévenu le sujet de ce que nous voulions faire et nous ne le croyons pas assez perspicace ni assez au courant des observations pathologiques pour l'avoir deviné ; malgré le titre de docteur dont il se pare, nous savons que Slade n'a qu'une instruction très élémentaire.

VIIe CLASSE

MATÉRIALISATIONS. APPARENCES DE MAINS VISIBLES
A LA LUMIÈRE NATURELLE. CONTACTS.

Le 12 mai 1886, à 11 heures du matin, nous avions une séance chez Slade ; pendant qu'il avait ses deux mains sur la table en même temps que nous, nous avons distinctement vu, ainsi que M. N. qui assistait à la même séance, une main dont les doigts et la partie antérieure seuls étaient visibles s'avancer à deux reprises contre notre poitrine. Nous n'éprouvions à ce moment pas plus d'émotion que dans les expériences de pathologie expérimentale auxquelles nous sommes habitué depuis longtemps ; par conséquent, nous ne croyons pas avoir été victime d'une hallucination. Pas plus que M. N., nous ne nous attendions à voir cette main ou plutôt cette partie de main.

Slade nous invita alors à placer notre main sous la table pour obtenir un contact, mais nous ne sentîmes rien ; il prit alors une ardoise par l'une de ses extrémités et nous invita à la tenir par l'autre bout. Nous maintenions l'ardoise sous la table depuis un instant et mollement, pour notre part, de sorte qu'elle serait tombée à terre si Slade ne l'avait tenue solidement ; tout à coup nous nous sommes senti saisir le poignet pas une main froide qui promena ses doigts pendant un instant sur la partie antérieure de notre avant-bras droit. Nous laissâmes aller l'ardoise qui ne tomba pas et nous saisîmes à notre tour la main de Slade : nous pûmes constater qu'elle était d'une température normale et non pas froide comme celle que nous venions de sentir ; en même temps, nous regardions sous la table où nous ne vîmes rien qui put expliquer la sensation que nous avions reçue.

A diverses occasions nous avons assisté à des phénomènes de ce genre et non moins surprenants, mais comme les moyens d'une rigoureuse observation nous ont fait défaut, nous ne voulons pas insister à leur sujet ni nous porter complètement garant de leur réalité. Il en est autrement du phénomène de l'*écriture spontanée* que les spiritualistes appellent *écriture directe*. Nous avons observé ce phénomène tant et tant de fois et sous des formes si variées qu'il nous est permis de dire que nous ne pouvons plus croire à rien de ce que nous voyons tous les jours dans la vie ordinaire, s'il nous est défendu de nous en rapporter à nos sens pour ce cas particulier.

§ IV

EXPÉRIENCES

DE LA DEUXIÈME CATÉGORIE

ÉCRITURE SPONTANÉE

Un mot avant de commencer le compte-rendu de ces expériences :

Nous avons expérimenté, en nous entourant de précautions que nous indiquerons en exposant les résultats de nos investigations, si l'un de nos lecteurs surprenait au milieu de nos descriptions une fissure par où l'erreur aurait pu se glisser, nous lui serions infiniment reconnaissant de nous la signaler.

En attendant nous mettons au défi n'importe quel prestidigitateur de produire à l'aide de son art, et dans des conditions identiques, égales à celles où nous sommes placé, l'écriture sur des ardoises comme nous l'avons obtenue dans nos expériences.

Après les premières séances que nous avons eues avec le médium américain, nous ne pouvions croire que l'écriture produite de cette manière pût être autre chose qu'un artifice de prestidigitation qu'il nous était impossible de comprendre étant données les conditions d'observation où nous nous étions placés. Pour nous éclairer sur ce point, nous avons consulté un des plus habiles opérateurs du théâtre Robert-Houdin, M. J..., à qui nous avons fait le récit des expériences auxquelles nous avions assisté et qu'il a vues lui-même pour son compte. M. J... nous déclara que tout l'art des prestidigitateurs du monde réunis ne produirait rien de comparable, et dans l'album déposé sur la table du salon de

Slade où les visiteurs notent leurs impressions, M. J..., après avoir assisté à une séance avec Mme J..., écrivit l'attestation suivante, à laquelle nous conservons le caractère original que son auteur lui imprima dans le moment d'émotion qui suivit le spectacle auquel il venait d'assister :

« J'affirme, messieurs les savants, moi, prestidigitateur, que la séance de M. Slade est *vraie*, vraiment spiritualiste et incompréhensible en dehors de toute manifestation occulte. Et de nouveau j'affirme.

« *Signé* : J..., DU THÉATRE ROBERT-HOUDIN.

« Avril 1886. »

Plusieurs confrères, à qui nous avons fait part des recherches que nous faisions sur les phénomènes obtenus avec Slade, nous ont dit : « Faites attention ; ces gens-là sont si adroits (les prestidigitateurs, s'entend). Aujourd'hui on est arrivé à escamoter des bocaux contenant de l'eau et des poissons rouges ; on escamote même une femme sur différents théâtres de Paris, on peut bien vous escamoter vos ardoises sur lesquelles on écrit ! » Sur un théâtre, devant une nombreuse assistance qui ne peut rien contrôler, oui ; mais entre nos mains, sous nos yeux, nous ne croyons pas la chose si facile. Nous avons demandé aux hommes du métier des explications au sujet de ces escamotages si étonnants ; eh bien! tous ceux qui voudront se renseigner sauront que les *tours* les plus brillants sont ceux qui se font avec les procédés « illusionnistes » les plus simples, nous allions dire les plus enfantins. Au surplus, nous les renvoyons à M. J..., du théâtre Robert-Houdin, et à tous les prestidigitateurs par qui on a fait attester la différence existant entre leurs propres tours et les phénomènes dits spiritualistes.

§ V

Nous avons vu plus de cent fois des caractères, des dessins, des lignes et même des phrases entières se produire à l'aide d'une petite touche, sur des ardoises que Slade tenait, et même entre deux ardoises *avec lesquelles il n'avait aucun contact* et qui nous appartenaient, que nous avions achetées nous-même dans une papeterie quelconque de Paris et que nous avions marquées de notre signature. Mais nous ne voulons citer qu'un petit nombre de ces faits si intéressants.

Comment, nous dira-t-on, pouvez-vous admettre qu'une écriture se forme spontanément sur une ardoise ou un autre objet ? Alors convenez tout de suite que Balthazar avait bien vu et que l'ivresse n'était pour rien dans le *Mane-Thécel-Pharès* qu'une main de feu écrivait sur les murs de la salle de festin !

Nous répondrons à ces objections que nous n'admettons pas, nous constatons ; et en ce qui regarde Balthazar, nous ne pouvons dire si c'est le vin qui lui troubla la vue à la fin du festin : nous n'y étions pas.

Quelle cause attribuer à la production de cette écriture ? A cette question nous pouvons répondre en renvoyant le lecteur au chapitre précédent, où il est parlé des théories émises sur l'ensemble de ces phénomènes. Cependant nous pouvons dire, sans nous départir de la réserve que nous nous sommes imposée, que la cause productrice de l'écriture spontanée ou directe *paraît être* indépendante et qu'elle *est* intelligente.

Nous avons, dans toutes nos expériences d'écriture, examiné attentivement les ardoises avant l'opération ; du reste, dans la plupart des cas, elles nous appartenaient. Lorsque l'écriture s'est produite sur une seule ardoise, c'était en général sous l'angle de la table auprès duquel nous nous trouvions ; nous ne perdions de vue ni l'ardoise, ni les doigts de Slade, et nous placions parfois nous-même le crayon sur l'ardoise, mais nous n'avons jamais pu voir ce dernier en mouvement. Nous voyions l'ardoise onduler légèrement comme sous la pression de l'écrivain invisible, mais dès que nous regardions dans l'espace séparant l'ardoise de la partie inférieure de la table, la petite touche tombait sur l'ardoise et le bruit d'écriture cessait ; l'ardoise s'appliquait bientôt contre la table, et alors nous entendions de nouveau le grincement de la touche ou crayon d'ardoise traçant l'écriture.

Cette particularité nous inspirait une certaine méfiance, et nous demandâmes pourquoi il en était ainsi : Slade prit une de nos ardoises, plaça une petite touche dessus et la glissa sous la table. (Est-il nécessaire de dire encore que nous avons examiné cette table avant, pendant et après l'expérience ?) La réponse était celle-ci : « Les vibrations de vos regards et de la lumière nous nuisent ». La phrase était en anglais.

Quelque chose d'analogue a été observé par M. Crookes, qui tenta d'obtenir de l'écriture directe sous ses yeux, avec l'assistance de Home : « Cette manifestation, dit M. Crookes, eut lieu à la lumière, dans ma propre chambre, et seulement en présence de M. Home et de quelques amis intimes... J'exprimai le désir d'être témoin en ce moment de la production d'un message écrit, ainsi que, quelque temps auparavant, je l'avais entendu raconter par un de mes amis ».

Immédiatement, il nous fut donné la communication alphabétique suivante : « Nous essaierons ».

Quelques feuilles de papier et un crayon avaient été placés au milieu de la table ; alors le crayon s'éleva sur sa pointe, s'avança vers le papier avec des sauts mal assurés, et tomba. Puis il se releva et retomba encore. Une troisième fois, il essaya, mais sans obtenir de meilleur résultat. Après ces trois tentatives infructueuses, une petite latte, qui se trouvait à côté sur la table, glissa vers le crayon et s'éleva à quelques pouces au-dessus de la table, le crayon se leva de nouveau, et, s'étayant contre la latte, ils firent ensemble un effort pour écrire sur le papier. Après avoir essayé trois fois, la latte abandonna le crayon et revint à sa place ; le crayon retomba sur le papier, et un message alphabétique nous dit : « Nous avons essayé de satisfaire votre demande, mais c'est au-dessus de notre pouvoir ».

En somme, il ne nous a manqué qu'une chose : voir l'écriture se tracer sous nos yeux. Nous allons pouvoir dire si cette lacune est suffisante pour mettre en doute la réalité du phénomène. Citons quelques faits.

Nous conservons à nos observations leur rédaction primitive et leur forme personnelle.

Expérience I

Le 29 avril 1886, à 11 heures du matin, je me rends chez Slade avec un de mes amis, M. A...; j'apporte plusieurs ardoises marquées de ma signature au crayon bleu. — J'inspecte la pièce où l'expérience va se faire. J'examine la table, les manches de Slade, le dessous de son habit et ses souliers que je lui fais quitter.

— Sur la demande de Slade, je sors de la serviette qui ne m'a pas quitté, deux de mes ardoises, entourées d'un cadre de bois, de chez Faber, et je les pose sur la table, séparément. Slade prend une petite touche d'ardoise de 8 à 10 millimètres de longueur, il la coupe en deux avec ses dents et la place sur l'une de mes ardoises, du côté opposé à ma signature. Il recouvre la touche avec ma deuxième ardoise, dont la signature est à l'intérieur, prend les deux ardoises ainsi réunies et les place verticalement sur mon avant-bras gauche. Je n'ai perdu de vue aucun de ses mouvements, pas plus que mes ardoises. Au moment où Slade penche les ardoises pour les placer verticalement, j'entends la touche glisser dans l'espace ménagé entre les deux surfaces par les bois des cadres. La chambre est bien éclairée.

Nous avons tous trois les mains sur la table nue ; M. A... est à ma droite et Slade est à ma gauche. J'ai sous les yeux les mains de Slade et ses jambes qu'il tient en dehors de la table. Je vois distinctement sur mon avant-bras gauche les deux faces des ardoises accolées et la main droite de Slade qui les tient.

Au bout de vingt ou trente secondes, je sens une forte pression des ardoises sur mon avant bras.

Slade dit sentir le « courant » passer dans son bras ; cela paraît le faire souffrir un peu.

Quelques coups sourds sont frappés dans mes ardoises et la main de Slade est restée immobile. Tout à coup l'écriture se fait distinctement entendre. La main de Slade est immobile ; pas un de ses doigts ne remue. J'*ausculte* mes ardoises : pas de doute possible, c'est bien dans leur intérieur que le grincement se passe, j'entends, aussi bien qu'on peut entendre, le tracé de l'écriture et la ponctuation, et à quatre reprises un trait. L'écriture a paru être tracée lentement d'abord, puis, après le premier trait, le bruit du tracé a été plus rapide et après le deuxième trait il a repris sa première allure.

Après un temps assez long, trois coups secs sont frappés dans les ardoises ; Slade les retire, les pose de champ sur la table et je les prends entre mes mains sans presser, cependant Slade paraît éprouver une certaine difficulté à les séparer. Les voilà dans mes mains. L'ardoise sur laquelle je retrouve ma signature n'a aucune trace d'écriture. L'autre qui repose sur ma main gauche en est couverte. Ma signature, que j'ai vue pendant la durée de l'expérience, en partie cachée par les plis de mon habit, est bien de l'autre côté de l'ardoise couverte d'écriture.

Quatre phrases séparées par *trois traits* sont écrites sur mon ardoise, *un quatrième trait* se voit avant la signature qui termine le tout. Deux de ces phrases, celle du commencement ainsi que celle de la fin, sont en anglais et signées W. Clark. Des deux autres, l'une est en allemand et la deuxième en français. Cette dernière est ainsi conçue : « *En effet, votre idée est très bonne. Votre bien dévoué serviteur. L. de M.* ». Au commencement de la séance, j'avais dit que si j'obtenais de bons résultats je ferais sans doute un ouvrage sur le sujet. Est-ce à cette idée qu'on a voulu répondre ?...

En résumé, dans cette expérience, *mes* ardoises ont été constamment surveillées par trois de mes sens : la vue, le toucher et l'ouïe.

Voir la figure 22 et la note explicative qui est en regard.

Nos planches, où se voit l'écriture comme celles

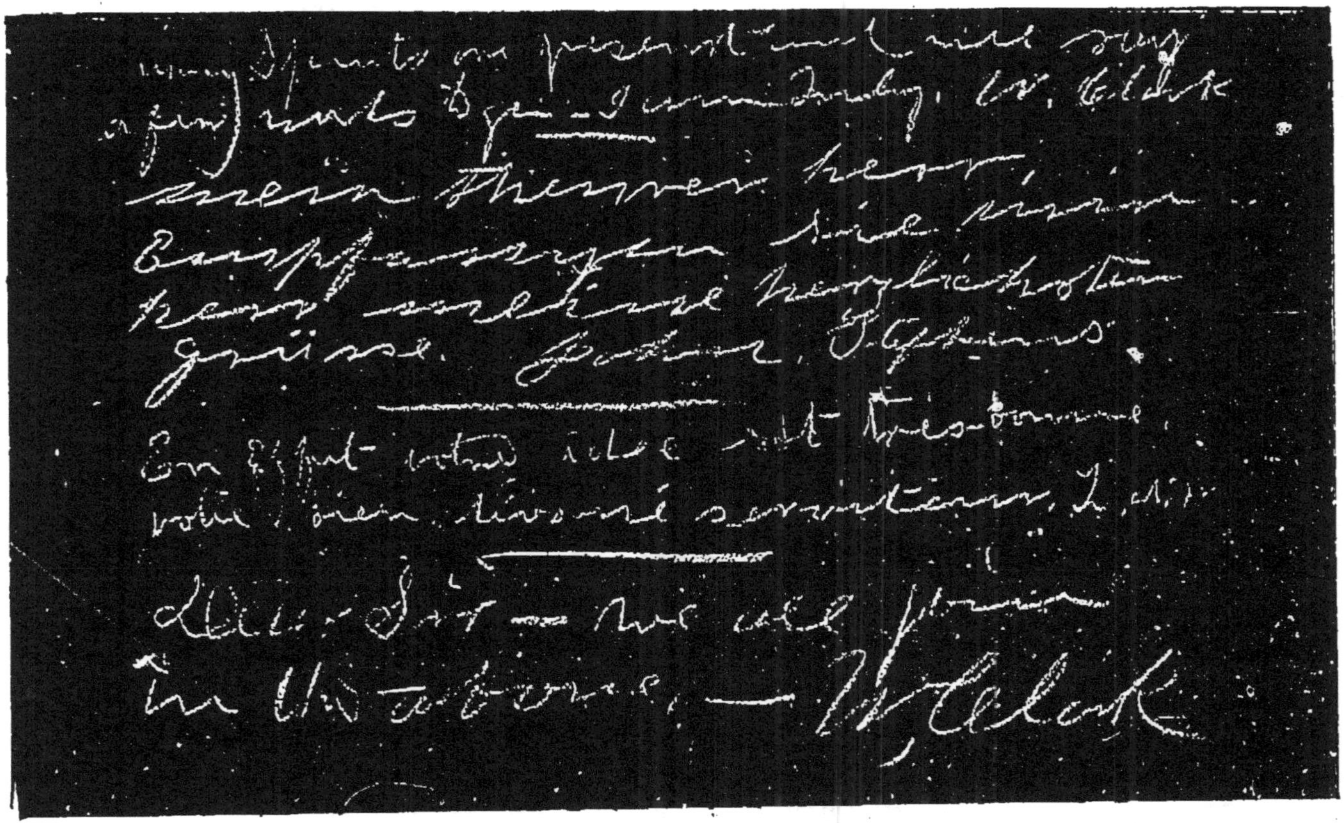

FIG. 22.

Note explicative et traduction de la figure 22.

Many spirits are present and will say a few words to you. I am truly:
W. Clark.
(Plusieurs esprits sont ici présents et vont vous parler. Je suis sincèrement.
W. Clark.)

Mein thueuer herr. Empfangen Sie mein herr meine herzlichsten Grüsse.
John Stephens.
(Mon cher Monsieur. Recevez mes plus cordiales salutations.)

En effet, votre idée est très bonne.
Votre bien dévoué serviteur. L. de M.

Dear Sir, we all join in the above.
W. Clark.
(Cher Monsieur, nous nous réunissons tous dans ce qui précède.)

où sont reproduites les photographies « spiritualistes », ont été obtenues par la photogravure, *sans retouche manuelle,* par M. Arents, spécialiste distingué de Paris, bien connu des savants.

Expérience II

Le 12 mai 1886, à 11 heures du matin, chez Slade ; tout se passe au début comme dans l'expérience précédente.

Deux ardoises Faber n° 7, m'appartenant et marquées de ma signature, sont placées par moi sur la table. J'enferme moi-même une petite touche de cinq millimètres de longueur entre mes deux ardoises. Slade, qui n'a pas encore tenu ces ardoises, pose l'extrémité des doigts de sa main droite sur l'ardoise de dessus, sa main gauche reste sur la table avec les nôtres et celles d'une troisième personne. Nous sommes placés comme dans l'expérience n° 1 précédente. J'appuie mon coude gauche sur les deux ardoises et au bout d'un instant, *je sens* et *j'entends* distinctement écrire dans leur intérieur. Je remarque qu'il y a interruption du bruit de l'écriture à chaque fois que je lève ma main du « cercle » qu'elle forme avec les mains de la personne qui est à droite et celle de Slade. Après quelques minutes, trois ou quatre petits coups secs sont frappés sous mon coude. « C'est fini », dit en anglais Slade qui enlève sa main droite de sur mes ardoises. Je prends celles-ci, je les ouvre, et je trouve l'une d'elles, sur laquelle je reconnais mes points de repère, couverte d'écriture. Le petit crayon que j'avais placé sur cette ardoise et dont les cassures étaient nettes porte à l'une de ses extrémités des signes d'usure non douteux.

— Quel écrivain a usé ce crayon et écrit les trois phrases (anglais, français, allemand) que je vois là? J'ai bien mis (moi-même et non un autre) le crayon entre mes deux ardoises, je n'ai pas quitté un seul instant de vue ces ardoises ni les mains de Slade; sa gauche était sur ma main gauche et sa droite était à trente centimètres de ma vue, l'extrémité des doigts seuls reposant sur les ardoises que je maintenais avec mon coude.

Pas un muscle de ses doigts n'a bougé; j'ai entendu le bruit de l'écriture, il partait bien des ardoises; j'ai ouvert celles-ci moi-même, je suis sûr qu'on ne me les a pas changées; personne ne les a touchées que moi, à part l'extrémité des doigts de Slade en contact avec celle des ardoises sur les deux faces de laquelle aucun caractère n'a été tracé.

Quelle explication donner à cela?

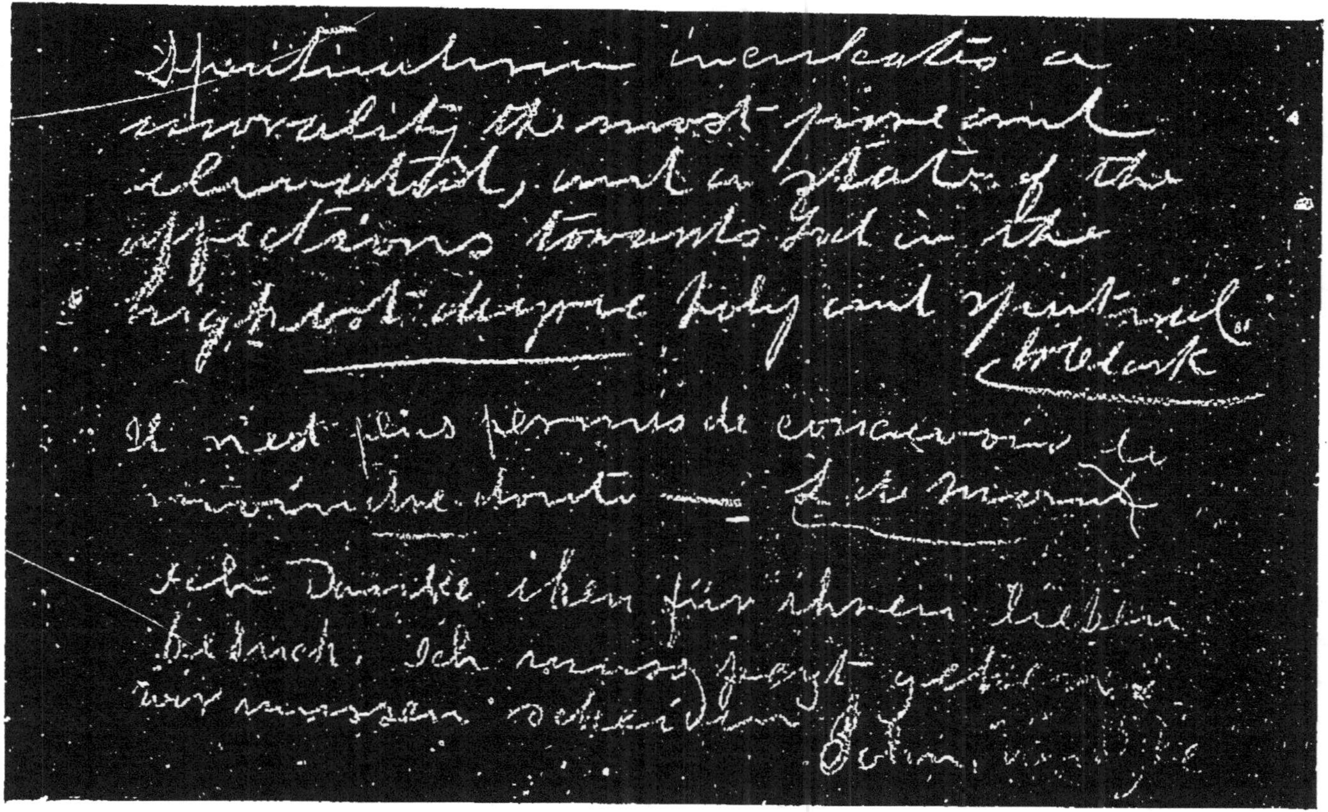

FIG. 23.

Explication et traduction de la figure 23

Spiritualism inculcates a morality the most pure and elevated, and a state of the affections towards God, in the highest degree holy and spiritual.

W. Clark.

(Le spiritualisme enseigne la morale la plus pure et la plus élevée, et un état des affections vers Dieu, au plus haut degré saint et spirituel.)

Il n'est pas permis de concevoir le moindre doute.   L. de Mond.

Ich danke ihnen für ihren lieben besuch. Ich muss jetzt gehen, wir mussen scheiden.

John. Van Dyck.

(Je vous remercie pour votre aimable visite, maintenant je dois partir, nous devons nous séparer.)

Cherchons encore; je n'en trouve pas de satisfaisante. Lisons toujours ce que disent nos ardoises.

Voyez fig. 23 et la note explicative qui l'accompagne.

Expérience III

Le 12 mai 1886, à 8 heures et demie du soir, chez Slade, entre autres manifestations dites spitualistes, sous une ardoise m'appartenant, reposant *sur* la table, sous mon bras, et à laquelle *Slade ne toucha pas*, je sentis écrire (avec la petite touche), et l'opération terminée, je trouvai sur la face inférieure de mon ardoise où, deux minutes avant, rien encore n'avait été écrit, une phrase en anglais dont voici le sens : « Conservez ceci pour vous comme preuve de notre promesse, nous ferons davantage pour vous plus tard. — W. Clark. »

Une fois la séance terminée, Slade prit une de mes ardoises, plaça une touche sur l'une de ses faces en pleine lumière et il s'apprêta à la glisser sous la face inférieure de la table, mais sa main parut être attirée de mon côté par une force invisible et l'ardoise fut placée sur ma tête ; je sentis et j'entendis écrire : un instant après je lus ces

deux mots : *Good bye* (adieu). Je remarquai que
le mot commençait du *côté opposé* à la main de
Slade et que la touche était arrêtée exactement
sur la terminaison du mot *bye*.

Expérience IV

Le 24 mai 1886. Dans l'après-midi, séance
chez Slade. Une ardoise identique aux précédentes (m'appartenant, neuve et marquée de ma
signature au crayon bleu) est placée par moi sur
la table nue que j'ai examinée attentivement
dessus et dessous. Une petite touche est placée
sur mon ardoise du côté où se lisent ma signature et la marque A.-W. FABER N° 7.

Je prends l'ardoise de la main gauche, je la
place sous l'angle de la table auprès duquel je
me suis placé. Ma main droite est sur la table
avec les mains de Slade et celles de M. A... qui
assiste aussi à l'expérience. Slade est à ma gauche
et A... à ma droite ; après quelques minutes d'attente aucun bruit ne s'est fait entendre sur l'ardoise que je tiens, mais à plusieurs reprises, sans
aucun contact apparent de personne, je sens
qu'elle est violemment poussée de mon côté. Je
me penche et ne vois rien sous la table ; Slade

dont je vois les jambes n'a fait aucun mouvement, ses mains sont toujours sur la table. A un moment donné, je sens une traction de l'ardoise qui cherche à s'échapper de ma main et j'ai besoin de la tenir ferme ; je regarde sous la table : rien. J'examine de nouveau mon ardoise que je retire : la petite touche est toujours à la même place ; aucun caractère n'a été tracé.

Je place de nouveau mon ardoise sous la table et j'invite Slade à la tenir en même temps que moi. Chacun de nous la tient de la façon suivante : nous embrassons en même temps l'ardoise et la table de manière que nos pouces soient sur la table et nos doigts sous l'ardoise. A peine sommes-nous dans cette position que nous entendons très nettement le crayon courir sur l'ardoise. Je puis me pencher et examiner les doigts de Slade dont je constate la parfaite immobilité. Le « message » doit être long, car nous attendons plusieurs minutes avant que le bruit de l'écriture cesse. Trois petits coups secs se font entendre, j'essaie d'enlever moi-même l'ardoise, Slade ayant retiré sa main, et j'éprouve une résistance très appréciable, quelque chose de comparable à ce qu'on ressent quand on soulève une cloche de verre sous laquelle un commencement de vide a été pratiqué, à l'aide d'une pompe pneumatique. Je constate que quatre phrases ont été écrites sur mon ardoise dont les marques précitées sont à leur place. Ces quatre phrases sont écrites la première en français, la deuxième en grec, la troisième en allemand et la dernière en anglais. (Voir la planche 24.)

Au cours de cette expérience, pendant que l'écriture s'entendait, je fis la remarque suivante : j'invitai M. A..., qui était à ma droite, à soulever sa main gauche sous laquelle se trouvait ma droite; tant que dura l'interruption du contact je n'entendis plus rien, le crayon semblait rester immobile. Je priai A... de poser sa main sur la manche de mon habit et l'ardoise demeura silencieuse. Je dis alors à A... d'appliquer sa main sur mon front et, au moment où ses doigts me touchèrent, j'entendis de nouveau le crayon se mouvoir. Répétée plusieurs fois, l'expérience donna des résultats identiques.

J'ai fait dans plusieurs cas semblables des observations analogues. Est-ce à dire que ces phénomènes sont dus à un genre d'électricité nerveuse qui se renforcerait en passant par une sorte de batterie électrique dont nous serions les éléments ? Il ne saurait ici, plus que dans les autres parties de cet ouvrage, être question d'une théorie. Restons sur le terrain des faits. C'est ce qu'il y a de mieux à faire en ce moment où nous ne sommes encore qu'aux éléments d'une bran-

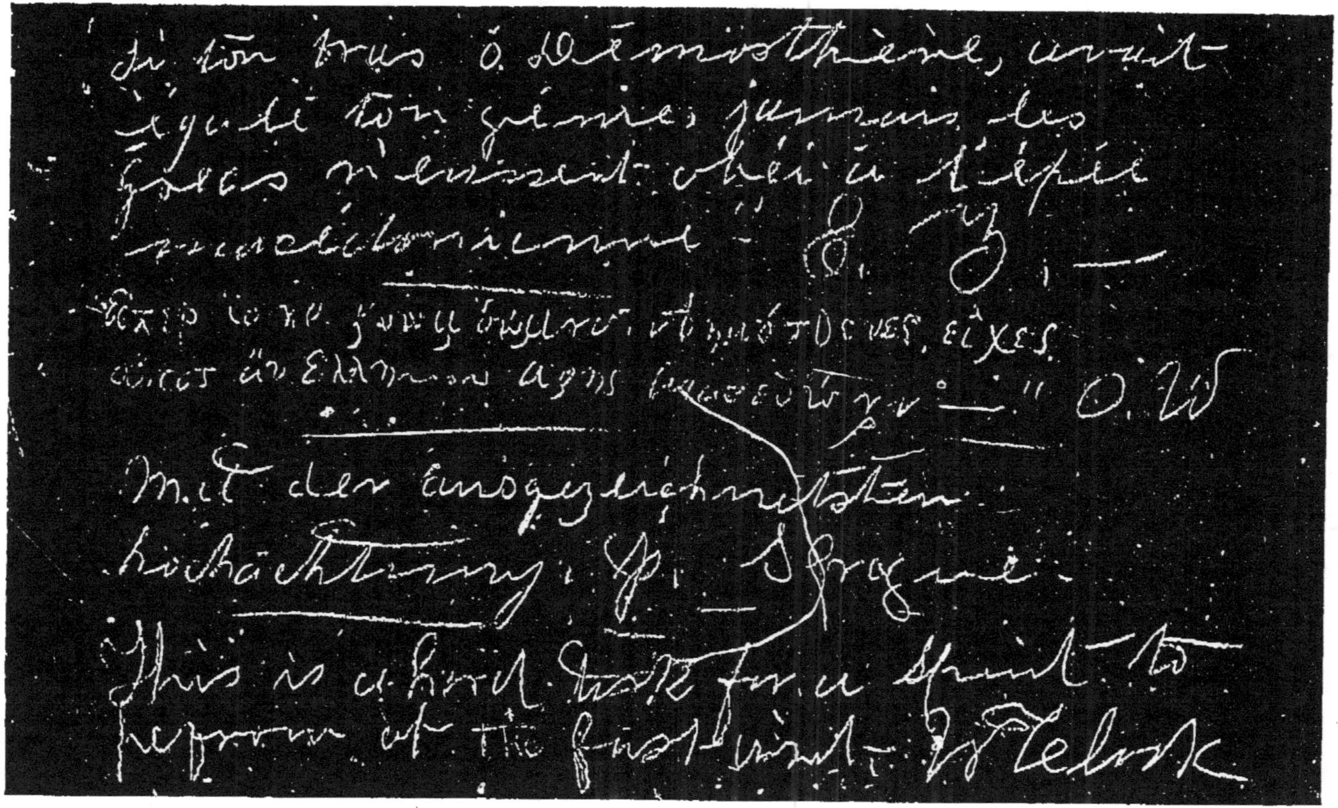

FIG. 24.

Note explicative et traduction de la figure 24.

« Si ton bras, ô **Démosthènes**, avait égalé ton génie, jamais les Grecs n'eussent obéi à l'épée macédonienne. »

E. Z.

(La phrase écrite en grec qui paraît avoir voulu traduire la précédente est composée en grande partie de mots tronqués ou illisibles.)

———

Mit der ausgezeichnetsten hochachtung. (*Signature illisible.*) Avec la considération la plus distinguée.

REMARQUE : (Le mot hochachtung aurait dû être écrit avec une majuscule.)
Ces fautes d'orthographe sont fréquentes dans les « communications » écrites en allemand.

———

This is a hard task for a spirit to perform at the first visit. W. CLARK.
(Ceci est une tâche difficile à faire pour un esprit dès sa première visite.)

che de la physiologie psychologique. Il serait imprudent d'agir autrement, car l'histoire de la science est là pour nous montrer combien les théories prématurées sont gênantes et réactionnaires, par la suite, pour le progrès du savoir.

Expérience V

Cette expérience eut lieu dans mon appartement, dans ma salle à manger, où Slade entrait pour la première fois, le 27 mai à neuf heures du soir. Etaient présentes cinq personnes au total : deux personnes de ma famille, un ami, Slade et moi.

Cette séance a déjà été mentionnée plus haut.

Slade prit une de mes ardoises munie d'une petite touche et la glissa sous la face inférieure de ma table; on entendit le crayon glisser. L'ardoise examinée portait trois barres presque rectilignes et parallèles. Je demandai la répétition de l'expérience, mais avec une seule barre et posai moi-même la touche au milieu de l'ardoise qui fut replacée comme devant. On entendit de nouveau le bruit du crayon et à l'examen on vit sur la ligne médiane un trait long de 23 cent. occupant toute la longueur de l'ardoise et la touche (ou crayon), longue de cinq à six millimètres, se trouvait juste à l'extrémité du trait qui confinait au pouce de Slade. Il avait donc fallu que cette touche, placée par moi sur la partie moyenne de l'ardoise, fût transportée à l'extrémité de l'ardoise opposée à la main de Slade et qu'elle en parcourût toute la longueur, soit 23 cent. Pendant ce temps, nous n'avions pas perdu de vue la main de Slade ni la partie du cadre en bois de l'ardoise, qui était en rapport avec elle.

La salle était parfaitement éclairée ; Slade avait derrière lui et à droite sur un dressoir, une forte lampe munie d'un abat-jour et devant lui une lampe à gaz très puissante munie également d'un abat-jour ; aucun de ses mouvements ne pouvait passer inaperçu, et il se trouvait dans un milieu peu crédule où quatre paires d'yeux scrutateurs le surveillaient de près.

Expérience VI

Dans la même séance, je pris deux de mes ardoises et après les avoir essuyées convenablement, je plaçai entre elles une touche (comme à l'ordinaire). Je remis ces ardoises à Slade qui les prit dans sa main droite sans les ouvrir et les appuya sur l'épaule d'une des personnes de ma famille se trouvant placée de telle façon qu'en me penchant un peu je voyais les deux faces des ardoises. Nous avions, tous les cinq, nos mains sur la table formant le « cercle ». Slade n'avait que la main gauche au milieu des nôtres, sa droite maintenant les ardoises. Quelques coups percutés sur les ardoises furent entendus, puis le bruit du crayon écrivant dans leur intérieur. Cela dura trente secondes ; les ardoises déposées aussitôt sur ma table, nous lûmes, écrite sur l'une d'elles, la sentence suivante : « *The truth will outshine error*. (La vérité éclipsera l'erreur.)

Expérience VII

Toujours dans la même séance, un fait plus curieux encore que les précédents se produisit. Prenant une de mes ardoises, bien lavée sur les deux faces, je demande à Slade s'il pourra obtenir un mot que j'écrirai sans qu'il en ait connaissance. Sur sa réponse affirmative, j'écris sur mon ardoise, *en me tenant complètement à l'abri de la vue de Slade,* le nom de mon fils Louis. Je place une petite touche sur la face opposée et, en rasant la table, je passe l'ardoise à Slade qui, *sans la regarder,* la glisse sous le bord de ma table de manière à la laisser visible dans une petite portion de son étendue ; par conséquent, nous voyions tous la main droite de Slade ; sa gauche était avec les nôtres sur la table. Dix secondes ne s'étaient pas écoulées que l'ardoise m'était rendue avec la mention : « *Louis is not here* » (Louis n'est pas ici ; ce qui était vrai) écrite du côté opposé où j'avais moi-même tracé le mot Louis.

Précédemment, j'avais essayé d'obtenir un nom auquel je pensais, mais la réponse ne fut pas tout à fait exacte, dans ce sens qu'il me fut donné le nom d'une personne à laquelle j'avais songé une partie de la journée, mais au moment où je formulais ma demande, je pensais à une autre personne.

M. l'ingénieur Tremeschini a été plus heureux que moi sous ce rapport. Voici, en effet, ce que cet honorable savant raconte dans une lettre écrite à un journal spiritualiste : « ..... M. Slade
« m'ayant invité à tracer sur une ardoise qu'il
« me présenta, une demande quelconque, j'ins-
« crivis ces mots : *Le nom de la personne à la-
« quelle je pense en ce moment ?* M. Slade, ayant
« repris l'ardoise, la plaça sur le bord de la table
« qui était de mon côté et l'en retira après trois
« secondes. Je constatai, avec la personne qui

« assistait comme moi à la séance, que le mot
« *Vechy* était écrit en toutes lettres sur l'ardoise
« à la suite de ma question. Ce nom était bien
« le nom de l'ami à qui je pensais et que j'avais
« perdu depuis dix ans ».

M. Tremeschini m'a depuis raconté lui-même le fait qui précède. M. Tremeschini n'est pas spirite, il est matérialiste à la manière de Gaôtomo.

Expérience VIII

Nous appelons toute l'attention du lecteur sur cette expérience à laquelle nous laissons comme aux précédentes sa rédaction primitive.

30 juin 1886. — J'ai fait aujourd'hui à cinq heures, chez Slade, une observation plus curieuse que les autres, dans ce sens que le « phénomène » de l'écriture s'est produit dans deux ardoises m'appartenant et *auxquelles Slade n'a pas touché.*

J'avais apporté plusieurs ardoises, deux entre autres, enveloppées dans du papier, ficelées ensemble, cachetées et vissées. Je désirais obtenir de l'écriture dans ces ardoises et je demandai à Slade si cela était possible : « Je ne sais pas, me répondit-il, je vais le demander ». Je proposai alors d'avoir une réponse dans deux ardoises neuves que j'avais apportées dans ma serviette, ce qui me fut accordé.

Dans une séance antérieure, un visiteur est venu chez Slade et a obtenu, m'a-t-on dit, de l'écriture dans deux ardoises qu'il tenait sous ses pieds. J'ai demandé et obtenu la permission, après avoir mis la petite touche traditionnelle entre elles deux, de m'asseoir sur mes ardoises. Les ayant donc posées sur ma chaise, je m'assis dessus et ne les quittai de la main que lorsque tout le poids de mon corps porta sur elles. Je plaçai alors mes mains sur la table avec celles de Slade et je *sentis* et *entendis* alors, très nettement, que de l'écriture se traçait sur l'ardoise avec laquelle j'étais en contact.

Quand ce fut fini, *je retirai, moi-même,* mes deux ardoises, et je lus les douze mots suivants fort mal écrits, du reste, mais enfin *écrits* et lisibles quand même : *Les ardoises sont difficiles à influencer, nous ferons ce que nous pourrons.*

Slade n'avait pas touché ces ardoises. Je ne pus en obtenir davantage.

Expérience IX

Nous ne donnerions pas cette observation, par cette raison que l'ardoise employée dans ce cas ne nous appartenait pas, si elle n'était empreinte d'une certaine originalité. Néanmoins, pour nous, l'expérience a la même valeur que les précédentes, mais ce n'est pas de nous qu'il s'agit ici : ce qu'il importe surtout c'est d'éviter tout ce qui peut prêter le flanc à la critique, car ces faits sont tellement inattendus que le premier mouvement de celui qui n'est pas prévenu, c'est de les mettre en doute : nous avons passé par là et aujourd'hui encore, en écrivant ces lignes, sans les ardoises que nous avons sous les yeux, nous nous demanderions si nous n'avons pas rêvé. Quoi qu'il en soit, voici le fait :

Le 2 juillet 1886, à cinq heures du soir, avant de faire une expérience avec mes ardoises, Slade, suivant son habitude, fait un essai avec une ardoise à lui. Cette propriété qu'il paraît avoir de provoquer le phénomène de l'écriture spontanée ainsi que les autres manifestations de la « force psychique » n'est pas permanente chez lui ; au contraire elle est sujette à de nombreuses variations. — Il y a déjà un moment que nos mains sont sur la table, aucune manifestation ne s'est faite du phénomène ordinaire. Slade pose son ardoise sur la table; j'en profite pour la percuter, l'examiner de nouveau : elle est très propre, paraît n'avoir jamais servi ; au lieu d'être entourée de bois dur (poirier ou châtaignier) son cadre est en sapin. Sur une de ses faces ce cadre est marqué A.-W. Faber n° 7 et porte une tache d'encre de forme caractérisée.

Slade reprend son ardoise et pose un petit crayon-touche sur la face correspondant aux marques ci-dessus. Il la place sous l'angle de la table devant laquelle je suis assis. L'écriture se fait attendre un peu; Slade sort l'ardoise de dessous la table en l'avançant de mon côté à trois reprises différentes et je constate que rien n'est tracé sur sa surface. Cependant, aussitôt après avoir sorti pour la troisième fois, comme je viens de le dire, l'ardoise que je ne perds pas de vue, Slade dit sentir un « courant » dans son bras. Ce fait se renouvelle à chaque fois. Bientôt j'entends écrire. Je vois, devant moi, la main droite de Slade et deux des côtés du cadre de l'ardoise qui ne sont pas complètement sous la table et où je distingue la marque et la tache d'encre dont j'ai parlé. Rien d'anormal.

Je dis à Slade : « Si c'est de l'anglais qu'on nous

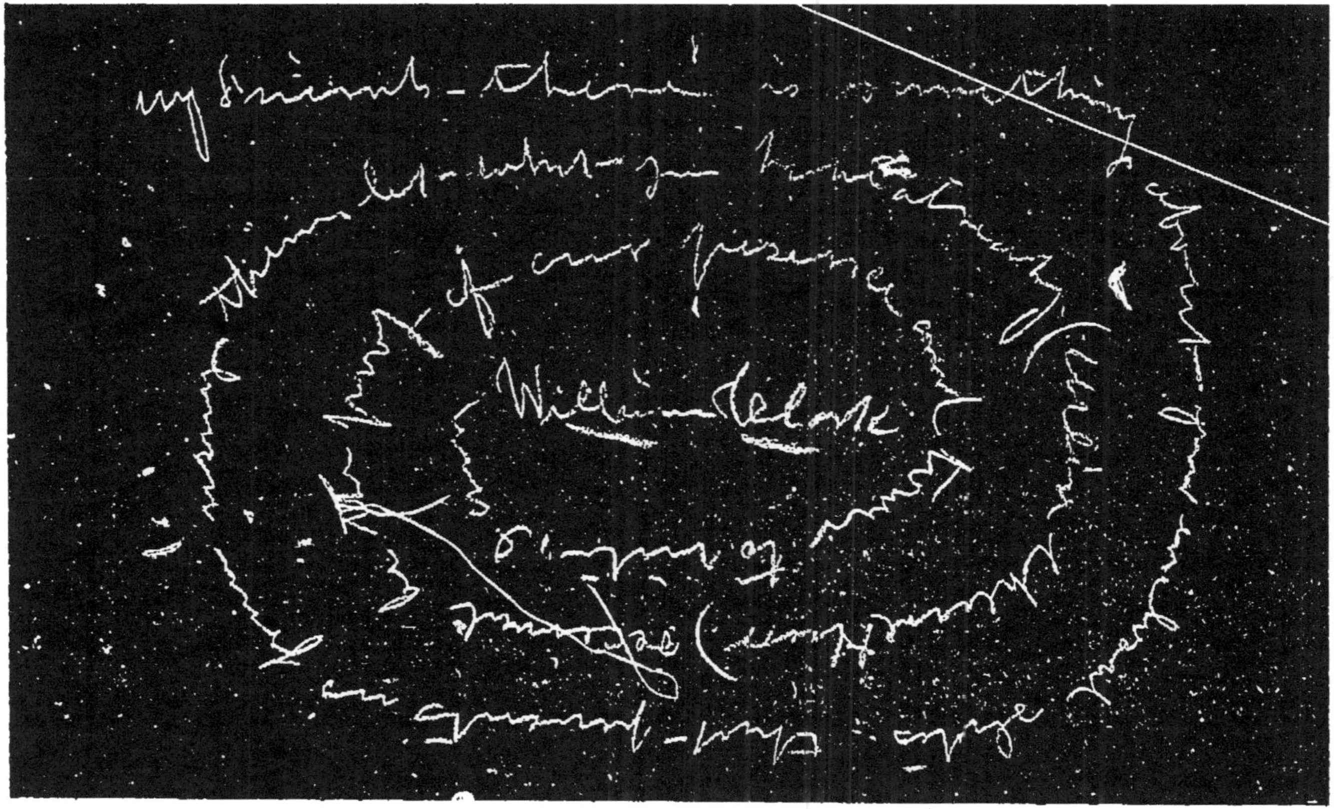

FIG. 29.

Explication et Traduction de la figure 25.

My friends, There is something about your enclosed slates that prevents us from using them, but what you have already (mein teuer Herr) received be the proof of our presence and power to write. I am.

William Clark

Mes amis, il y a quelque chose autour de vos ardoises scellées qui nous empêche de les utiliser. Que ce que vous avez déjà (mon cher Monsieur) obtenu soit la preuve de notre présence et de notre pouvoir d'écrire. Je suis.

William Clark.

écrit, pourriez-vous demander l'intercalation d'un mot allemand ? » Ma demande est transmise par Slade sur un ton poli mais sans affectation. Aussitôt j'entends l'écriture changer de rythme et le bruit d'une sorte de tracé se fait entendre.

Après deux minutes environ, l'ardoise est tirée de dessous la table; j'ai mis la main dessus dès que la fin du « message » a été annoncée. Je vois, non sans étonnement, une phrase écrite en spirale; elle est en anglais et, au lieu *d'un mot* allemand que j'ai demandé, elle contient une *expression allemande* en trois mots. Au centre, se trouve le nom de l' « écrivain » ordinaire.

La photogravure a reproduit exactement cette curieuse inscription où il est encore question des ardoises scellées. (Voyez la figure 25.)

Expérience X

Le jeudi 2 septembre 1886, à 9 heures du soir, dans mon propre appartement, eut lieu une séance dans laquelle se produisirent deux phénomènes différents : 1° écriture sur des ardoises et 2° transport de ces mêmes ardoises sans contact apparent avec les mains d'aucune personne.

Etaient présents :

MM. le docteur C..., médecin des hôpitaux;

Ch..., rédacteur d'un grand journal de Paris.

M..., ingénieur électricien.

Mme F..., Slade et moi.

Nous nous réunîmes autour d'une table à jeu ordinaire. Une forte lampe munie d'un abat-jour était placée au milieu; derrière nous, une lampe semblable envoyait ses rayons lumineux de notre côté, grâce à un réflecteur parabolique.

Les expériences eurent lieu à l'aide de deux ardoises encadrées, de ma collection, mais un peu plus petites que celles du n° 7 de W. Faber.

Le « cercle » une fois formé, nous entendîmes des coups sourds frappés dans la table.

1° — Une de mes ardoises munie de son crayon de cinq millimètres de longueur est placée par Slade sous le rebord de la table devant M. Ch..., qui peut constater, ainsi que nous tous, qu'aucune trace d'écriture ne peut se relever là où nous devons en voir tout à l'heure. Nous voyons une partie de la main de Slade. Nous entendons le crayon grincer sur l'ardoise qui, retirée presqu'aussitôt, contient quelques mots mal écrits en anglais : « *Good evening at all* » (bonsoir à tous).

2° — A plusieurs reprises, l'écriture se forma sur une ardoise; les mots étaient mal écrits et n'avaient qu'une signification banale. Dans un cas, le bruit de crayon s'entendit nettement entre les deux ardoises que nous avions examinées un instant avant et où nous n'avions constaté aucune marque. Ces ardoises étaient tenues par Slade sur le devant de la poitrine de M. Ch... et sans qu'à aucun moment nous ayions perdu de vue ni les ardoises ni les mains de Slade. Nous avons tous constaté, au bout de quelques secondes, que plusieurs mots avaient été tracés.

3° — Dans un autre cas, l'une de mes ardoises fut tenue par M. Ch... seul, qui était à la droite de Slade. Avant de la glisser sous le rebord de la table, M. Ch... nous montra et s'assura lui-même que l'ardoise était nette. Les mains de Slade étaient bien en vue sur la table avec les nôtres. M. Ch... avait à peine fixé l'ardoise sous le rebord de la table que nous entendîmes le bruit produit par l'écriture et, après quelques secondes, nous lûmes quelques mots d'une signification vague, en anglais.

4° — Les ardoises essuyées sont placées l'une sur l'autre. Nous avons tous pu voir les deux faces de chacune d'elles; un petit morceau de crayon aux cassures bien nettes est placé entre elles deux. M. Ch... les prend et, sur l'invitation de Slade, s'assied dessus. Nous plaçons en même temps que Slade nos mains sur la table et un bruit lointain de crayon écrivant se fait entendre. M. Ch... retire lui-même les ardoises, les ouvre avec précaution; nous voyons plusieurs mots tracés, encore en anglais, et pouvant se traduire par : « *Etes-vous convaincus maintenant ?* » Nous examinons le petit crayon : il est usé sur un point à ses deux extrémités. Il a servi, cela est manifeste.

5° — Après ces quelques expériences, faisant allusion au courant d'air froid que j'ai maintes fois senti en plaçant ma main sous la table, je prie Slade de provoquer le même phénomène. Ma main est sous la table, Slade place une ardoise sous sa face inférieure, mais sans l'agiter; je sens aussitôt un courant d'air ou plutôt une impression de froid très sensible, quelque chose d'analogue à ce qu'on éprouve en entrant, l'été, dans une glacière. La même sensation est éprouvée par le Dr C... et par M. l'ingénieur M...

6° — Je demande à Slade, qui est juste en face de moi, de me faire passer l'ardoise qu'il tient. Slade place cette ardoise sous le bord de la table, mais sans faire disparaître complètement sa main; je sens un courant d'air froid, je le fais remarquer tout haut; chacun de nous a les yeux sur les mains de Slade et sur ses jambes qu'il tient hors de la table; pendant qu'on croit encore l'ardoise dans sa main, je la sens doucement poser dans la mienne qui est à moitié engagée sous la table. Slade n'a fait aucun mouvement; il dit seulement avoir senti *qu'on lui tirait l'ardoise*. Je déclare que je ne suis pour rien dans cette traction, la distance séparant ma main de celle de Slade étant de 90 centimètres.

Le même fait se renouvelle pour MM. l'ingénieur M... et le docteur C...

7° — Pendant que nous formions le «cercle» avec nos mains, plusieurs d'entre nous, notamment M. Ch... et le Dr C..., accusèrent une sensation de «courant» passant par leurs mains comme une sorte de fluide électrique. Dans cette séance, comme dans toutes celles où j'ai fait mes observations, je n'ai absolument rien éprouvé de semblable, mais j'ai entendu souvent les personnes qui m'assistaient déclarer qu'elles sentaient « quelque chose », un fourmillement ou un frémissement. Je ne puis me prononcer sur le compte de cette sensation, dont je n'ai pas la moindre idée.

A dix heures et demie, la séance est terminée, après que l'invisible écrivain nous a tracé sur l'ardoise les mots *Good bye* (adieu).

Slade nous pria d'examiner le dessous de ses vêtements; mais, malgré son insistance et la mienne, mes amis s'y opposèrent en protestant.

§ VI

On remarquera que nous ne publions pas les noms de nos confrères ou de nos amis qui ont assisté à nos expériences. Quelques-uns parmi eux nous ont cependant promis de nous autoriser à le faire connaître si cela devenait nécessaire... C'est surtout en présence de cette retenue que nous avons compris celle des savants qui, ayant observé les mêmes choses que nous, ont cependant gardé le silence à leur sujet. Nous avons compris également le danger auquel nous nous exposions en projetant de publier les recherches qui font l'objet de cet ouvrage, et, nous ne le dissimulerons pas, nous nous sommes senti pris d'une certaine appréhension qui s'est reflétée plus d'une fois dans ces pages.

Il nous revient que M. W. Crookes a passé par les mêmes épreuves, ainsi que le prouve la note suivante contenue dans son ouvrage à la suite d'un passage où, citant une expérience analogue aux nôtres, il disait : « Les investigateurs présents étaient un éminent physicien, haut placé dans les rangs de la Société royale, que j'appellerai D^r A B; un docteur en droit bien connu, que j'appellerai C D; mon frère et mon aide de chimie ». M. W. Crookes ajoutait : « C'est une mauvaise preuve de l'indépendance d'opinion tant vantée de certains hommes de science, qu'ils aient si longtemps refusé d'entreprendre des recherches scientifiques au sujet de l'existence et de la nature de faits affirmés par tant de témoins compétents et dignes de foi, alors qu'on les a invités maintes fois à les examiner où et quand il leur plairait. Pour ma part, j'estime trop la poursuite de la vérité et la découverte de quelques nouveaux faits dans la nature, pour refuser de m'en occuper, parce que cela semble heurter les idées qui ont cours. Mais, comme je n'ai pas le droit d'exiger que d'autres fassent ce que je fais, je m'abstiens de mentionner les noms de mes amis sans leur permission ».

Cependant, les amis de M. Crookes, voyant les attaques dont il était l'objet, après la publication de ses observations, lui écrivirent chacun une lettre certifiant l'authenticité de ses relations et l'autorisant à publier leur témoignage. Nous nous plaisons à penser qu'en France, on ne serait pas moins généreux qu'en Angleterre, et que, si des attaques par trop virulentes étaient dirigées contre nous, nos amis, le docteur C..., éminent médecin des hôpitaux de Paris et M. M..., ingénieur électricien, et tous ceux qui nous ont assisté, n'hésiteraient pas à attester ce qu'ils ont vu.

CHAPITRE II

CONCLUSIONS

§ I

Nous avons vu précédemment que la question du spiritualisme expérimental a été traitée de différentes façons par les savants. Ceux qui ont bien voulu se donner la peine d'examiner les choses de près et ne se sont pas laissé décourager, dès le début de leurs recherches, par un insuccès ou toute autre cause, ont constaté des faits analogues aux nôtres et ont affirmé leur existence.

Les savants qui, au contraire, n'ont abordé l'étude des phénomènes en question qu'avec des idées préconçues et s'en sont tenus aux expériences peu satisfaisantes qu'ils ont faites tout d'abord; ceux qui, même sans rien observer du tout, se sont contentés d'emprunter à d'autres une opinion conforme à leurs propres idées, et ont écrit que les phénomènes, dits spiritualistes, n'existent pas, ou, ce qui, dans le fond, revient au même, qu'ils sont le produit exclusif de la fraude, ont été bien imprudents, et nous devons leur demander compte de leur attitude.

Si les faits annoncés étaient faux, il fallait démasquer leur fausseté par de sérieuses démonstrations et ne pas s'en tenir à des à peu près; dans ce cas, le manquement aux règles scientifiques froissait les principes de la méthode expérimentale, il est vrai; mais les conséquences de cet oubli de la bonne ligne ne sont pas graves.

Il en est autrement, si, comme nous le croyons, l'existence, la réalité, de ces mêmes faits est prouvée. Il ne faut pas se le dissimuler, leur portée est immense, et tout en faisant ses réserves, tout en n'avançant sur le terrain qu'à pas comptés, avec toute la prudence d'un explorateur qui cherche une voie sur un sol mouvant, il est bien permis de se demander — *in petto* — ce qu'il y a derrière ces phénomènes étranges, dont les manifestations troublantes vont tourmenter la science moderne plus que ne l'ont fait aucune des découvertes dont elle a eu à s'occuper jusqu'ici.

Alors, ceux qui, revêtus d'un caractère scientifique, sont venus nous dire que ces faits n'étaient pas, sont coupables de lèse-progrès et fauteurs d'obscurantisme.

Il est dit que Salomon aura encore longtemps raison et, aujourd'hui comme de son temps, il pourrait trouver qu'il n'y a rien de neuf sous le soleil : les plus grandes découvertes faites dans notre monde moderne ont été, à leurs débuts, niées, rejetées, conspuées ; les plus grands bienfaiteurs de l'humanité ont été bafoués, persécutés avant d'être sacrés grands hommes (quand ils le furent) après leur mort. Il était nécessaire que la découverte (ou plutôt la *redécouverte*) des faits exposés dans ce travail subît le même sort que toutes les autres, sans quoi nous ferions peut-être difficulté de lui accorder attention, quand son tour sera venu.

Il est certain que ces choses, nouvelles pour nous, vont nous obliger à penser et qu'elles reculent bien loin les limites de notre champ d'études de la physiologie psychologique. Nous voilà loin du sentier tracé par Schopenhauer et ceux de son école. Faut-il le regretter? Est-ce que nous devons considérer ce philosophe broyeur de noir comme l'apôtre infaillible de la vérité? Que non pas ! Et du reste, ne nous a-t-il pas mis en garde contre lui-même? Ecoutons plutôt ses propres paroles redites par l'un de ses plus illustres disciples : « La vérité, a dit Schopenhauer, n'est pas une courtisane sautant au cou de qui la dédaigne; au contraire, c'est une belle si fière, que même celui qui lui sacrifie tout ne peut être sûr de la posséder.[1] » L'a-t-il possédée, lui ?

Il est évident que les faits récents qui se sont produits dans l'ordre psychologique, à commencer par ceux de la suggestion, font singulièrement perdre du terrain aux *métaphysiciens matérialistes*. Mais est-ce à dire que les *métaphysiciens spiritualistes* y trouveraient leur compte ? Posons quelques questions :

Les phénomènes, dits spiritualistes, auraient-ils la prétention de nous donner la preuve *matérielle* de l'existence de l'âme ? Nous savons qu'un écrivain, M. Emile Zola, si nous avons bonne mémoire, a dit quelque part que, s'il y a un Dieu, la science le découvrira; mais le savant, aidé du *fakirisme* ou *modern spiritualism*, ce qui est tout un, dira-t-il un jour avec le poète : *non omnis moriar* (je ne mourrai pas tout entier !) en démontrant l'existence de l'âme humaine en même temps qu'il découvrira l'âme du monde ?

Nous avons montré que le spiritisme et le fakirisme n'étaient qu'une seule et même chose et que la base de la religion des brahmes de l'Inde

---

[1] Büchner. Discours pour l'inauguration de la statue de Diderot. Paris.

était l'évocation des âmes des ancêtres et l'étude de phénomènes analogues à ceux qu'a publiés M. William Crookes et aux nôtres. Est-ce à dire encore que les prêtres de Brahma devront un jour prendre possession de nos églises chrétiennes pour en faire des pagodes consacrées au culte de l'humanité posthume? Non, non; nous avons foi dans la Science et nous croyons fermement qu'elle débarrassera à tout jamais l'humanité du parisitisme de toutes les espèces de brahmes, et que la religion, ou plutôt la morale devenue scientifique, sera représentée, un jour, par une section particulière dans les académies des sciences de l'avenir.

Qui sait si ce n'est pas par l'étude des phénomènes psychiques que nous arriverons à mettre en pratique le fameux Γνῶθι σεαυτὸν (connais-toi toi-même), qu'on nous prêche en vain depuis plusieurs milliers d'années, sans savoir au juste ce qu'il signifie?

N'importe! il y a des faits, ne nous lassons pas de le dire, des faits positifs, inéluctables; Robert Hare et des centaines d'autres en ont apporté; Russel Wallace, Boutlerow et Zöllner, après W. Crookes et la Société dialectique de Londres, en ont fourni à pleines mains; nous-même apportons notre contingent d'observations et d'expériences... Nous ne pouvons plus reculer, les faits sont là qui nous pressent; nous avons beau nous débattre et dire : « Ce n'est pas possible »; ils nous répondent : « Non, cela est ». Nous objectons un « mais », on nous réplique encore par un « fait », et, comme l'a dit Russel Wallace, « les faits (puisqu'il faut encore pro noncer ce mot odieux à ceux qui ne veulent pas voir) « les faits » sont des choses opiniâtres ». En effet, on peut en plaisanter durant une séance d'académie; ils s'éclipsent pendant quelque temps; puis, un beau jour, ils reparaissent narquois, et ceux qui n'ont pas voulu les voir jadis, seront parfois enchantés de les *découvrir* demain. « *Errare humanum est .* »

Disons donc toute notre pensée : non, ces phénomènes surprenants, inexplicables par la comparaison avec le peu que nous savons, ne démontrent pas d'une manière absolue que la mort met en liberté le *moi conscient* persistant. Mais serrons-les de près, ces phénomènes, étudions, cherchons, expérimentons et, au bout de nos recherches, si nous trouvons quoi que ce soit, fussent des « esprits », proclamons-le.

Pour notre part, nous sommes bien décidé à ne pas laisser perdre une occasion de rechercher la VÉRITÉ et de la faire connaître si, quoi qu'en pense Schopenhauer, nous avons le bonheur de la posséder un jour. Tel est le devoir; et l'intérêt de l'humanité le commande.

L'exemple des brahmes est là pour nous enseigner qu'il y a plus de danger à cacher la vérité qu'à la faire connaître : ils ont voulu la garder pour eux, en la voilant sous la fiction, mais ils ont abruti le peuple; la fiction s'est tellement épaissie autour de la vérité qu'ils ne l'ont plus reconnue eux-mêmes, et qu'ils ont été atteints, en fin de compte, par l'abêtissement général, qui était leur œuvre.

Mais s'il est salutaire de faire connaître la vérité — avec tous les ménagements voulus : la joie fait peur — est-il bon que tout le monde se mêle de la chercher? Nous ne le croyons pas, en thèse générale, mais c'est surtout en matière de « psychisme expérimental » qu'il faut être prudent. Tout d'abord, dans l'intérêt de la vérité même, il ne faut pas que les premiers venus se mêlent d'étudier un sujet aussi délicat; mais c'est surtout pour les individus qu'il est nécessaire de déconseiller les pratiques du spiritualisme expérimental. Il faut, en effet, être fortement trempé et sûr de ses bons antécédents héréditaires au point de vue cérébral, si on ne veut pas voir sa raison ne plus revenir à la suite d'une « envolée », ou s'ébranler dans des dialogues troublants avec l'invisible. Cependant, nombre de familles jouent avec ce feu de la folie, et des « évocations » se font journellement devant de jeunes enfants, quand on ne les oblige pas, les pauvres ! à faire partie du « cercle magique ». De tout temps, depuis les brahmes jusqu'aux initiés de la kabale, tous les hommes qui se sont occupés de ces choses mystérieuses en ont formellement défendu la pratique à ceux que des épreuves sérieuses ne désignaient pas comme capables de résister aux émotions terribles qu'elles peuvent causer.

Il est de notre devoir de signaler le péril inhérent aux expériences de psychisme avec lesquelles on joue cependant sans se douter du grand danger qu'elles font courir.

Mais il est désirable qu'une société se forme pour étudier cette « nouvelle branche de la physiologie psychologique », afin que nous sachions le plus tôt possible ce que nous devons penser sur ce sujet, dont la portée pourrait être bien haute. Nous ne craignons pas de le redire encore : rien n'intéresse autant l'humanité ; aussi faisons-nous appel aux bonnes volontés sérieuses, et de notre côté, nous nous mettons à la disposition des penseurs et des hommes d'initiative, disposés à jeter les bases d'une association dont les moyens d'investigation puiseront, dans la collectivité, une force puissante à plus d'un titre.

Les observations que nous avons faites dans les différents milieux où nous ont conduits les besoins de cette étude nous font désirer la formation d'une société comme celle dont nous parlons, car de ces observations il résulte ceci : c'est que si la lumière n'est pas faite bientôt sur les phénomènes mystérieux, mais parfaitement naturels selon nous, que nous avons étudiés, ils seront exploités; nous allons être envahis par un charlatanisme éhonté qui, malgré l'apparent septicisme de notre époque, mettra la crédulité publique en coupe réglée. Nous avons mille preuves de ce que nous avançons; il y a déjà un commencement d'exécution de cette honteuse exploitation qui promet de jolis résultats pour l'avenir, si les honnêtes gens ne s'en mêlent pas.

A l'œuvre donc ! car il n'est plus permis de traiter par le persiflage et la raillerie faciles un sujet aussi grave. Il y a des faits positifs : la métaphysique ne peut rien contre eux, et lorsque nous entendons dire que ces faits ne sont pas possibles cela nous remet en mémoire la réflexion de Pascal sur le jugement de Rome, qui condamnait l'opinion de Galilée touchant le mouvement de la terre : « Ce ne sera pas cela qui prouvera qu'elle demeure en repos... Tous les hommes ensemble ne l'empêcheraient pas de tourner et ne s'empêcheraient pas de tourner avec elle ».

Lorsqu'un fait est, tous les hommes ensemble ne pourraient l'empêcher d'être.

BIBLIOGRAPHIE

Arnoult (Gatien). — *Histoire de la philosophie en France.* Paris, 1859.
Auberlien. — *Die Theosophie...* Thubingen, 1847.
Babinet. — *Etudes et lectures sur les sciences d'observation.* Paris, 1856.
Baréty. — *Force neurique rayonnante.* Doin, Paris 1882.
Barthelémy Saint-Hilaire. — *Le Bouddha et sa religion.* Didier, Paris, 1860.
Bellemare. — *Spirite et chrétien.* Paris, 1883.
Bernheim. — *De la Suggestion.* Doin, Paris, 1886.
Blackwel (miss Anna). — *Essai sur le   itisme* (traduct.). Paris, 1875.
Bonnamy. — *La Raison du spiritisme.* Paris, 1868.
Braid (J.). — *Neurypnology or the rationale, etc.* London, 1843.
Braun. — *Experimenteller spiritualismus,* etc. Leipzig, 1879.
Burnouf. — *Introduction à l'histoire du bouddhisme. La Bhagavad-Gita,* etc.
Cailleux (Théoph.). — *Théorie nouvelle sur les origines humaines.* Ghio, Paris.

Calmet (R.-P. Augustin). — *Apparitions des esprits.* Paris, 1751.

Chabagnet. — *Révélation d'outre-tombe.* Paris, 1856.

Chevreul. — *De la Baguette divinatoire, du pendule explorateur et des tables tournantes.* Paris, 1854.

Crookes (William). — *The Spiritualism and science* — in Quaterly journal of science, 1870-71, et suiv. London.

Crookes (William). — *Nouvelles expériences sur la force psychique*, traduction française. — Librairie des sciences psychologiques. Paris.

Crouzet. — *Répertoire du spiritisme.* Paris, 1874.

Dechambre. — *Histoire des séances données à Paris par D.-D. Home*, in Gazette hebdomadaire de médecine et de chirurgie, 1859.

Dechambre. — *La doctrine spirite.* Ibid. 1859.

Id.   *Les frères Davenport.* Ibid., 1865.

Id.   Dictionnaire encyclopédique des sciences médicales. Art. *Spiritisme.*

Delanne. — *Le Spiritisme devant la science.* Paris, 1885.

Dirckinck-Holmfeld. — *Spiritualismus und spiritismus, ihr Werth und Zweck*, etc. Leipzig, 1880.

Dove. — *Der spiritualismus in Leipzig.* In *Imneuen-Reich.* n° 19, 1878.

Drobisch. — *Einige elementare Bemerkungen über den Raum der drei Dimensionen.* In *Kœnigl. Sächs Gesellchaft der Wissensch.*, 1876.

Dupuis. — *Origine de tous les cultes ou religion universelle.* Paris, 1835.

Edmonds. — *Der Amerikanische spiritualismus.* Traduction allemande. Leipzig, 1873.

Ehmann. — *John. Ludwig Fricker, ein Lebensbildung.* Heilbronn, 1872.

Flammarion (Camille). — *Discours prononcé sur la tombe d'Allan Kardec.* Paris, 1869.

Fichte (Von). — *Der neuer Spiritualismus, sein Werth und seine Tauschungen.* Leipzig, 1878.

Figuier (Louis). — *Histoire du merveilleux dans les temps modernes*, t. IV. Paris, 1881.

Fischer. — *Kepler nnd die unsichtbare Wel* t. Leipzig, 1882.

Fontenelle. — *Histoire des oracles.*

Fonvielle (de). — *Comment se font les miracles en dehors de l'Eglise.* Dreyfous, Paris.

Fourier (Ch.) — *Théorie des quatre mouvements.*

Friese. — *Stimmen aus dem Reich der Geister.* Leipzig, 1880.

Funcke. — *Grundlagen der Raumwissenschaft.* Hannover, 1875.

Gasparin (comte Agénor de). — *Des Tables tournantes, du surnaturel et des esprits.* Paris, 1854.

Gentzel. — *Spiritische Gestandnisse eines Geistlichen.* Leipzig, 1877.

Gillson. — *Table talking,* — *Disclosures of Satanic Wonders and prophetic signs.* London, 1853.

Godfrey. — *Table moving tested and proved to be the result of satanic agency.* London, 1853.

Gôtomo. — *(Préface du Somodœvo de).* Paris, 1885.

Gougenot des Mousseaux. — *Mœurs et pratiques des démons ou esprits visiteurs.* Paris, 1854.

Guérin (abbé). — *Astronomie indienne.* Paris, 1847.

Guldenstubbe (de). — *La Réalité des esprits,* etc. Paris, 1857.

Guldenstubbe (de). — *Pneumatologie positive.* Paris, 1873.

Hahn et Thomas. — *Spiritisme.* Dictionnaire encyclopédique de Dechambre. (Voir ce nom.)

Hœckel. — *L'âme des cellules et les cellules de l'âme,* in- Revue internationale des sciences. Paris, 1879.

Hardinge (Emma). — *History of modern american spiritualism.* New-York, 1870.

Hare (Robert). — *Experimental investigation of the spirit manifestations demonstrating the existence of spirits and their communications with mortals.* New-York, Partride and Britton, 1858, traduction allemande. Leipzig, 1871.

Hellenbach. — *Der individualismus im Lichte der Biologie und Philosophie.* Wien, 1878.

Helmholtz. — *Popular wissenschaftliche Vorträge.* 3 Heft. p. 27 (4ᵉ dimension).

Home (Daniel Douglas). — *Révélations sur ma vie surnaturelle,* 2ᵉ édition. Paris, 1863.

Hornung. — *Neue Geheimnisse des Tags.* Leipzig, 1857.

Houat. — *Etudes et séances spirites.* Paris, 1863.

Houdin (Robert). — *Confidences d'un prestidigitateur.* Paris, 1859.

Howitt. — *The history of the supernatural.* London, 1863.

Huc (missionn.). — *Souvenirs d'un voyage dans la Tartarie et le Thibet.* Paris, 1857.

Huguet (Dʳ). — *Spiritomanes et spiritophobes.* Paris, 1875.

Jacolliot. — *Spiritisme dans le monde.* Paris, 1879.
    Id.   *La Bible dans l'Inde.* Paris, 1869, etc.

Jaubert. — *Fables et poésies de l'esprit frappeur de Carcassonne.* Carcassonne, 1882.

Jobert (de Lamballe). — *De la contraction rythmique musculaire volontaire..* C. R. Académie des sciences, t. XLVIII.

Kant. — *Gedanken von der wahren Schätzung der lebenden Kräfte,* 1747.

Kant. — *Vom ersten Grunde des Unterschieds der Gegenden in Raume,* 1768.

Kardec (Allan). — *La genèse, les miracles et les prédictions selon le spiritisme.*

Kardec (Allan). — *Livre des esprits.*
    Id.   *Livre des médiums.*
    Id.   *Instructions pratiques,* etc.

Kardec (Allan). — *Le Spiritisme à sa plus simple expression.*
    Id.   *Qu'est-ce que le spiritisme.*
    Id.   *Caractère de la révélation spirite,* etc.

Tous ces ouvrages se trouvent à la Bibliothèque des sciences psychologiques. 5, rue des Petits-Champs, Paris.

Kreyher. — *Die mystischen Erscheinungen des Seelenlebens und die biblischen Wunder.* Stuttgart, 1881, 2 vol.

Leblois. — *Les bibles et les initiateurs religieux de l'humanité.* Paris, 1835.

Legas. — *La photographie spirite et l'analyse spectrale comparée.* Paris, 1875.

Levi (Eliphas). — *La Science des esprits.* Paris, 1865.

Littré et Robin. — *Dictionnaire de médecine.* Passim. Paris, 1873.

Love. — *Le Spiritualisme rationnel.* Paris, chez Didier.

Maricourt (de). — *Souvenirs d'un magnétiseur.* Plon, Paris.

Michelis. — *Ist die annhame eines Raumes von mehr als drei Dimensionen...* Freiburg, 1879.

Mirville (de). — *Pneumatologie.* — *Des esprits et de leurs manifestations diverses* (6 vol. in 8°). Paris, 1863-67.

Muller (Max). — *Einleitung in die vergleichende religionswissenschaft.* Strabourg, 1876.

Nus (Eugène). — *Choses de l'autre monde.* Paris, 1880.
    Id.   *Les grands mystères.* Paris, 1877.

Naudé. — *Apologie des grands hommes accusés de magie.* Paris, 1669.

Œhninger. — *Der modern spiritualismus...* Augsburg, 1880.

Œttingen. — *Sämmtliche Scheiften..* Stuttgart, 1858.

Olcott. — *Catéchisme bouddhique* (trad. de la 14e édit. angl.). Paris, 1883.

Owen (Robert Dale). *Footfalls on the Boundary of an other World*. Philadelphie, 1877.
Pailloux (R^d P. X.). — *Le magnétisme, le spiritisme et la possession*. Paris, 1863.
Perty. — *Die mystischen Erscheinungen...* Leipzig, 61.
    Id. *Der jetzige spiritualismus*. Ibid.
Philostrate. — *Vie d'*APPOLLONIUS DE THIANE. Trad. Chassang; Didier éditeur. Paris.
Quaterly journal of. sc. — London, 1871 et suiv.
Raphaël. — *Le doute*. Paris, 1877.
Revue spirite. — Fondée par Allan Kardec en 1858. Paris, paraît toujours, bi-mensuelle.
Reynaud (Jean). — *Terre et ciel* (6e édit.). Paris, 1875.
Richter. — *Ueber den Spiritismus Vortrag*. Hildesheim, 1880.
Rossi de Justiniani. — *Le Spiritisme dans l'histoire*. Paris, 1879.
Rudel. — *Von den Elementem und Grundgebilden der synthetischen geometrie*. *Progres*. Bamberg, 1877.
Schiff. — *Compt. Rend. Académie des sciences*. Paris. t. XXXVIII, 1854.
Schindler. — *Das magische Geisterleben. Ein Beitrag zur psychologie*. Breslau, 1857.
Schneid. — *Der neuere spiritismus, philosophisch geprüft*. Eichstädt, 1880.
Société de recherches psychologiques de Londres. — *Proceedings*. London.
Stass. — *Einige Lehren des modernen spiritualismus*. Freiburg, 1880.
Stecki. — *Le Spiritisme dans la Bible*. Paris, 1869.
Swendenborg. — *Œuvres complètes* (trad. de Le Boys des Guays). Paris, 1872.
Thomas et Hahn. — *Dictionnaire encyclopédique des sciences médicales*. Article *spiritisme*.

Thomson. — *Association britannique pour l'avancement des sciences.* Edimbourg, 1874.

Tissandier (J.-B.). — *Des sciences occultes* et *Du Spiritisme*. Paris, 1866.

Tournier. — *Le Spiritisme devant la raison*. Paris, 1875.

Tremeschini. — *Cosmographie vulgarisée.* Picard éditeur, Paris.

Ulrici. — *Der songenannte spiritismus*, etc. Halle, 1879.

Id. *Ueber der spiritismus*, etc. Halle, 1879.

Vacquerie (A.). — *Les Miettes de l'histoire.* Paris, 1863.

Vallès (François). — *Conférences*, 1882-85. Paris.

Wallace (Russel). — *On Miracles and modern spiritualism.* London, 1874.

Wallace (Russel). — *Die wissenschaftliche Ansicht des Uebernaturlichen*, traduction allemande. Leipzig, 1874.

Wallace (Russel). — *Eine Wertheidigung des modernen spiritualismus*, traduction allemande. Leipzig, 1875.

Walter Jochnick. — *Les questions les plus importantes de l'humanité.* Stockhlom, Leipzig. Paris, 1881.

Weber (J.). — *Uber Wesen und Zweck des spiritismus.* Buda-Pesth, 1875.

Wegener. — *Zum Zusammenhang von Sein und Denken ; ein Beitrag zur theorie einer vierten Raum dimension.* Leipzig, 1878.

Wipprecht. — *Der Spiritualismus vor der Forum der Wissensch.* Leipzig, 1880.

Wirth. — *Zœllner's hypothese...... mit dem medium Slade.* Leipzig, 1878.

Wundt (W.). — *Der spiritismus. Eine Songenannte wissensch. Frage. Offener Brief an H. Prof. Dr H. Ulrici.* Leipzig, 1879.

Zimmermann. — *Henry More und die vierte dimension. des Raumes.* Wien, 1881.

Zöckler. — *Geschichte der Beziehungen zwischen theologie und Naturwissenschaft.* Gütersloh, 1877.

Zöllner. — *Wissenschaftliche Abhandlungen.* Leipzig, 1877.

Id. *Naturwissenschaft und christliche Offenbarung.* Leipzig, 1881.

TABLE DES MATIÈRES

	Pages.
Préface..	I
Introduction...	V

PREMIÈRE PARTIE

Chapitre I.	— Simple coup d'œil sur la physiologie du Spiritisme............	33
Chapitre II.	— La Doctrine spirite. — Les médiums.	41
Chapitre III.	— Origine du Spiritisme............	45
Chapitre IV.	— Le Spiritisme chez les Indiens de l'Amérique du Nord. — La Kabale hébraïque...........................	61
Chapitre V.	— Un mot sur l'Inde................	75
Chapitre VI.	— Fakirisme.......................	117
Chapitre VII.	— Le Spiritisme en Europe........	133
Chapitre VIII.	— Des Fraudes en matière de Spiritisme............................	181

DEUXIÈME PARTIE

Chapitre I. — Opinion des savants sur les faits spirites	191
Chapitre II. — Recherches de M. William Crookes	239
Chapitre III. — Expériences de Zœllner	305
Chapitre IV. — Théories émises pour expliquer les phénomènes dits spiritualistes	309

TROISIÈME PARTIE

Chapitre I. — Partie expérimentale	313
§ I. — Préliminaires	313
§ II. — Expériences avec M. Slade	319
§ III. — Expériences de la première catégorie.	
Ire classe — Phénomènes de percussion	324
IIe classe — Mouvements de corps avec contact du médium	326
IIIe classe. — Mouvements du corps sans contact du médium	327
IVe classe. — Objets brisés par simple contact du médium	331
V[e] classe. — Corps transportés sans contact	332
VIe classe. — Phénomènes d'extase	333
VIIe classe. — Matérialisations, etc.	338
§ IV. — Expériences de la deuxième catégorie. Écriture spontanée	340
Chapitre II. — Conclusions	379
Bibliographie	359

DU MÊME AUTEUR

Note sur un cas de persistance du trou de Botal (orifice interauriculaire) chez un homme de 70 ans, ne s'étant manifesté pendant la vie par aucun signe fonctionnel. *Bullet. de la Soc. anat. et Uniou méd.*, 1880.

Note sur un cas de tuberculose testiculaire. *Soc. anat.* 1880.

Note sur un cas de kyste ovarique ayant présenté pendant la vie les symptômes physiques de l'ascite par adhérence à la paroi antérieure de l'abdomen. *Soc. anat.* 1881.

Du siège insolite des ulcères syphilitiques primitifs. *Un. méd.* 1881.

Des accidents secondaires tardifs de la syphilis. *Bull. soc. cliniq.* 1881.

Des blessures du poumon par fracture de la clavicule. Observation du troisième cas connu dans la science. *Bull. soc. cliniq.* 1881.

De l'excision des chancres syphilitiques au début. Communication à la Société clinique de deux cas propres à l'auteur. *Un. méd.* 1881.

Des causes et du traitement de la fièvre typhoïde. *Feuilleton scientifique de la « République française »*, 1881.

Mémoire sur les accidents nerveux produits par la foudre, et en particulier sur un cas remarquable de monoplégie brachiale intermittente se reproduisant seulement au moment d'un orage. *Soc. de biologie et Revue médicale.* 1881.

De la nature parasitaire des taches ardoisées dans la fièvre typhoïde. *Soc. de biologie,* 1881.

Note sur un cas de tumeur cérébrale chez le cheval; en collaboration avec M. le Dr Paul Bouley. *Soc. anat.* 1881.

Trois présentations à la *Société anatomique* de pièces pathologiques démontrant que les lésions du cœur droit sont plus fréquentes qu'on l'admet généralement. 1881.

La bactérie du pemphigus. Recherches sur l'étiologie de la fièvre pemphigoïde (pemphigus aigu, fièvre belleuse), démontrant que cette affection est produite par un organe microscopique. *Soc. de biologie, Annales de dermatologie et Recueil de méd. vétérinaire,* 1881.

Études expérimentales sur la genèse et la nature du typhus abdominal (fièvre typhoïde). Traduit de l'italien d'après un travail du professeur Tizzoni, de Catane (Sicile). *Journ. des Connaiss. méd. de Cornil.* 1881.

Note sur un cas de kyste dermoïde de la face palmaire d'un doigt. *Soc. anat.* 1881.

Note pour servir à l'étude de la rage. *Un. méd. et Recueil de méd. vétérin.*, 1881.

DE L'ENTÉROCLYSME. Recherches expérimentales démontrant qu'il est dangereux de chercher à franchir la valvule iléo-cæcale au moyen d'injections forcées. *Un. méd.*, 1881.

DE LA POSSIBILITÉ DE FAIRE CONTRACTER LE CHARBON AUX ANIMAUX A SANG FROID EN ÉLEVANT LEUR TEMPÉRATURE. Preuves expérimentales. Présentation de préparations histologiques démonstratives. *Acad. des sc. et Soc. de biologie*, 1882.

DE L'ACTION DES BASSES TEMPÉRATURES SUR LA VITALITÉ DES TRICHINES CONTENUES DANS LES VIANDES; en collaboration avec M. H. BOULEY, de l'Institut. *Acad. des Sc. et Soc. de biologie*, 1882.

LES DÉCOUVERTES RÉCENTES SUR LES ÊTRES MICROSCOPIQUES et leur application à l'agriculture. Conférence faite à Châteauroux (*Ligue française de l'enseignement*), le 14 avril 1883.

NOTE SUR UN APPAREIL DESTINÉ A PRODUIRE DES BASSES TEMPÉRATURES POUVANT ÊTRE RÉGLÉES A VOLONTÉ. *Acad. des sc. et Soc. de biol.*, 1883.

RECHERCHES SUR LA RAGE. spécialement sur : 1° le mode d'inoculation de la rage ; 2° l'hérédité maternelle de cette maladie; 3° la valeur des corps étrangers de l'estomac; 4° l'atténuation du virus rabique ; 5° le microbe de la rage. *Acad. des sc.* 1883.

RECHERCHES SUR LA RAGE. Expériences sur son traitement par l'ail et la pilocarpine. *Acad. des sc.*, 1883.

SUR UN CAS DE KYSTE HYDATIQUE occupant tout le poumon gauche ; en collaboration avec M. le professeur CORNIL. *Soc. anat. et Journ. des Connaissances médic.*, 1883.

RECHERCHES EXPÉRIMENTALES SUR LA RAGE. Sous l'action du froid, le virus rabique peut se conserver pendant plus d'un mois. *Soc. de biologie*, 23 février 1884.

RECHERCHES EXPÉRIMENTALES SUR LA RAGE DES OISEAUX. 1° Les oiseaux contractent la rage ; 2° ils guérissent spontanément. *Acad. des sc., Soc. de biologie*, 1884.

RECHERCHES EXPÉRIMENTALES SUR LA RAGE. Communication à la *Société de biologie*, 19 juin 1884.

RECHERCHES EXPÉRIMENTALES SUR LA RAGE ET SUR SON TRAITEMENT. in-8°, de 88 pages, avec une planche lithographique, chez Asselin et Houzeau, 1884.

ETUDE SUR LE CHOLÉRA. D'après un rapport adressé à M. le Ministre de l'Intérieur, sur l'épidémie de choléra dans l'arrondissement de Brignoles (Var), 1884. Broch. in-8°. Asselin et Houzeau, édit., Paris (Epuisé.)

ATTÉNUATION DU VIRUS RABIQUE par son passage dans l'organisme de la poule. Présentation d'un chien *vacciné* suivant un procédé propre à l'auteur. *Société de biologie*, 1885.

RAPPORT SUR UNE MISSION SCIENTIFIQUE EN ALLEMAGNE, adressé à M. le Ministre de l'Instruction publique, 1885.

ETUDE EXPÉRIMENTALE SUR LE CHOLÉRA. En collaboration avec M. le professeur Van Ermenghem, de Gand. *Bulletin de l'Académie de médecine*, 1885.

RAPPORT SUR UNE MISSION SCIENTIFIQUE EN ESPAGNE (Choléra, 1885), adressé à M. le Ministre du Commerce.

NOTE SUR UN NOUVEAU MODE DE DÉSINFECTION, à l'aide d'une étuve démontable et transportable. Communication à l'Académie de médecine, 1886.

NOUVEAU TRAITEMENT DE LA PHTISIE, basé sur l'expérimentation. (En préparation.)

ÉVREUX, IMPRIMERIE DE CHARLES HÉRISSEY

A LA MÊME LIBRAIRIE

BARETY (A.), anc. interne des hôpitaux de Paris. — **Le magnétisme animal**, étudié, sous le nom de force neurique rayonnante et circulante, dans ses propriétés physiques, physiologiques et thérap. 1 vol. gr. in-8 de 640 p., avec 82 fig. . . . . 14 fr. »

BERNHEIM, prof. à la Faculté de médecine de Nancy. — **De la suggestion et de ses applications à la thérapeutique**. 3ᵉ édition. 1 vol. in-18 de 600 p., avec fig. dans le texte.
    Broché . . . . 6 fr. »
    Cartonné diamant . . . . 7 fr. »

BERNHEIM. — **Hypnotisme, Suggestion. Psychothérapie**. Études nouvelles, 1 vol. in-8 de 520 pages . . . . . . 9 fr. »

BINET (A.). **Études de psychologie expérimentale**, le fétichisme dans l'amour, la vie psychique des micro-organismes, l'intensité des images mentales, le problème hypnotique, note sur l'écriture hystérique. 1 vol. in-12 de 310 p., avec fig. dans le texte . . . . 3 fr. 50

CORRE (A.). — **Crime et suicide**. *Étiologie générale*, 1 vol. in-12 de 650 pages . . . . 7 fr. »

CORRE (A.). — **Les criminels**, caractères physiques et psychologiques. 1 vol. in-12 de 412 p., avec 43 fig. dans le texte . . . . . 5 fr. »

FONTAN (A.), professeur à l'École de Toulon, et Ch. SEGARD, chef de clinique à la même école. — **Éléments de médecine suggestive**. *Hypnotisme et suggestion*. 1 vol. in-18 de 320 pages . . . 4 fr. »

LIÉBEAULT (A.). — **Thérapeutique suggestive**, son mécanisme. Propriétés diverses du sommeil provoqué et des états analogues. 1 vol. de 300 pages. . . . . 4 fr. »

LIÉBEAULT (A.). — **Le sommeil provoqué et les états analogues**. 1 vol. in-18 de 340 pages. . . . . 4 fr. »

LIÉGEOIS (J.). prof. à la Faculté de Droit de Nancy. — **De la Suggestion et du Somnambulisme** dans leurs rapports avec la jurisprudence et la médecine légale. 1 beau volume in-12 de 760 p. 7 fr. 50

MEUNIER (Victor), rédacteur scientifique du *Rappel*. — **Scènes et types du monde Savant**. 1 vol. in-18 jésus de 400 pages. . . 4 fr. »

OCHOROWICZ (J.), anc. prof. agrégé à l'Université de Lamberg. **La suggestion mentale**. 2ᵉ édit. 1 vol. in-18 jésus de 500 p. 5 fr. »

PICHON (Dr G.), chef de clinique à la Faculté de médecine de Paris, médecin de l'Asile Sainte-Anne. — **Les maladies de l'esprit**. Délire des persécutions, délire des grandeurs, délires alcooliques et toxiques; morphinomaniques, éthérisme, absinthisme, chloralisme. Études cliniques et médico-légales, 1 vol. in-8 carré de 400 pages . . . . . 7 fr. »

PICHON (G.), chef de clinique à la Faculté de médecine de Paris. — **Le Morphinisme**. Habitudes, impulsions vicieuses, actes anormaux, morbides et délictueux des morphiomanes. 1 vol. in-18 jésus de 500 p. 4 fr. »

SKEPTO. — **L'Hypnotisme et les Religions**. La fin du merveilleux 2ᵉ édition. 1 vol. in-18 de 300 pages. . . . . 2 fr. 50

TILLIER (L.). **L'instinct sexuel chez l'homme et chez les animaux**, avec une préf. de J.-L. DE LANESSAN. 1 vol. in-18 de 300 p. 3 fr. 50

VERON (Eugène). — **Histoire naturelle des Religions**. Animisme. — Religions mères. — Religions secondaires. — Christianisme. — 2 vol. in-18 formant 700 pages . . . . 7 fr. »

ÉVREUX, IMPRIMERIE DE CH. HÉRISSEY